本书研究成果得到上海市浦江人才计划项目(项目号：12PJC040）资助

留学生教育
与中国文化软实力

叶淑兰 著

天津出版传媒集团

天津人民出版社

图书在版编目（ＣＩＰ）数据

留学生教育与中国文化软实力 / 叶淑兰著. -- 天津:
天津人民出版社, 2020.9
ISBN 978-7-201-16496-0

Ⅰ.①留… Ⅱ.①叶… Ⅲ.①高等教育－留学生教育
－研究－中国 Ⅳ.①G649.2

中国版本图书馆 CIP 数据核字(2020)第 190739 号

留学生教育与中国文化软实力
LIUXUESHENG JIAOYU YU ZHONGGUO WENHUA RUANSHILI

出　　版	天津人民出版社
出 版 人	刘　庆
地　　址	天津市和平区西康路35号康岳大厦
邮政编码	300051
邮购电话	（022)23332469
电子信箱	reader@tjrmcbs.com
责任编辑	王　玎
封面设计	明轩文化·王烨
印　　刷	天津新华印务有限公司
经　　销	新华书店
开　　本	710毫米×1000毫米 1/16
印　　张	19
插　　页	2
字　　数	220千字
版次印次	2020年9月第1版 2020年9月第1次印刷
定　　价	88.00元

前　言

　　留学生有助于推动知识的自由传播与文化交流，是一支特殊又不可忽视的中外和平使者队伍。他们是各国未来政治、经济与社会的精英，对国家与社会的发展以及母国与中国关系的发展具有重要的影响力。美国、英国、日本等国均把吸引和培养外国留学生作为提升本国软实力的重要举措。留学生是传播中国文化软实力的重要使者，代表着中国高等教育的国际化水平，留学生的中国观也是评估与检验中国文化软实力的重要指标。

　　自2012年6月起，笔者先后对1532名在华外国留学生进行了问卷调查，并对48名留学生进行了深度访谈。调研结果显示，来中国的经历普遍使留学生的中国印象变得更加正面，在-3（变差）到+3（变好）的刻度中，留学生评价的平均值为1.17。非洲留学生的中国印象改善最为显著，美国留学生的中国印象改善好于预期。对中国印象改善幅度较小的是日本与越南等国的留学生，但也呈现微弱的积极正面变化。留学生普遍为在中国的留学经历感到自豪（平均值为1.44），喜欢中国程度的平均值也达到1.53，不少留学生表示喜欢中国的武术、古典小说、电影。

　　中国经济的快速发展是吸引留学生来中国的首要原因。他们欣赏中国经济发展,认为中国经济给世界各国带来发展机遇。但是他们对中国的城乡贫富差距、东西贫富差距认识深刻,在-3(贫富差距非常严重)到+3(非常不严重)的刻度中,他们对中国贫富差距的评价的均值为-0.94,为各项指标中最为负面的一项。

虽然留学生受到西方所谓"中国威胁论""新殖民主义论""中国强硬论"等话语影响,但是中国经历使他们对中国外交形象的看法发生显著改变。他们对中国是和平发展、负责任大国以及中国外交的整体评价均呈现比较正面的态度。相比较而言,他们对中国言论自由和政治民主的评价呈现中立态度,甚至出现略微负面的评价。一些西方留学生对中国的言论自由与政治民主颇有微词,但大多数留学生认为,来中国后发现中国的言论自由比自己想象的要宽松得多,中国民众可以存在多元化声音和不同意见。

留学中国有助于改变留学生对中国的刻板印象,推动他们中国印象的显著改善,但是也存在一些明显的问题。

第一,留学生深受西方民主价值观影响,对中国政治民主评价略为负面。西方自由民主价值标准构成一种令人望而生畏的观念性结构,影响留学生对中国政治体制的评价。留学生对中国政治民主、言论自由出现一定程度的负面评价,他们对中国政治民主评价与其中国印象也呈现很强的正相关性。

第二,留学生对中国产品质量、诚信不足等社会问题评价负面。留学生在中国反映最多的问题是中国产品质量、环境问题、公共场合大声喧哗、闯红灯、插队、不讲诚信、没有规则意识等。留学生对中国存在的贪污腐败、中西部发展不平衡、农民工生存、房屋拆迁等问题也持批评态度。

第三,留学生在中国存在社会适应和学习交友方面的困难。留学生存在语言障碍、文化隔阂和交友困难等问题,在一定程度上影响了他们在中国的社会融入和对中国的印象。留学生参加的大多数社团活动和交友圈子集中在留学生群体中,与中国学生一起参加活动较少。不少留学生反映中国学生接触他们主要为了练习英语,具有功利主义取向。在总体上,他们缺乏与中国人互动与交流的机会,交流频率极为不足,深度交流更是缺乏。

第四,高校留学生教学管理与质量控制存在不足,影响留学生对中国教育的认同感。外国人来中国留学门槛较低,不少留学生拿中国政府奖学金"混"学位,经常缺课逃课,没有按时完成课程作业。留学生也反映中国教学方式过于传统,以讲授为主,缺乏互动,较少联系实际,难以产生吸引力。因为主客观原因,一些留学生管理人员和教师给予留学生特别"呵护",造成"放水"现象。他们往往比中国学生更轻而易举拿到学位,在享受"特权"的同时,他们反而可能失去了对中国教育制度与品质的尊敬感。

第五,在留学生中国观改善上,文化或血统亲缘关系并非优势。数据显示,与中国具有文化渊源关系的越南、韩国留学生,虽然在中国的社会融入方面要好于西方国家的留学生,但是对中国的评价与情感归属却低于后者。同样,有中国亲戚的留学生对中国的评价与情感甚至不如没有中国亲戚的留学生。这与他们个人或所在国家同中国更频繁的互动有关系。拥有更多与中国互动的渠道,更容易感受到冲突,可能用更为挑剔的眼光来看待中国。

第六,给予奖学金对留学生中国观的改善无明显正向相关性。数据显示,获得中国奖学金的留学生对中国的评价态度(来华后对中国印象变化、谈论中国的态度)以及涉及中国情感(为中国留学经历感到自豪以及喜欢中国)的指标中,不如没有获得中国政府资助的留学生。留学生的中国观还是更多反映他们固有的价值观,是否给予经济援助对他们中国观的改善程度并不明显。

综上所述,本研究提出改善加强留学生教育与提升文化软实力的思路如下:

第一,需要把吸引与培养外国留学生置于国家文化软实力提升的战略高度。留学生培养对于提升国家软实力、推动公共外交意义重大。政府需要从人才储备、人才培养、资源运用等角度加强对留学生的培养与管理,引导留学生对中国文化的了解,加强与留学生的情感联系。

第二,教育部门、高校外办需要加强对高校留学生工作者和教师的专业化培训。强化留学生工作者和教师的责任感,加强师生互动,有效提升课堂教学质量。针对留学生存在社会融入方面的困难,如语言障碍、文化隔阂、交友困难等,高校要为留学生与中国老师、学生互动创造更多机会,可以建立中国学生与留学生"一对一"或"多对一"的互助体系,安排留学生与中国家庭增加接触机会,以帮助他们更好地融入中国社会。

第三,建立外国留学生教育工作者沟通平台与留学生信息管理系统。留学生教育工作者沟通平台或联席会议,有助于及时发现在留学生培养中出现的问题,并提出有效解决方案。通过留学生信息管理系统、公众号或手机应用程序(APP),为留学生提供更具有针对性的服务。

目录
CONTENTS

第三部分　实证调查篇

第四部分　总结策略篇

第五部分　主题论文篇

第一部分

研究缘起篇

第一章 绪论

塑造良好的国家形象是中国外交面临的重大课题。以美国为首的西方国家提出"中国崩溃论""中国威胁论"等话语,"妖魔化"中国形象,使中国处于"话语暴力"的拟态环境中。党中央在战略层面上提出提升国家文化软实力、建设文化强国战略,并提出扎实推进公共外交和人文交流的政策。习近平总书记在 2014 年 12 月全国留学工作会议上指出:"留学事业历来与国家和民族的命运紧密相连……留学事业为我国改革开放和社会主义现代化建设作出了重要贡献。"[1]留学工作需要适应国内外大局,充分运用出国留学和来华留学的人才资源,培养更多优秀人才。中共中央政治局常委、国务院总理李克强批示指出,留学事业是我国改革开放事业的重要组成部分,他指出"国以才立,业以才兴",通过留学工作培养汇聚人才是国家重要的文化软实力建设。[2]

留学生也称为外国学生、国际学生和国际流动学生。联合国教科文组织

---

①② 《适应国家发展大势和党和国家工作大局　培养更多优秀人才开创留学工作新局面》http://old.moe.gov.cn/publicfiles/business/htmlfiles/moe/moe_838/201412/181536.html。

把修读一年或一年以上课程的外国留学生算作留学生。当然,中国把学习年限不足一年的短期生也计算在内。①本书内容除了历史部分涉及中国赴海外留学生带来的历史启示外,主要聚焦讨论来华留学生(主要为大学生)及其对中国文化软实力的提升。作为社会精英,留学生群体对各国政治经济与社会的发展至关重要。很多留学生学成回国后成为国家政治经济的中流砥柱。在全球化时代,越来越多的国家领导人具有留学背景,例如哈萨克斯坦总理马西莫夫、埃塞俄比亚总统穆拉图、泰国公主诗琳通、约旦公主拉娅等都曾来中国留学。中国的留学经历使他们对中国怀有深厚的感情,也有助于他们促进其母国与中国全面友好关系的发展。

美国、英国、日本等国均把吸引和培养外国留学生作为提升本国文化软实力的重要举措。留美、留日学生更可能成为"亲美""亲日"人士。西方国家通过吸引留学生,输送自己的价值理念与意识形态,影响各国精英阶层。1991年,美国前任驻华大使李洁明在公开演讲中曾明确表示:"我们提供奖学金给中国学生,邀请政府官员来美国访问等做法,就是要'和平演变'中国大陆。"②

"据统计,2018年共有来自196个国家和地区的492185名各类外国留学人员在全国31个省(区、市)的1004所高等院校学习,比2017年增加了3013人,增长比例为0.62%(以上数据均不含港、澳、台地区)。"③中国留学的经历,是否有助于留学生改善对中国的看法,解构固有的"中国威胁论""中国傲慢论"等霸权话语,帮助他们成为"知华""友华",甚至"爱华"人士,对于中国有效提升文化软实力与塑造良好的国家形象意义非凡。因此,研究外国

---

① 丁笑炯:《基于市场营销理论的留学生教育服务——来自上海高校的实证研究》,北京大学出版社,2012年,第19页。

② 中士:《美国反华势力新动向——评李洁明近期言论》,《教学与研究》,1992年第2期。

③ 《2018年来华留学统计》,http://www.moe.gov.cn/jyb_xwfb/gzdt_gzdt/s5987/201904/t20190412_377692.html。

留学生的中国观的构成、变化及其分布特征,显得尤为必要。

一、研究意义

在中国崛起的进程中,吸引与培养来华留学生,不但具有创造外汇的经济效应,更具有提升国家文化软实力和核心竞争力的重要战略意义。

(一)在理论层面上,建立留学生中国观评估体系

本研究将抽象的中国观概念进行转换、分解和操作性定义,借鉴之前的调研指标及其不足,设计出一套一级和二级指标,对外国留学生的中国观进行评估,具体而言,把"中国观"进一步区分为认识、态度、行为和归属感四个取向。

因为外国留学生在文化、经济和政治三个不同方面中的认识和态度存在比较大的差别,对文化和经济的认知和评价要高于政治层面。因此,本研究对认识和态度两个取向,进一步从文化、经济和政治三个层面来进行考察。对于行动取向,则用"入乡随俗""有多少中国朋友"和"是否参加社团"来衡量。对于归属感取向,则用"是否打算长期生活"和"是否把上海当成第二故乡"来进行衡量。

本研究将在理论上探索留学生中国观的主要影响因素,确定性别、年龄、国籍、学历、专业、在中国的年限等为自变量,并分析它们对留学生中国观的影响,并将进一步验证留学生对中国的认识、态度、行为和归属感"四取向"之间及他们对中国的文化、经济和政治"三层面"之间的关系。

(二)在学科发展上,推进留学生交叉学科研究

当前对留学生的研究散见于教育学、语言学、管理学、社会学、心理学、

政治学等学科中,研究视角较为单一,交叉研究与跨界思维略显不足。本研究主要运用国际政治视角,结合教育学、心理学、社会学等交叉研究视角,运用问卷调查和深度访谈法,综合采用定性与定量相结合的研究方法,有助于推进留学生交叉学科研究的进展。

(三)在实践意义上,推动公共外交的发展

留学生是向外界传递中国信息与情感的中介、桥梁,是促进中外文化、经济与政治交流的使者,也是我们更好了解外国民意的窗口。研究外国留学生的中国观的变化、结构及其影响因素,为外交部、文化部、宣传部等中央部门制定更具针对性的提升文化软实力的措施建言献策,对于中国有效推动公共外交发展、提升文化软实力、塑造良好的国家形象、建设文化强国,具有重要的实践意义。

(四)在应用价值上,助推"双一流"建设

2015年国务院要求加快建设一批世界一流大学和一流学科的"双一流"建设,推动中国大学冲刺国际学术前沿,提升中国高等教育的国际竞争力,打造高等教育强国。一般而言,国际化大学至少须有10%的国际学生。目前,中国的来华留学生仅占高校总人数的1%左右,与国际标准相差甚远。[1]加强对外国留学生中国观的调查研究,为政府、教育部门、高校提供吸引留学生的政策咨询,提升中国高校的吸引力,更好实现"双一流"大学建设目标。

---

① 《解放思想、开拓创新,推动来华留学工作科学发展——郝平副部长在中国高教学会外国留学生教育管理分会成立20周年庆典大会暨2009年年会上的讲话》,http://old.moe.gov.cn//publicfiles/business/htmlfiles/moe/moe_850/201005/87589.html。

二、文献回顾

(一)关于外国留学生的研究

已有一些研究者注意到外国留学生群体。此类研究主要有以下两个特点:

第一,定性研究主要以教育管理、历史发展的视角为主,国际政治的研究视角不足。

从教育管理视角看,此类研究主要探讨留学生教育管理理论,介绍留学生管理体系的变化,总结留学生管理模式、留学生教育存在的问题和未来的发展等。此类研究的主要研究者有冒大卫、陆跃伟等。[1]

从历史发展角度看,这类研究探讨留学生教育史和发展史,如李滔等研究了从新中国成立到 1993 年这段时期有关留学教育的政策。[2]于富增分析了新中国成立五十多年来教育国际交流与合作的发展史,并且系统介绍了改革开放三十多年来的来华留学生教育。[3]

总体上,定性研究的国际政治视角较为缺乏。黄鹏从政治学角度研究来华留学生教育对我国政治的积极影响,做出了一些尝试。[4]但是此类研究还有待进一步加强。

---

① 参见冒大卫:《浅析高校留学生管理工作的理念与机制创新》,《思想教育研究》,2011 年第 1 期;陆跃伟:《文化差异视角下中亚留学生管理策略探究》,《辽宁行政学院学报》,2011 年第 9 期。

② 参见李滔:《中华留学教育史录》,高等教育出版社,2000 年。

③ 参见于富增:《教育国际交流与合作史》,海南出版社,2002 年。

④ 参见黄鹏:《发展来华留学生教育对我国政治的积极影响》,《安徽工业大学学报(社会科学版)》,2010 年第 4 期。

第二,定量研究已起步,但是缺乏针对留学生中国观的调查研究。

从研究对象上看,已有的定量研究既有针对留学生整体的研究,也有具体到个别国家的留学生群体的研究,如俄罗斯、美国、韩国、尼泊尔等。[①]

从研究内容上看,有关的定量研究涉及疾病防治、心理状况、学习适应、文化适应、人际交往等。这些研究表明,留学生在疾病防治、心理文化适应方面还存在不少问题,亟待解决。[②]杨军红从自然环境和日常生活、语言障碍、人际交往、学术状况、心理压力等各方面研究留学生的适应状况。[③]缪毓烨从公共外交视角研究来华留学生的教育问题,他认为中国积极快速发展是吸引留学生的最重要因素,留学生对学校住宿条件比较满意,但与当地人交往并不多。[④]

以上这些研究主要集中在管理和历史发展方面,国际政治角度的研究相对薄弱。之前研究主要以定性为主,定量研究相对缺乏,特别是用调查问卷、深度访谈等实证的方法研究来华留学生对中国的看法,因此本研究具有一定的新意。

---

① 参见何淼:《来沪美国留学生跨文化人际交往问题》,《青年研究》,2008 年第 10 期;李秀珍:《上海来华韩国留学生的学习适应影响因素研究》,《淮南师范学院学报》,2009 年第 11 期;何晓菲:《尼泊尔来华留学生跨文化适应问卷调查分析》,《才智》,2011 年第 16 期。

② 参见史方:《上海高校部分在校留学生艾滋病知识、态度和行为调查》,《中国健康教育》,2009 年第 7 期;张琳:《性别文化差异给跨性别文化交际带来的矛盾与困惑》,《唐都学刊》,2006 年第 4 期;朱国辉:《高校来华留学生跨文化适应问题研究》,华东师范大学 2011 年博士论文;周源:《在华留学生跨文化适应与沟通分析》,《知识经济》,2009 年第 13 期;胡芳:《在华留学生心理健康状况调查》,《临床心身疾病杂志》,2007 年第 1 期。

③ 参见杨军红:《来华留学生跨文化适应问题研究》,上海社会科学院出版社,2009 年;关于跨文化适应的研究还可参见孙乐芩等:《在华外国留学生的文化适应现状调查及建议》,《语言教学与研究》,2009 年第 1 期。

④ 缪毓烨:《公共外交视域下来华留学生教育研究——基于上海交大留学生抽样调查的分析》,《经济视角(中旬刊)》,2011 年第 11 期。

(二)关于文化软实力的研究

美国的一些智囊团,如美国外交关系协会、国会研究服务处、芝加哥全球事务委员会等机构对中国软实力做了很多问卷调查,使用定量研究方法,试图把中国软实力与美国等其他国家进行比较。国内学者的研究则更多使用定性研究方法,注重逻辑、思辨,强调为现实服务。不管是定量研究还是定性研究,都可以看到,相对于美国,中国的软实力的发展程度还比较有限,甚至有些部分要弱于日本或者韩国。

西方学界最著名的一个关于软实力的调研为 2008 年美国芝加哥委员会(the Chicago Council)的调研。他们在中国、美国、日本、韩国、印尼和越南六国以问卷调查形式访问了 6000 人, 通过收集的数据形成一个包含文化、政治、外交、经济和人力资源五个方面的综合软实力指数。调查结果显示,中国的整体软实力位于第三,低于美国和日本。[①]这个软实力的指标设计存在一定的问题,把经济影响力和人力资本简单归为软实力,严格意义上讲,这属于硬实力。在芝加哥委员会的调研中,中国经济影响力和人力资本的影响力指数得分较高, 真正体现中国软实力的政治和外交的软实力指数则得分很低,这说明中国的软实力整体还是比较低的。

国内也有一些关于软实力定量研究。如周国富、熊正德、罗能生、林丹等学者从文化生产、文化吸引、文化创新、文化体制等不同角度进行评估,建立文化软实力的评估体系。[②]清华大学学者阎学通、徐进曾设计了一个包括国

---

① See Christopher B. Whitney, David Shambaugh. *Soft Power in Asia: Results of a 2008 Multinational Survey of Public Opinion*. The Chicago Council on Global Affairs, 2008.

② 参见周国富、吴丹丹:《各省区文化软实力的比较研究》,《统计研究》,2010 年第 2 期;熊正德、郭荣凤:《国家文化软实力评价及提升路径研究》,《中国工业经济》,2011 年第 9 期;罗能生、郭更臣、谢里:《我国区域文化软实力评价研究》,《经济地理》,2010 年第 9 期;林丹、洪晓楠:《中国文化软实力综合评价体系研究》,《大连理工大学学报(社会科学版)》,2010 年第 12 期。

际吸引力、国际动员力和国内动员力在内的指标,定量衡量了中美两国的软实力。他们得出结论认为,中国软实力总体上处于美国的1/3上下。中国与美国在国际吸引力上的差距主要源于中国政治制度和民族文化的国际普遍度低于美国;在国际动员力上的差距主要源于中国的盟友数量太少,但中国的国内动员力则强于美国。①

(三)关于外国人中国观的研究

中国崛起不但是物质层面的崛起,也是中国文化等观念层面的崛起。中国崛起不但需要突破西方的权力制衡,更需要解构西方"中国威胁论""傲慢论"等负面观念话语。塑造外国人良好的中国观,是中国国家形象建设的重要内容,是化解中国"崛起困境"的关键因素之一。这一背景成为学术界关注外国人中国观的重要动因。综观近年来学术界对此问题的研究,主要集中于以下三方面:

1.外国学者从宏观层面探讨对中国文化和"中国崛起"的认知

美国学者白鲁恂从中国人的政治心理和政治文化出发,认为中国传统政治文化不可能自生出宪政与民主的制度。②江忆恩认为,中国文化是"权变"文化,存在孔孟"和"文化和强现实主义两条文化主线。③

对于中国崛起,现实主义学派学者持悲观态度,米尔斯海默认为中美权力转移必然导致冲突。④新自由制度主义、建构主义与英国学派学者持相对乐观看法,认为中国有和平崛起的可能。罗伯特·罗斯等认为,国际机制的增

---

① 参见阎学通、徐进:《中美软实力比较》,《现代国际关系》,2008年第1期。
② 参见张英魁:《中国传统政治文化及其现代价值:以白鲁恂的研究为考察中心》,中央编译出版社,2009年。
③ 参见江忆恩:《文化现实主义——中国历史上的战略文化与大战略》,人民出版社,2015年。
④ 参见约翰·米尔斯海默:《大国政治的悲剧》,上海人民出版社,2015年。

加、目前存在的地理因素、极化特点和武器科技水平等结构性条件,可能会缓解中国崛起过程中的权力冲突。①伯格斯坦、傅瑞伟等认为,如果有合适的制度性安排,中国崛起对美国是一个机遇。②

这类研究为探讨外国人的中国观提供了文本分析的第一手材料,不足之处在于这大多是根据西方视角和利益构建出来的"镜像中国",由此可能导致"中国威胁论"等话语霸权的产生。

2. 从历史角度探讨外国人中国观的演变及其原因

王立新把美国人的中国观分为尊敬和羡慕、失望和遵从、蔑视和排斥、同情和恩赐时期。③孙霞认为,西方人的中国观经历了"停滞帝国""沉睡的雄狮""革命的堡垒""崛起的大国"四个时期。④王屏考察日本人的中国观的演变过程,认为其具有明显的"实用主义"特征。⑤对于西方中国观演变的原因,王毅认为主要有西方自身变化、中国的变化以及中西文化交流媒体的影响。⑥学者周宁从跨文化的理论视角出发,认为中国形象是西方现代性自我构建的他者,西方通过把中国描绘成"停滞""专制""野蛮"的形象来确认西方进步、民主与文明的文化自我。⑦周宁主编了一套"世界中国形象丛书",分别介绍美国、西欧、俄罗斯、日本、印度、东南亚、非洲、阿拉伯、拉丁美洲等国家和地

① 参见罗伯特·罗斯:《国际制度变迁与东亚体系和平转型—— 一种制度主义视角分析》,《世界经济于政治》,2010 年第 4 期。

② 参见战略与国际研究中心、彼得森国际经济研究所:《美国智库眼中的中国崛起》,中国发展出版社,2008 年。

③ 参见王立新:《试论美国人中国观的演变(18 世纪——1950)》,《世界历史》,1998 年第 1 期。

④ 参见孙霞:《西方"中国观"的变迁与中国软实力》,《当代世界与社会主义》,2009 年第 6 期。

⑤ 参见王屏:《论日本人"中国观"的历史变迁》,《日本学刊》,2003 年第 2 期。

⑥ 参见王毅:《百年来西方中国观的研究综述》,《贵州师范大学学报(社会科学版)》,2010 年第 3 期。

⑦ 参见周宁:《世界之中国:域外中国形象研究》,南京:南京大学出版社,2007 年;周宁:《跨文化研究:以中国形象为方法》,商务印书馆,2011 年。

区的中国形象。①这些研究或者着重于从历史演变的角度进行分析,或者从文学、电影、报纸、著名政治家的视角,全面展示外国人眼中的中国形象。

此类研究有助于把握外国人中国观的历史变化及其原因,不足之处在于对外国人中国观"变"与"不变"的表现及其原因的分析还有待进一步深入。

3.从实证层面研究部分外国人群体的中国观

一些国外研究机构,如美国皮尤研究中心、芝加哥全球委员会、东南亚的亚洲民主动态调查(Asian Barometer Survey)、日本的朝日新闻(Asahi Shimbun)等对外国人的中国观进行过系列调查。胡键在分析国外已有数据后,认为西方的中国观实际上是一个"镜像中国",西方对中国的制度化偏见严重。②Benjamin Page 和 Xie Tao 根据已有民调,认为美国公众对中国的印象要比想象中的正面。③谢侃侃调查印尼青年一代的中国观,认为他们对中国较为友好。④但是余建军根据调查数据,得出较为悲观的结论,认为美国公众对中国的情感性态度和信任度很低。⑤董向荣等用问卷调查与访谈法对韩国人进行

---

① 这一套丛书由人民出版社于 2010 年出版,主要作者有胡锦山、李勇、尹锡南、姜智芹、张旭东、吴光辉等。此外,关于中国形象的代表性著作还有,乔舒亚·库珀·雷默:《中国形象:外国学者眼里的中国》,社会科学文献出版社,2008 年;李智:《中国国家形象——全球传播时代建构主义的解读》,新华出版社,2011 年;张玉:《日本报纸中的中国形象——以〈朝日新闻〉和〈读卖新闻〉为例》,中国传媒大学出版社,2012 年;孙中有:《解码中国形象:〈纽约时报〉和〈泰晤士报〉中国报道比较(1993—2002)》,世界知识出版社,2009 年;刘林利:《日本大众媒体中的中国形象》,中国传媒大学出版社,2007 年;李娅非:《镜头定格的"真实幻像"——在跨文化语境下的"中国形象"构造》,新华出版社,2011 年。

② 参见胡键:《当前国际社会的中国观——基于西方民意调查的实证分析》,《毛泽东邓小平理论研究》,2011 年第 2 期。

③ See Benjamin Page,Tao Xie,Dragon:*How the American Public Views the Rise of China*,NY:Columbia University Press,2010.

④ 参见谢侃侃:《印尼青年一代的中国观》,《东南亚》,2008 年第 3~4 期。

⑤ 参见余建军:《美国公众的中国观与美国对华政策(1990—2002)》,《美国研究》,2004 年第 2 期。

了调查,也指出韩国人对中国的看法存在不少负面的刻板印象。①钱皓则运用深度访谈,具体研究外国学者的中国观。②

虽然缺乏对留学生中国观的研究,但是目前关于外国人中国观的研究却比较多,可为本研究提供一定的借鉴。

从研究视角上看,比较多样化,出现以历史学、文学、传播学和国际关系学等多视角的研究,但结合社会学和国际关系学的交叉研究相对较少。从研究对象上看,主要以美、日等国的中国观为主,区域选择不平衡,对发展中国家的研究相对不足。从研究方法上看,关于外国人中国观的研究大多以定性分析为主,实证研究较少。目前的研究大多采用文献分析、历史分析、文本分析等定性方法,已有一些学者开始运用访谈和调查问卷的方法。

这类实证研究为全面把握外国人的中国观提供了有力的数据支持,不足之处在于已有的调研对象主要以美、日等发达国家公众为主,对发展中国家公众关注不足,对来华外国人群体的中国观的研究尤为缺乏。

基于前人研究基础上,本研究运用国际政治学、传播学、社会学交叉视角,使用问卷和访谈研究方法,对来华外国人的中国观进行实证研究,以探索中国塑造良好国家形象的路径。

三、基本理论

本研究主要探讨留学生教育与中国文化软实力,在研究中主要涉及国家形象理论、印象管理理论、政治再社会化理论以及跨文化适应理论等相关理论视角。

---

① 参见董向荣、王晓玲、李永春:《韩国人心目中的中国形象》,社会科学文献出版社,2012 年。
② 参见钱皓:《加拿大学者的中国观》,《国家观察》,2007 年第 6 期。

（一）国家形象理论

"国家形象问题是中国当前最棘手的战略难题"，中国现在面临的所有问题"都与中国的国家形象有着根深蒂固的联系"。①现实主义大师摩根索曾指出："在求生存和争权势的斗争中……别人对我们的看法与我们的真实状态同样重要。我们身边人的头脑就是一面镜子，我们的形象尽管会被这面镜子扭曲，却仍然决定着作为社会成员的我们的身份和地位。"②

在中国崛起的进程中，以美国为首的西方国家提出"中国威胁论""中国责任论""中国新殖民主义论""中国强硬论""中国傲慢论"等话语，"妖魔化"中国国家形象，折射西方维护自身制度、文化优越性的内在需要。这些负面形象给中国造成了极为恶劣的国际舆论环境。塑造外国人眼中良好的中国形象，是中国国家形象建设的重要内容，也是化解中国"崛起困境"的关键因素之一。

"中国形象"的提出源自中国与西方的早期接触。本质上，"中国形象"是一种反映西方想象性的建构物。"中国形象作为西方文化自我认同的他者，与其说是表现中国，不如说是表述西方。"③马可·波罗把中国描绘成遍地黄金，开启西方对中国的"乌托邦"想象的传统。在门多萨的《大中华帝国风物志》中，"中国已经成为一个包含一切美好事物的系统，一种优越的典范文明"④。1615年，在《基督教远征中国史》中，传教士利玛窦在描绘中国人勤劳、

---

① 参见［美］乔舒亚·库珀·雷默等：《中国形象：外国学者眼里的中国》，沈晓雷等译，社会科学文献出版社，2008年，第7页。

② ［美］汉斯·摩根索：《国家间政治：为了权力与和平的斗争》，李晖、孙芳译，海南出版社，2008年，第97页。

③ 周宁：《跨文化研究：以中国形象为方法》，商务印书馆，2011年，第22页。

④ 李娅非：《镜头定格的"真实幻像"——在跨文化语境下的"中国形象"构造》，新华出版社，2011年，第14页。

温文有礼、尊师重教的同时,也描绘了中国迷信、算命、酷刑枉法等负面形象。随着西方现代性的确立,面对一个羸弱、腐败的清王朝,西方的中国想象从乌托邦走向意识形态。中国被描绘成一个停滞、衰败、愚昧、缺乏创新活力的负面形象。传教士明恩溥、何天爵等从基督教文化的立场上,对中国的国民性进行了严厉的批判。在文艺复兴时期,西方需要"孔夫子的中国"等美化中国的乌托邦化的形象隐喻地表现自身对世俗、现代性的追求。随着西方现代性的确立,其中国形象逐渐负面化。之后,西方的中国形象一直在乌托邦与意识形态想象中摇摆。

西方的中国形象是如何生成与构造,其内在的本质是什么,成为学界探讨的焦点。赛义德认为,西方文化构筑一个低劣的、堕落的、邪恶的东方形象,使东方成为西方观念与权力的"他者"。中国学者周宁从跨文化形象学的角度,提出中国形象是西方现代性想象的产物,西方交替使用乌托邦化的美好的中国形象来表达自己超越的、颠覆性的社会想象,以及运用意识形态化的负面中国形象来表达西方对其现代性的整合、巩固性的社会想象。世界上的其他国家,无论是俄罗斯、印度还是日本,均不由自主地使用西方现代化的框架来看待中国,它们眼中的中国形象,本质上是西方的中国形象的派生物。[1]

中国形象是一个涵盖物质、制度与观念三层面的复合型的集体想象。文艺复兴时期,西方对中国的美化,因循从物质到制度到观念的路径,而后期西方对中国的丑化,也顺延着这一逻辑。[2]中国崛起带来物质的繁荣,中国形象已经逐步突破"停滞帝国"(物质形象)的话语霸权,然而"东方专制帝国"(制度形象)与"野蛮或半野蛮的帝国"(观念形象)的话语阴影依然存在。因此,从物质、制度和观念层面上探讨中国形象尤为重要。在物质层面上,本文

---

① 参见周宁:《世界之中国:域外中国形象研究》,南京大学出版社,2007 年,第 14~20 页。
② 参见周宁:《跨文化研究:以中国形象为方法》,商务印书馆,2011 年,第 26 页。

用留学生对中国经济发展、物质生活、贫富差距的看法等指标进行衡量；在制度层面上，用留学生对中国政治民主、言论自由、社会稳定等内部问题的看法，以及对中国是否走和平发展道路、是否是负责任大国、对其他国家的援助的性质等对外问题的看法进行衡量；在观念层面上，则采用对中国人文明素质、平等对待外国人意识、"和"文化、关系文化的看法来具体衡量中国的国民性形象。

(二)印象管理理论

李普曼早在 1922 年提出了刻板印象理论。刻板印象是由人们对于某些社会群组的知识、观念和期望所构成的认知结构，[①]是人们头脑中存在的关于某人或某一类人的固定印象。它通常是对社会人群的一种过于简单化的分类方式，因此多与事实不符，有时是错误的。[②]

刻板印象通常源于群体间接触和交往的匮乏。刻板印象一旦产生，又会成为群体交往间产生偏见的主要原因。人们在沟通过程中，存在刻板印象一致偏差。群体内部的沟通尤其是讨论，容易使得对外群体的刻板印象变得极端化，而群体间的沟通，尤其是群体间的间接沟通，对减轻甚至抑制人们对外群体成员的刻板印象有一定的效果。[③] 94%的研究表明群际接触越多，群际偏见水平越低，群际接触和偏见的相关系数达到-0.21。[④]因此，要从刻板印象走向真实印象，关键在于推动群际交往。

已有文献从社会学、心理学等角度对刻板印象的内容、变化与影响因素

---

① See Macrae C N, Stangor C, Hewstone M.(Eds.). *Stereotypes and tereotyping.* New York: Guilford, 1996.42.

② 参见庞小佳等：《刻板印象干预策略研究述评》，《心理科学进展》，2011 年第 2 期。

③④ 翟成蹊、李岩梅、李纾：《沟通与刻板印象的维持、变化和抑制》，《心理科学进展》，2010 年第 3 期。

均有深入研究,但是较缺乏刻板印象研究的政治学视角和案例研究。因此,本书具体探讨来华留学生中国印象的变化、特征以及影响其变化的渠道。

彼此间的印象对于跨文化融入具有重要意义。印象作为一种主观意识,具有"自我预言"实现的功能。印象来自人们对一个地区整体状况的认知,而社会的整体状况又由政治、经济、文化所构成,因此印象具有结构性。地区的政治、经济、文化以及居民在构成跨界群体对该地区的积极印象或消极印象方面的权重是有差异的。具体到留学生,他们对中国的印象由中国政治、经济、文化以及中国人印象所构成。

(三)政治再社会化

分析留学生中国观的变化需要引入政治社会化的理论视角。美国学者伊斯顿等人指出:"政治社会化是人们习得政治取向和行为模式的发展过程。"再社会化(resocialization)是社会化的一种形式,指一个人在一种与原有经验不同规范与价值的环境里重新社会化,重新学习价值、角色及行为的过程,它能导致与先前社会化过程不一致的新价值观和行为。①阿尔蒙德认为,政治社会化贯穿人的一生,"一个人在幼年时代确立的态度总是随着他的各种社会经历而不断改变或加强"②。因此,一些重大的事件和经历可以改变一个人的政治态度,带来"政治再社会化"。

社会化的终极目标在于所宣扬的价值观念在民众心中的内化,即成为民众自身价值的一个有机组成部分。但是外交话语社会化的主要对象并非国内民众,而是外国人群体。对于任何一个国家而言,或许可以有效塑造本

---

① 参见侯小平:《基于再社会化和民主视域下的农村流动人口半城市化困境分析》,《今日中国论坛》,2013 年第 6 期。

② [美]阿尔蒙德、小鲍威尔:《当代比较政治学》,朱曾汶、林铮译,商务印书馆,1993 年,第 41 页。

国人的政治价值观,但却难以有效地塑造外国人的政治价值观。社会化过程也是一个长期的、贯穿于人一生的漫长过程。"儿童先入为主的经验左右其一生。"①有关研究表明,大部分的价值和态度在儿童三到四岁时已经被塑造。②大部分留学生年龄在18岁以上,儿童期造成的对中国的固有印象难以改变。这一特性决定,要让外交话语内化成外国人心中的价值理念,是有一定困难的。

"孩子们所遇到的每一个场所都是政治社会化的潜在机构。"③政治社会化的途径主要有家庭、学校、人际交往、大众传媒等。社会化的方式有的是直接灌输,也有间接的潜移默化的影响。间接的方式一般不带有政治性,可以通过人际交往,用不那么明显的隐蔽方式,如"隐蔽课程"来传递社会价值观的途径和渠道,或者通过以社会科学为中心的全学科和课外活动,以及社会实践、咨询服务进行广泛渗透。④

家庭是政治社会化的一个极其重要的来源,它对个人政治自我的形成具有头等重要的意义。⑤由政府和学校所推行的"公开的社会化",如果与家庭价值取向冲突,通常都会失败。⑥

学校教育是最有效、最具有系统性的政治社会化工具,在政治文化的传播过程中起着重要作用。学校可以通过开设公民课程、政治类课程,影响学生的政治价值观。美国学者还使用"隐蔽课程"的概念,来表示用不那么明显的隐蔽方式来传递社会价值观的途径和渠道,如学校生活、校园环境、师生

---

① 彭芸:《政治传播:理论与实务》,巨流图书公司,1986年,第107页。

② See David Easton and Stephen Hess, "The Child's Political World", *Journal of Political Science August*, 1961:229–46.

③ [美]迈克尔·罗斯金等:《政治科学》,林震等译,华夏出版社,2001年,第142页。

④⑤ 参见高峰:《当代西方政治社会化理论书评》,《教学与研究》,1997年第4期。

⑥ 参见[美]迈克尔·罗斯金等:《政治科学》,林震等译,华夏出版社,2001年,第143页。

关系、教师人格、规章制度。①

人际交往通常是留学生认识中国外交话语的重要途径。大众传媒是"第四种重要的社会化力量"。弗雷德·雷格斯蒂说过,一个人对大众传播媒介长期注意的结果,可能会不自觉地逐渐形成关于政治体系基本原理的意识。②

(四)跨文化适应

探讨外国留学生的中国观,需要借鉴跨文化适应理论。外国留学生在中国不可避免产生跨文化冲突与适应等问题。借鉴跨文化理论,留学生的政治再社会化进程经历"文化休克"和"文化适应"的过程,尤其体现在政治文化方面。

适应被定义为认知性调整和情绪健康状况。情感的健康状况更多是过程导向,包括经验性的、内在的、私人的状态,反映的是个人成长及对东道主国家文化的理解。③跨文化交流会导致"文化休克"现象(culture shock),个体面对社会象征符号的差异,会产生一定的焦虑感。奥伯格(Oberge)于20世纪60年代提出"文化冲击"的理论,认为跨文化接触会引起各种心理、行为与情感的变化与障碍。跨文化冲突可能因价值观和信仰的差异产生矛盾和焦虑,但也可能因此获得更多经验。长期来看,经历了心理情感状况和痛苦经历的留学生从海外经历中可以获得更加丰富的收获。④

利兹格德对访美的两百名斯堪的纳维亚富布莱特学者进行研究得出跨文化的心理变化呈 U 形曲线, 即在美国停留少于个月或多于个月的人比停留一个月的人的心理状况要好。他提出了留学生的情感变化存在 U 形曲线

---

①② 参见高峰:《当代西方政治社会化理论书评》,《教学与研究》,1997 年第 4 期。

③④ See Yu-Wen Ying and Lawrence H. Liese, "Initial Adaptation of Taiwan Foreign Students to the United States: The Impact of Prearrivai Variables", *American Journal of Community Psychology*, Vol. 18, No.6, 1990, pp.825–843.

假设。①跨文化适应一般会经历蜜月期、危机期、恢复期和适应期四个过程。②阿德勒则提出跨文化适应的五阶段理论，分别为接触阶段、不统一阶段、否定性阶段、自律期阶段、独立期阶段。③

跨文化调适理论认为，人具有跨文化调适能力。个体直接接触不同文化，会经历冲突与调整的过程，使自己原有文化模式发生变化，慢慢适应新文化。金·杨(Young Yun Kim)认为，个人对异文化的态度一般有四种：同化型、排斥型、边缘型和整合型。人的跨文化调适过程是一个长期积累的过程，表现为压力—调整—前进这样的一个动态过程。这个过程像一个螺旋式的弹簧，进两步退一步，在压力下逐步向前推进。④

四、研究设计

一般来说，"观"是一种"看法"、审视问题的"特殊视角"，既是一个过程，也是一个结果。两国对彼此的"观"是"感情导向和政治决策的看不见摸不着的基础"。⑤这里的"中国观"是指外国人对中国的整体宏观看法，包含对中国政治、经济和社会文化的认知与感受。外国人的"中国观"来源于社会事实，具有客观实在性，但是"中国观"又是"一种文化上的互识现象"，即"一种文化对另一种文化的体察和认识"。⑥

---

① 参见朱国辉：《高校来华留学生跨文化适应问题研究》，华东师范大学2011年博士论文，第10页。

② See Oberg K, "Cultural Shock: Adjustment to new cultural environments", *Practical Anthropology*, 1960, No.7, p.3.

③ 参见谭志松：《国外跨文化心理适应研究评述》，《湖北民族学院学报（哲学社会科学版）》，2005年第6期。

④ See Young YUN Kim, *Intercultural Adaptation in Handbook of International and Intercultural Communication*, Molefi Kete Asante & William B.Gudykunst, eds,. Beverly Hills, CA, USA: Sage, 1980.

⑤ 参见杨玉圣：《中国人的美国观——一个历史的考察》，复旦大学出版社，1996年，第1~2页。

⑥ 参见陶文钊：《中美文化交流论集》，中国社会科学出版社，1999年。

在传播学研究中，一般把交流效果分为认识、心理态度和行动三个层面。在社会学研究中，卡拉和雷格奈德认为群体的认同包括群体认识、群体态度、群体行为和群体归属感四个基本要素。[1]本研究借鉴这两种分法来衡量外国留学生的中国观，把"中国观"进一步区分为认识、态度、行为和归属感四个取向。

因为外国留学生在政治、经济和文化三个不同方面中的认识和态度存在一定的差别，对文化和经济的认知和评价要高于政治层面。因此，本研究对认识和态度两个取向，进一步从政治、经济和文化三个层面进行考察。对于行动取向，则用"有多少中国朋友"和"是否参加社团"来衡量。对于归属感取向，则用"是否打算长期生活""是否把上海当成第二故乡""是否喜欢中国"等进行衡量（见图1.1）。

留学生对中国政治、经济、文化等方面的知识是衡量他们"知华"程度的指标，对中国的态度则体现他们的"友华"（对中国是否友好）的程度，对中国的喜爱程度与归属感则可衡量他们是否"爱华"（或者称为"亲华"）。[2]

自变量：性别 国籍 学历 专业 时间 奖学金 中国亲戚	四取向＼三层面	认识（知识）	态度（评价）	行动（融入）	归属感（归属）
	政治	政治知识	政治评价	中国朋友 参加社团	长期生活 第二故乡 喜欢中国
	经济	经济知识	经济评价		
	文化	文化知识	文化评价		

图1.1：外国留学生"中国观"指标体系及其自变量图示

① See Carla J. McCowan and Reginald J. Alston, "Racial Identity, African Self-consciousness and Career in Decision Making in African American College Women", *Journal of Multicultural Counseling and Development*, Vol.26, No.1, 1998, pp.28-38.

② 参见"知华""友华""爱华"是具有相关性的三个不同概念，"知华"指对中国的知识，"友华"是态度，"爱华"是喜爱程度。"知华"并不一定更"友华"或"爱华"。

本研究在上海接受外国留学生的 20 所高校中展开，主要以复旦大学、华东师范大学、同济大学、上海大学、上海交通大学等为代表，于 2012 年 6 月开始对外国留学生展开调查。本研究主要采用问卷调查法，按照分层抽样原则发放问卷。在留学生较为集中的复旦大学、上海交通大学、华东师范大学、同济大学，由调查员在留学生宿舍随机发放，在其他大学采用滚雪球方式发送问卷，共收集 1532 份有效问卷（见表 1.1）。研究还辅之以结构式访谈法，在抽样上主要采用"最大差异化"原则，兼顾不同学校、专业、来源国，对 48 个案例展开深度访谈。在留学生宿舍发送问卷，包括了不同年级和专业背景的留学生，比在院系发放更具代表性，但是限于各方面条件的限制，问卷发放并没有覆盖所有宿舍楼。此外，在 5 所主要大学以外的高校采用滚雪球方式发放问卷，样本量较小。虽然存在这些不足之处，但是根据统计结果，样本的性别、国籍、专业、在中国的时间等变量的分布还是比较符合留学生实际的比例情况，可以说，样本还是具有比较强的代表性的。

表 1.1：调查问卷回收情况

年份	频率	百分比	累计百分比
2012	93	6.07	6.07
2013	468	30.55	36.62
2014（第一轮）	458	29.90	66.52
2014（第二轮）	236	15.40	81.92
2015	133	8.68	90.60
2016	144	9.40	100.00
总计	1532	100	

本研究对 48 个留学生进行了深度访谈，并设计了一份详细的问卷给予他们填写。但是在进行大规模问卷调查时，因各方面客观条件的限制，问卷不适宜太长，因此删减了其中的一些问题，形成最终的调查问卷版本。本研究本来计划收集 1000 份问卷，这一目标在 2014 年已经实现，当时已经获得了 1019 份有效问卷。在随后的 2014—2016 年间，笔者因为要对留学生关于

中国文化软实力认识的问题进行评估，设计了一份新问卷，此问卷包含了原来问卷中的大部分问题，但因篇幅原因，有的问题未能包含进去，此次调查获得 513 份问卷。根据历次调查数据汇总情况及涉及的不同议题，本项研究所采用的数据分别有 1532、1019、48 个样本的区别（因各个变量的数据包含缺省值，所以可能少于这里的样本数）。除了笔者对 48 个留学生的访谈外，笔者指导的学生杨海兰、蔡凡虹也曾经对留学生做了一些访谈，其中涉及的数据、内容在此也有一些引用。

本研究假设，留学生的性别、年龄、国籍、学历、专业、在中国的时间、是否取得中国奖学金以及在中国是否有亲戚等因素可能会影响他们的中国观，因此把留学生的这些基本信息作为自变量。在接受问卷调查的 1532 人中，男女性别分布均匀，男性占 51.61%，女性为 48.39%（见表 1.2）。目前，韩国、美国、日本是中国接收留学生最多的三个国家。在此次调研中，来自韩国的人数最多，占 20.94%，其次为日本，占 10.87%，美国则占 7.72%，越南占 4.83%。来自其他国家的留学生则相对较少，为统计方便，本研究把来自欧洲、非洲、中亚、中东、拉美不同地区的留学生进行统一计算，分别占 13.36%、12.55%、4.63%、2.01%、3.69%，最后还有 19.40% 的留学生来自除韩日越以外的其他亚洲国家（见表 1.3）。除 14.06% 的留学生为短期交流生外，其余的均为学位生，其中本科学位最多，占 49.30%，硕士学位占 23.52%，还有博士学位占 4.06%（见表 1.4）。在所学的专业上，经济管理类专业的留学生最多，占 26.66%，其次为语言类专业，占 26.46%，理工或医学类、政治类、教育类、其他人文社会科学分别占 17.91%、7.87%、4.14%、16.96%（见表 1.5）。留学生在中国的时间长短不一，最短的是仅来中国 1 个月的短期交流生，最长的则是一位来自日本的留学生，出生后不久就来中国，由中国奶奶抚养长大，迄今已有 18 年。14.56% 的留学生在中国生活半年以下，23.20% 生活半年到 1 年半，19.95% 生活 1 年半到 2 年半，13.36% 生活 2 年半到 3 年半，9.71% 生活 3 年半到4年半,19.22%生活在4年半以上(见表1.6)。据有关统计,获得中国政府奖学金的外国留学生占来华生总数的8.76%,此次调研的留学生获得中国政府奖学金的比例要高于正常水平,达到36.24%,其中,还有11.57%的留学生获得其母国的奖学金(见表1.7)。是否有中国亲戚被视为一个影响留学生中国观的重要变量,因此研究对于有中国亲戚的留学生进行统计,发现17.99%的人有中国亲戚(见表1.8)。

表 1.2:留学生性别区分布

性别	频率	百分比	累计百分比
男	785	51.61	51.61
女	736	48.39	100.00
总计	1521	100.00	

表 1.3:留学生来源国与地区分布

国家与地区	频率	百分比	累计百分比
美国	115	7.72	7.72
欧洲	199	13.36	21.07
非洲	187	12.55	33.62
日本	162	10.87	44.50
越南	72	4.83	49.33
韩国	312	20.94	70.27
中亚	69	4.63	74.90
中东	30	2.01	76.91
拉美	55	3.69	80.60
其他亚洲国家	289	19.40	100.00
总计	1490	100.00	

表 1.4:留学生攻读项目的类别

项目	频率	百分比	累计百分比
专科	136	9.06	9.06
本科	740	49.30	58.36
硕士生	353	23.52	81.88
博士生	61	4.06	85.94
短期交流项目	211	14.06	100.00
总计	1501	100.00	

表 1.5:留学生专业分布

专业	频率	百分比	累计百分比
政治类	116	7.87	7.87
经济管理类	393	26.66	34.53
语言类	390	26.46	60.99
理工或医学类	264	17.91	78.90
教育类	61	4.14	83.04
其他人文社科	250	16.96	100.00
总计	1474	100.00	

表 1.6:留学生在中国生活时长

生活时间	频率	百分比	累计百分比
半年以下	219	14.56	14.56
半年到 1 年半	349	23.20	37.76
1 年半到 2 年半	300	19.95	57.71
2 年半到 3 年半	201	13.36	71.07
3 年半到 4 年半	146	9.71	80.78
4 年半以上	289	19.22	100.00
总计	1504	100.00	

表 1.7: 留学生费用来源

费用来源	频率	百分比	累计百分比
中国奖学金	548	36.24	36.24
母国奖学金	175	11.57	47.81
自费	751	49.68	97.49
其他	38	2.51	100.00
总计	1512	100.00	

表 1.8: 留学生在华亲戚情况

是否有中国亲戚	频率	百分比	累计百分比
没有	1208	82.01	82.01
有	265	17.99	100.00
总计	1473	100.00	

第二章　核心概念：国家文化软实力

一、文化软实力的概念定义

　　20 世纪 90 年代，美国人对于美国领导力下降存在一定的担忧，甚至出现讨论"美国衰落论"的声音。约瑟夫·奈于 1990 年出版《注定领导世界——美国权利性质的变化》的著作，首次提出软实力（soft power）的概念。他认为，解释美国的领导权不再局限于传统的经济和军事实力，吸引力和说服力对于美国的领导力的重要性在上升。约瑟夫·奈认为美国凭借其强大的软实力仍然注定要领导世界。[①]他认为力量（power）不仅仅是控制或胁迫他人的能力，也是吸引他人合作的能力，人民可以通过威胁、收买和诱惑影响他人，按照自己的意愿来行事。约瑟夫·奈区分硬实力与软实力的概念，这种由军事或经济力量来影响他人的有形支配性权力称为"硬实力"（hard power），其主要透过威胁（大棒）与引诱（胡萝卜）的途径来促使他人的改变。还有一种依靠

---

　　①　参见［美］约瑟夫·奈：《美国注定领导世界？——美国权力性质的变迁》，刘华译，中国人民大学出版社，2012 年，第 215 页。

吸引力,通过塑造他人的喜好来影响他人的力量。约瑟夫·奈把"软实力"(Soft Power)定义为"通过吸引力,而非强迫或交换,得到自己所想东西的能力"①。在全球化与信息化的时代,单纯依靠军事与经济等硬实力已经难以实现国家目标,需要更多地依赖软实力。因此,软实力被称为"权力的第二面孔"。约瑟夫·奈认为,一个国家的软实力主要来自文化、政治理念和外交政策三个方面。上海国际问题研究所研究员俞新天认为"软力量"主要表现为三个方面:思想,包括理论、理念、学说、原则等;制度,包括机制、体制和法制;战略和政策。②约瑟夫·奈指出,将"软实力"与可口可乐、好莱坞等食物相提并论的行为,完全弱化了"软实力"的概念。他指出,实力由多种外在表现形式,软实力并不意味着软弱,而是众多实力中的一种。③

在约瑟夫·奈的定义中,软实力与硬实力既相互区别又互相补充。硬实力是软实力的基础,支配着软实力的发展,而软实力则是硬实力发展的延续,影响并提升硬实力。两者的区别在于硬实力主要依靠的是胁迫力或控制力,而软实力依靠的是同化力与认同力。④约瑟夫·奈后来提出巧实力的概念,认为软实力与硬实力一起构成了国家的巧实力,巧实力即非硬实力,也非软实力,而是二者的巧妙结合。⑤但是约瑟夫·奈并没有定义硬实力与软实力的比例,这样令得"巧实力"具有比较强的主观策略,成为一个相对模糊的概念。

中国学者很快把 Soft Power 的概念引入中国。对 Soft power 有几种不同的中文译法:门洪华翻译成"软权力",吴晓辉、钱程译成"软力量",中国学者

① Joseph Nye:*Soft Power:the Means to Success in World Politics*,Public Affairs,2004,p.v.
② 参见俞新天:《软实力建设与中国对外战略》,《国际问题研究》,2008 年第 2 期。
③ 参见[美]约瑟夫·奈:《软力量:世界政坛成功之道》,吴晓晖、钱程译,东方出版社,2005 年,前言第 2 页。
④ 同上,第 7 页。
⑤ See Joseph Nye:*The Powers to Lead*,Oxford University Press,2010,p.43.

比较偏爱使用"软实力"或"文化软实力"的概念。"中国语境下的文化软实力是约瑟夫·奈软实力概念的'中国化'表达,但二者又存在很大的差别。"①文化软实力的概念之所以很快为中国学界与政府所使用,主要原因在于中国的和平发展不仅在于经济总量和军事实力的迅速提升,更在于文化竞争力、制度创新力和观念影响力构成的软力量的提升。②单纯的硬实力提升,缺乏软实力的相应提升,会容易让外界感到恐惧。软实力的提升可以有效增加中国在世人眼中的合法性和吸引力,一定程度上减少"中国威胁论"的论调。

约瑟夫·奈在访谈中认为,很多国家的软实力是由社会团体创造的,而在中国,软实力的发展大都不是靠社会团体创造的。③约瑟夫·奈把文化作为软实力的一个组成部分,但是张国祚把文化作为"软实力的'灵魂'和'经纬'",强调文化作为软实力的核心部分。中国倡导"和"文化,强调文化自觉、文化自信,提升国家文化软实力。中国的文化软实力是基于文化的生命力、创造力和传播力而形成的体系,它主要包含三个层次的意思:一是指文化传统、价值观念和制度体系;二是指建立在公共文化服务体系基础上,以人的精神、品格为核心的国民素质;三是指可以产业化运营的文化产业。④中国通过加强对外援助项目、孔子学院、接受外国留学生、主场外交、"一带一路"建设积极推动文化软实力的建设。

中国"文化软实力"的概念来源于约瑟夫·奈的软权力概念,但是中国文化软实力强调发展文化产业,提升文化竞争力,既包含文化的内在凝聚力,

① 胡键:《文化软实力研究:中国视角》,《社会科学》,2011 年第 5 期。

② 参见黄仁伟、胡键:《中国和平发展道路与软力量建设》,《社会科学》,2007 年第 8 期。

③ 参见张梅:《中国软实力的现状、发展与新时期的中美关系——访哈佛大学肯尼迪政府学院约瑟夫·奈教授》,《社会科学文摘》,2017 年第 3 期。

④ 参见李桂丽、陈瑾:《理工院校非英语专业研究生英语教学与学生软实力培养策略》,《西南民族大学学报(人文社会科学版)》,2012 年第 S1 期。

又包含文化的对外吸引力,但并不把自己的价值观强加给其他人。①中国的文化软实力关注实力论视角,强调对差异文化与价值观的包容,不同于美国理解"软权力"的权力视角。概而言之,美国的"文化软实力"有向外输出美国的价值观与意识形态服务的目的,是为了维系美国世界霸权地位。

约瑟夫·奈认为,软实力虽然不易量化,但可以衡量和比较。当前不少学者通过问卷调查,涉及软实力的量化指标,进行衡量。例如,有学者提出中国文化软实力评估体系由"基本指标"和"特色指标"两部分构成,基本指标包括了文化凝聚力(文化生态、传统文化、休闲文化)、文化吸引力(科研能力、文学荣誉、留学生)、文化创新力(文化产业、文化原创、文化技术)、文化整合力(文化管理、文化规范、文化权益、文化教育和文化设施)和文化辐射力(人才输出、文化外交、传播渠道、国际文化)。特色指标主要指中国的儒家文化、文化技术以及举办、承办大型国际活动。②在总体上,中国的"文化软实力"有了很大的发展和提高,但是与美国、欧盟、日本等发达国家相比,中国的"文化软实力"仍然存在着很大的差距,外国友人对中国的文化了解更多停留在中餐、中国功夫、"孔子学院""中国制造"上。根据英国国际咨询公司 Portland 发布的一项关于国家软实力 30 强的报告,中国仅位列第 30 名,排名在日本、韩国和新加坡之后。③

中国软实力更多是硬实力的副产品,而非中国文化、模式、价值和外交政策带来的更深层、更持久的吸引力。④中国软实力的推动更多是政府驱动型,靠政府宣传和投资,很少有民间团体或非政府组织参与到中国软实力的

---

① 参见屈潇影:《中国"文化软实力"的来源、特征和意义研究》,《贵州师范学院学报》,2015 年第 1 期。

② 参见林丹、洪晓楠:《中国文化软实力综合评价体系研究》,《大连理工大学学报(社会科学版)》,2010 年第 4 期。

③ 参见张梅:《中国软实力的现状、发展与新时期的中美关系——访哈佛大学肯尼迪政府学院约瑟夫·奈教授》,《社会科学文摘》,2017 年第 3 期。

④ 参见门洪华编:《中国软实力方略》,浙江人民出版社,2007 年,第 302 页。

构建当中。中国在文化软实力建设上更多是相对分散，是被动的，缺乏协调的对外文化发展战略和长远规划，也缺乏战略的协调和资源的整合。[①]总体上，中国文化创新能力有待提高，对文化管理的体制也有待进一步完善。

2005年底，约瑟夫·奈在美国《华尔街日报》上发表《中国软实力的崛起》一文，并指出中国软实力的崛起已经对美国利益构成威胁。[②]2015年他撰文再谈"中国提升国家软实力"，认为"通过爱国主义提升中国软实力，爱国主义如果被外国误解成民族主义，就有可能削弱中国梦的广泛吸引力，引发一些周边国家的敌意"[③]。然而2017年在约翰霍普金斯大学高级国际问题研究院就美国和世界秩序发表演讲时约瑟夫·奈又表示，崛起的中国并没有"威胁"到美国的领导地位，并且认为中国其实并不打算推翻现行的国际秩序。[④]

二、中国文化软实力概念内涵

提升国家文化软实力，关系中国的国际定位与国际影响力，也关系中华民族的伟大复兴。2007年党的十七大报告把提高国家文化软实力作为国家发展的基本方针，2012年党的十八大报告继而提出"文化强国"战略。

文化反映了一种集体潜意识，可以满足民众的心理需求，对于维系我们的日常生活至关重要。文化是长久历史发展过程中沉淀下来的语言、文字、

① 参见江凌：《中国文化软实力建设的困惑与提升对策——兼议中美文化软实力比较》，《中国文化产业评论》，2011年第1期。

② See Joseph Nye: "The Rise of China's Soft Power", *Wall Street Journal Asia*, December 29, 2005.

③ 《提升国家软实力是中国的明智战略》，人民网，http://theory.people.com.cn/n/2015/0216/c40531-26573926.html?from=singlemessage&isappinstalled=0。

④ 《中国并未威胁美领导地位，美国内民粹主义实为真正威胁》，人民网，http://world.people.com.cn/n1/2017/0303/c1002-29122080.html。

音乐、艺术、风土、人情、信仰、道德、法律等。文化起到传授经验、设定行为规范、提升成员适应能力、给予民众安全感的作用。文化是生活方式、历史传统,借助于符号系统得以传播。文化存在内隐和外显的模式,以物质形式表现出来的显性文化仅仅是冰山一角,在文化的海平面下蕴藏着隐性文化极大的潜意识能量。文化具有一定的层次,表层是外在直观的事物,中层为主要的社会规范和价值观,里层是核心层,这是文化存在的基本假设。文化是在长期历史发展的过程中,形成的稳定的物质、精神财富的总和,是集体共享的意识体系,用以应对人类面临的核心问题。文化具有相对的稳定性,但并不意味着文化不能变化,随着内外环境的影响,文化会发生缓慢的变化。

在中国语境下,文化软实力的概念内涵与西方的软权力的概念存在一定的差异。约瑟夫·奈认为,一个国家的软权力主要来自三个方面:文化、政治理念和外交政策。中国学者更倾向从文化视角解读软实力。总体上,中国对文化软实力的探讨,需要聚焦于传统文化、思想、制度、战略政策以及国际传播五个方面。

(一)中华传统文化影响力

中国视传统文化为文化软实力的重要组成部分。习近平总书记曾经指出:"中华优秀传统文化是我们最深厚的文化软实力,也是中国特色社会主义植根的文化沃土"①,中华文化"是我们提高国家文化软实力的重要途径"②,

---

① 《习近平:优秀传统文化是最深厚的文化软实力》,http://news.southcn.com/china/content/2014-10/15/content_110121516.htm。

② 《习近平关于社会主义文化建设论述摘编》,人民网,http://theory.people.com.cn/big5/n1/2019/0107/c40531-30507321.html。

"提高国家文化软实力,要努力展示中华文化独特魅力"①。约瑟夫·奈也曾经指出中国软实力的崛起首先体现在弘扬传统文化。中国的传统文化一直因神秘而令世界向往,而近年来中国的现代流行文化也风靡全球。②中国研究者通常用长城、京剧、熊猫、运动明星姚明、电影明星章子怡来说明中国文化的影响力。③笔者多年前访问印尼,不少印尼人都谈及非常喜欢中国功夫、中国电影,经常听中国歌曲。他们对于很多中国影视明星的名字,例如成龙、周润发等,也是耳熟能详,毫不陌生。

中国文化软实力还体现在中医、武术、剪纸等传统文化的弘扬上。中国历史上的陆上与海上"丝绸之路"都是文化"丝绸之路",对于推动中外文化交流起到非常重要的作用。当代"一带一路"倡议也把推动文化交流、促进民心相通作为重要的使命。中国政府非常注重传播中华传统文化,例如,频繁在其他国家举办中国文化年;加强与外国合作发展孔子学院;"在东南亚通过提供奖学金和学术交流等活动,推动外国人学习中文"④。这些举措确实取得了一定的成效,在很多国家,都掀起了学习中文的热潮。提升中国文化软实力,进一步弘扬中华传统文化,需要深化文化体制改革、壮大文化力量、培育文化优势、发挥民间往来优势,从而推动不同文明交流互鉴。

(二)中国思想价值观影响力

中国的研究者较少从思想角度看软实力,更多地使用文化软实力的视

---

① 《习近平:建设社会主义文化强国 着力提高国家文化软实力》,http://cpc.people.com.cn/n/2014/0101/c64094-23995307.html。

② 参见《约瑟夫·奈在北京大学的演讲》,http://www.zhyjw.com/Article/HTML/19170.html。

③ See Li Mingjiang:Soft Power in Chinese Discourse,Popularity and Prospect,www.rsis.edu.sg/publications/WorkingPapers/WP165.pdf.

④ Alan Hunter:*China:Soft Power and Cultural Influence*,Centre for Peace and Reconciliation Studies,Coventry University,Coventry,United Kingdom.

角。软实力的核心是文化,而且主要是文化中的核心即价值观。[①]2014 年 2 月 24 日,习近平在中共中央政治局第十三次集体学习时指出:"核心价值观是文化软实力的灵魂、文化软实力建设的重点。这是决定文化性质和方向的最深层次要素。"[②]他还强调:"一个国家的文化软实力,从根本上说,取决于其核心价值观的生命力、凝聚力、感召力。"[③]

约瑟夫·奈指出,一些人误用了软实力概念,以为像可口可乐、牛仔和钱的影响力代表软实力。[④]很多外国人学习中国文化、中文更多是实用主义目的,因为他们必须和开放的中国打交道,这是中国硬实力提升的派生结果,而不一定是中国价值、制度或外交的吸引力所致。加强文化软实力需要努力提升思想文化吸引力。

但是我们的研究一般较少涉及中国核心价值理念的影响力。传播中国的核心价值观,需要传播中国特色社会主义价值观念,传播中国道路、中国理论、中国方案。中国极具传统文化魅力的儒道法诸子百家思想、程朱理学、王阳明心学等传统思想,均对中外历史产生深远的文化影响。推动传统文化思想现代化,是当前中国文化软实力建设的重要内容。儒家文化中的学习、反省、饶恕、友爱、和谐等价值依然深具影响力。诚然,这些核心价值在东亚有一定的影响力,但是也需要注意到儒家文化中的很多核心价值,在西方文化中也存在。中国和东亚国家现在越来越多地受到西方核心价值理念的影响,这需要我们推陈出新,推动中国传统文化价值观的现代化发展。

---

① 参见俞新天:《软实力建设与中国对外战略》,《国际问题研究》,2008 年第 2 期。

②③ 《中共中央政治局进行第十三次集体学习 习近平主持》,中华人民共和国中央人民政府网,http://www.gov.cn/ldhd/2014-02/25/content_2621669.htm。

④ 参见[美]约瑟夫·奈:《软力量:世界政坛成功之道》,吴晓晖、钱程译,东方出版社,2005 年,序言第 2 页。

（三）中国的制度影响力

中国奉行改革开放政策,对内发展市场经济,建立共产党领导下的民主协商制度,对外发展出口型经济,奉行互不干涉内政原则,走和平发展道路。中国改革开放取得了巨大成就,政治体制有效地维护了社会的稳定,为国内经济建设赢得了和平稳定的国内外环境。中国渐进式的改革,有人称之为"中国模式",为不少亚非拉发展中国家所推崇。[1]中国的制度影响力还体现在中国发展模式与治理模式的影响力上,2020年抗疫斗争中,中国的治理模式以及抗疫方案取得了很大的成效,体现出中国速度、中国效率,这也得到联合国机构以及世界卫生组织的肯定,并为其他国家所仿效。

但是也需要看到中国的制度影响力相对于传统文化更弱一些。国际社会对中国当前民主政治的健康发展了解不多,以意识形态偏见攻击中国政治,使中国对外的政治感召力弱小。[2]"中国模式"也存在腐败、地区发展不平衡等问题,这在一定程度上损害了中国的软实力。虽然不少转型国家推崇中国的经验,但是越南、古巴等在向中国学习的同时,也向西方学习。[3]

（四）中国的战略外交影响力

不少人认为中国的软实力来自战略外交理念。清华大学教授阎学通曾经指出,一些鼓吹"中国威胁论"的外国专家很多中文讲得很好,喜欢中国文化,增强软实力的工作重点可考虑从推广中国文化转向提高国家战略信誉。[4]

提升中国的战略外交影响力,需要加强中国参与国际制度的能力,在国

---

① 参见[美]约瑟夫·奈:《中国软实力的兴起及其对美国的影响》,王缉思译,《世界经济与政治》,2009年第6期。

② 参见胡键:《论当代中国的政治力》,《探索与争鸣》,2009年第11期。

③ See Ting Wai:Reflect on China's Soft Power,*Twenty-first Century*,2009(12).

④ 参见阎学通:《软实力的核心是政治实力》,《世纪行》,2007年第6期。

际组织中发挥更为重要的作用,提供更多的公共产品。中国提倡的"多极化""新安全观""促进国际关系民主化""建立公正、合理的国际政治新秩序""新型大国关系""一带一路"倡议、"责任共同体""人类命运共同体"等话语得到亚非拉一些发展中国家的支持,也促使发达国家不得不正视中国声音,在现有的国际体系中给予中国更多的话语权。中国实行亲、诚、惠、容的睦邻外交政策,也得到周边国家的支持。尤其在特朗普实行"美国优先"政策,采取逆全球化措施的背景下,中国举起推动自由贸易、促进全球化发展的旗帜,赢得了国际社会的支持。中国在疫情期间分享中国的抗疫经验,援助其他国家,也得到了国际社会的普遍赞誉。但是另一方面,我们也需要注意到,中国外交理念的具体内容还有待进一步充实,需要把口号转化成为具体的可操作的路线图。

外界对中国的认识、外交政策带来的吸引力不仅取决于官方政策,也受到民间机构与普通国民的影响。西方与东亚等国家对中国的不信任仍然存在,中国青年人在面对国家冲突的时候,有时在网络或者日常生活中发表情绪化的言论,[①]这对中国外交政策软实力的提升产生一定的负面影响,需要引起注意。

(五)中国国际传播影响力

中国对文化软实力的建设,强调国际传播能力,这是提升国家对外文化软实力的重要途径。加强国际传播影响力,需要加强对外传播的战略规划,打造具有国际竞争力的对外媒体,发挥民间团体的积极作用。此外还需要加强"借船出海"意识,加强与外国媒体的合作,利用海外媒体更好地传播中国声音。顺应当前社交媒体"微传播"的发展,创新传播方式,利用文字、声音、

---

① 参见俞新天:《软力量断想》,《外交评论》,2007 年第 8 期。

图像、短视频等多种形式对外传播,充分运用大数据技术,提升中国在海外社交媒体中的话语影响力。

加强中国国际传播影响力的关键在于取得受众的认同,这需要立足中国、面向海外,在对外话语的建构上做到融通中外,"增强对外话语的创造力、感召力、公信力,讲好中国故事,传播好中国声音,阐释好中国特色"①,打造融通中外的新概念、新范畴、新表述,创新对外宣传方式,②打造优化战略布局,增强国际话语权。

总体上,加强国家文化软实力建设,需要保持战略定力,强国固本,加强国内民主政治建设,推动国内经济发展,提升国内民生,加强公正、正义、和谐社会的建设,以达到内外兼修的效果。加强硬实力建设是提升文化软实力建设的坚实物质基础,需要推动硬实力与软实力的平衡发展。文化软实力建设还需要加强科研投入,推动教育国际化,加强高端人才建设。

三、中国文化软实力概念误区

与国家日益增长的硬实力相比,中国文化软实力的发展较为滞后。中国软实力更多是硬实力的副产品,而非中国文化、模式、价值和外交政策带来的更深层、更持久的吸引力。③中国软实力的推动更多是政府驱动型,靠政府宣传和投资,较少民间团体或非政府组织在中国软实力建构中发挥作用。但是,在已有的研究中,存在对中国软实力看法过于乐观、表现高估的现象。近年来对中国文化软实力的阐述,容易存在以下四种概念误区:

---

① 《把握国际话语权　有效传播中国声音——习近平外宣工作思路理念探析》,新华网,http://www.xinhuanet.com/politics/2016-04/06/c_1118542256.htm。

② 参见《全国宣传思想工作会议(2013 年 8 月 19 日—20 日)》,共产党员网,http://www.12371.cn/special/qgxcsxgzhy/。

③ 门洪华编:《中国软实力方略》,浙江人民出版社,2007 年,第 302 页。

第一,把中国的经济影响力等同于软实力。一些研究者从中国的经济影响力来看中国的软实力。但是经济实力本质上是硬实力,而非软实力。经济影响力为提升文化软实力提供了物质前提条件,但文化软实力与经济硬实力并不必然存在正向相关性。中国在东南亚、非洲、拉美等国家经济影响力的加强,并不一定能消除他国对中国的怀疑,也可能增加它们对中国经济日益强大的恐惧。事实上,一些西方人士提出所谓的"中国新殖民主义论"在亚非拉国家也有一定的市场。亚非拉大部分人不担心中国经济发展的原因,主要是中国的外交政策理念让他们相信可以从中获利。他们是抗拒还是接纳中国经济实力的上升,取决于中国的文化软实力,即他们是否感到中国给他们带来足够的安全和尊重。我们在提升经济影响力的同时,更需要重视对文化软实力的建设,使两者可以齐头并进、相互促进。

第二,把对中国的好印象等同于中国软实力。学者们进行定量研究的时候喜欢引用外国人对中国的印象来说明中国的软实力。对中国印象好,说明中国软实力增强。例如,2005 年澳大利亚罗利国际政策研究所(Lowy Institute)的民意调查,指出 69%的澳大利亚人对中国持正面看法,而只有 58%的人对美国持正面看法。但是对中国印象好并不等同于中国软实力强。外国人对中国印象好可能来源于中国硬实力,如经济快速增长及其带来的机遇,也可能因为中国软实力(如思想、制度、外交战略)的吸引力所致。[1]评估中国软实力需要更加重视中国文化、价值观念、外交政策带来的吸引力与影响力,不能简单停留在外国人对中国表面上的好印象,需要深入软实力的本质。

第三,把中国古代软实力等同于现代软实力。中国古代软实力很强,在很长一段时间难以找到可以与中国相匹配的国家。中国儒道法等诸子百家文化至今在东亚地区还有比较大的影响力。中国的功夫、武术、戏曲、中医经

---

① 参见叶淑兰:《中国软实力研究的方法与思路》,《中国社会科学报》,2010 年 7 月 29 日。

久不衰,吸引不少外国人。正如俞新天所指出,中华文化不是指历史上存在的传统文化,而是已经流淌至今仍在发展变化的文化传统。软实力不等同于传统文化,而是现代创新文化。①提升当下中国的软实力,不能单靠弘扬静态的传统文化。随着时代的变迁,体现软实力的核心价值也在发生变化。如果我们为古人的软实力而沾沾自喜,不加以创新发展,以适应今天社会的话,那就无异于故步自封。提升我们当代的文化软实力,需要在古代文化软实力的基础上,加以创造性发展,推陈出新,实现传统文化的现代化发展。

第四,把西方软实力当作中国软实力。中国经济的快速发展本身不构成中国的软实力,因为中国经济发展主要受到相对廉价的劳动力成本的驱动,中国本身在技术创新、先进管理经验上存有不足,需要从西方引进。因此,中国经济快速发展所取得的成就在一定程度上反映的是西方国家的软实力在中国的扩散,而非中国自己本身的软实力。中国很长一段时间处于模仿西方先进技术阶段,自我创新精神与能力还不足,具有世界影响力的品牌不足。就像一位印尼学者曾经对笔者说过的那样:我们经常对三星、佳能这些产品是否是中国生产的感到怀疑,虽然它们在中国生产,但是它们是韩国和日本的品牌。因此,提升中国软实力,需要加强中国的技术创新能力,当前中国的"高速铁路、扫码支付、共享单车和网络购物"新四大发明,便是中国技术创新的极好例证。中国华为5G技术、中国的大数据与人工智能技术均走在世界前列,这是中国软实力的重要源泉,但也因此遭到特朗普领导的美国政府的打压。未来,中美在科技文化软实力上的竞争将更为激烈。

中国文化软实力需要识别以上概念误区,把中国文化软实力建立在中国当代坚实的文化、价值观与外交政策吸引力的基础上,注重对传统文化的创新性发展以及对西方科学技术与管理经验的超越性发展上来。

———————————

① 参见俞新天:《软力量断想》,《外交评论》,2007年第8期。

四、中国文化软实力概念下的留学生教育

加强留学生教育是提升中国文化软实力的重要组成部分。中国来华留学教育事业的重要目标是培养知华、友华的高素质来华留学生和优秀的中外文化交流使者,通过留学生对学校文化、城市文化、中华文化的认同感和归属感来提升中国文化软实力。[①]留学生是传播与建构中国文化软实力的重要使者,代表着中国高等教育的国际化水平,而留学生的中国观是评估与检验中国文化软实力的重要指标。

第一,留学生教育水平代表着中国高等教育的国际化水平。是否吸引到具有竞争力的留学生人才,涉及中国建设科技强国、教育强国的宏伟目标。与发达国家商业和企业家精神对留学生教育的推动相比,中国在招收留学生时的主要理念是为了给世界留下良好形象、促进相互理解以及实现国际化大学的政策目标。[②]留学生教育有助于推动中国建设世界一流高校与一流学科,使中国高等教育走向国际化,培养具有竞争力的国际性人才,是中国推动全球化与国际化的重要组成部分。只有中国的教育具有吸引力,才能吸引更多的外国留学生。相较于英美法等西方国家,中国在竞争国际性人才上面还处于相对劣势的位置,伴随中国的崛起,受到中国经济与文化的吸引,越来越多的留学生,包括来自西方国家的学生来华留学,他们为中国高等教育的发展提出了更高的要求,推动高等教育体制的改革与质量的提升。

第二,留学生是传播中国文化的重要使者。不少留学生受中国文化吸引来中国留学,通过留学,他们可以使用流利的汉语进行交流,对中国文化的

---

① 参见赵宏、张晶:《来华留学生中华文化认同培养》,《黑龙江高教研究》,2017 年第 11 期。

② See Ma Jiani, Zhao Kai, "International student education in China: characteristics, challenges, and future trends", *Higher education*, Vol.76, No.4, 2018, pp.735–751.

认识更深,甚至成为知华派、友华派、爱华派。留学经历使他们获得对中国文化理解的亲身体验,他们通过人际传播的方式让身边的亲友更多地了解中国,并吸引他们身边的其他人来中国留学。很多留学生回国后依然使用微信等中国社交媒体与中国朋友保持交流,密切关注中国经济社会的发展。国外很多著名的中国问题研究学者都曾经留学中国,这个经历更好地促使他们成为中国文化传播的使者。留学生通常是未来的社会精英、国家栋梁,有的留学生甚至成为其母国的国家领导人,他们对中国文化的理解进而会影响到他们国家与中国的政治、外交、经济与文化关系。

第三,留学生教育是提升中国文化软实力的重要渠道。中国文化软实力提升的途径主要有孔子学院、留学生教育、中国电影、影视作品及文学、"一带一路"海外建设项目、中国产品、中国品牌以及中国旅游项目等渠道。其中,留学的经历对于塑造一个人的人生观、价值观具有最为深刻、长久的影响。留学生教育在提升中国文化软实力中具有非常重要的作用,这不但体现在发展留学生教育有助于提升中国整体教育质量、推动中国教育国际化水平与国际影响力上,还体现在留学生通过深度接触中国,获得对中国政治、经济、文化的亲身体验,从而加强对中国文化的理解,成为知华、友华人士。

第四,留学生的中国观是评估与检验中国文化软实力的重要指标。建立指标体系衡量外国人对中国文化软实力的评价,是我们探究中国文化软实力状况及其问题的重要手段。外国人对中国文化软实力的认知受到了大众媒体以及对中国刻板印象的影响,比较缺乏一手资料。留学中国的经历使得留学生与中国进行深度接触,他们可以架起中外文化沟通的桥梁,他们如何评价中国的政治、外交、经济、文化,留学前后他们的中国观发生了怎样的变化,他们融入中国社会的程度,面临着什么样的社会文化适应问题,对于我们评估与检验中国文化软实力具有非常重要的意义。

第二部分

历史借鉴篇

第三章 历史演进:留学生教育的发展

新中国成立以来开始招收外国留学生,主要为了推动与社会主义国家以及第三世界国家的政治外交关系,具有一定的国际援助色彩。改革开放之后,中国不但开始招收西方国家留学生,还开始招收自费留学生。留学生教育除了服务于中国改革开放与现代化之外,还肩负着提升中国国家形象、促进中外文化交流、推动留学经济发展的任务。进入 21 世纪以来,中国把推动留学生教育,作为实现文化强国、教育强国、推动教育现代化与国际化的重要组成部分。中国加强对来自"一带一路"共建国家的留学生教育,加强对留学生的愿景规划与管理机制的建设,中国留学生教育也获得了长足发展。

当前学界对留学生发展进程的研究有不同的分期。有的学者分为教育国际交流与合作的启动、曲折发展、全面恢复与发展、大发展新阶段的时期,也有分为初创阶段、恢复和整顿阶段、改革开放起步阶段和创立新体制阶段四个时期。①下文将主要分为新中国成立初吸收苏东国家留学生教育阶段、改革开放阶段以及 21 世纪来华留学生新发展三个阶段。

---

① 参见程家福:《来华留学生教育结构历史研究(1950—2010)》,同济大学出版社,2012 年,第7~8 页。

一、新中国成立初吸收苏东国家留学生教育状况

1949 年到 1978 年改革开放之前,中国留学生教育是在履行政治和外交义务、弘扬国际主义精神、加强与社会主义国家合作以及为友好国家培养人才这一理念下进行的。新中国成立初至改革开放前,来华留学生教育政策经历了从初创、发展到中断、恢复的历程,政策主要体现出对外政治援助的倾向,因此将这一时期称之为政治援助时期。这一时期,中国逐步接受来自东欧国家、周边社会主义国家、民族独立国家、资本主义国家、非洲国家(撒哈拉沙漠以南)的在华留学生。

1950 年初,波兰、捷克斯洛伐克等东欧国家正式向中国表示愿意交换留学生,当年年底,即有波兰等 5 国的 33 名留学生来华成为新中国接收的第一批留学生。为加强与苏东国家的政治外交关系,中国公费招收来自这些原苏联东欧社会主义国家的留学生,并接收来自越南、朝鲜和蒙古等周边国家的留学生,后来扩大到招收亚非拉一些第三世界国家的留学生。[1]在 1954 年万隆会议之后,中国开始接收亚非拉第三世界国家的留学生,也有日本、英国、法国的少量留学生。1956 年,中国制定了接收资本主义国家留学生来华学习的政策,开始接收自费生。[2]据 1950 年至 1965 年的统计,中国累积接收和培养了 68 个国家的 7259 名留学生,其中来自社会主义国家的留学生人数约占整个来华人数的 90.8%。[3]这一时期,留学生规模较小且增长缓慢,

---

① 参见王辉耀、刘国福:《外国留学生来华留学现状及问题研究》,《国际人才蓝皮书·留学》,社会科学文献出版社,2012 年,第 196 页;程家福:《来华留学生教育结构历史研究(1950—2010)》,同济大学出版社,2012 年,第 31 页。

② 参见于富增:《改革开放 30 年的来华留学生教育——1978—2008》,北京语言大学出版社,2009 年,第 12~14 页。

③ 参见董泽宇:《来华留学生教育研究》,国家行政学院出版社,2012 年,第 43 页。

1973 年至 1977 年中国接收了这 77 个国家 2066 名留学生。[①]

　　新中国成立初期组建了"东欧来华留学生工作组",1962 年由国务院外事办公室领导成立外国留学生、实习生工作指导小组。随后出台了一系列的管理办法,关于留学生的政策制定与审批规划等事务由高等教育部负责。这一时期中国政府参与留学生教育管理的每个方面,处于接收端的高等教育院校在招收、教育以及管理等方面都没有自治权。

　　这一时期中国接收留学生的政策主要通过政府间双边协议的形式体现,完全服务于我国国际政治方针,与外交政策保持紧密一致,体现了我国为来华留学生提供费用的援助性质。中国接受东欧和周边社会主义国家的留学生以交换生为主体,他们的学费、住宿、饮食、医疗甚至服装、旅行、零用钱等费用均由中国政府承担。此外,中国向非洲国家提供了相当数量的奖学金生名额,奖学金生不仅享受交换生在华的上述费用优惠,其国际旅费也由中国政府承担。

　　早期招收社会主义国家留学生,主要学习汉语以及马列主义农学财经类课程,而资本主义国家的留学生通常更多学习工科、农林医药等技术类课程。从专业分布上看,新中国成立后留学生主要学理工科为主,后来逐渐成为理工科与文科并行发展,再后面文科专业又有上升的趋势。

二、改革开放后来华留学生教育状况

　　改革开放之后,中国开始招收自费留学生。20 世纪 60 年代中国培养留学生的第一个主要的目标是使之成为对中国友好的人才。1966—1976 年十年间留学生教育中断,直到 1978 年重启留学生教育工作,中国留学生教育

　　[①]　参见王辉耀、刘国福:《外国留学生来华留学现状及问题研究》,《国际人才蓝皮书·留学》,社会科学文献出版社,2012 年,第 196 页。

被视为服务于中国的改革开放与现代化进程。1979 年 2 月,教育部初步拟定在 1979 年至 1985 年期间接受外国留学生 1.3 万人。①改革开放政策促进了中国高等教育的发展,从 1978 到 1989 年,中国招收了来自 124 个国家的 58847 名留学生,包括 32325 名奖学金学生与 26522 名自费学生,这之后自费留学生成为主流,到 1999 年,有来自 164 个国家的留学生来中国接受高等教育。②20 世纪 90 年代以后,中国周边的亚洲留学生增幅较大,成为留学生的主体。这一时期,国家针对学历学位、汉语考试、师资建设、奖学金评审等制定系列政策,确保留学生管理机制走向战略化、规范化、系统化,主要体现在以下三个方面:

第一,完善留学生管理机制。经过多年的发展,中国已经建立起一套比较完善的留学生管理制度。中国分别于 1979 年与 1980 年出台了《关于外国留学生工作会议的报告》及《中华人民共和国学位条例》。1979 年的《工作会议报告》首次以书面形式提出为留学生颁发学位证书的要求。1980 年通过的《学位条例》第十五条明确规定:"在我国学习的外国留学生和从事研究工作的外国学者,可以向学位授予单位申请学位。"③中国高等教育国际化从 20 世纪 80 年代起步,并逐步成为国际服务贸易的重要内容。与此同时,政府逐渐把招生、管理、教育权下放给相关院校,各大院校可以通过校际交换或其他方式来接收留学生。中国于 1988 年还出台了《关于招收和培养外国来华留学研究生的暂行规定》,首次明确了我国招收培养来华留学研究生的政策。国家教委现教育部于 1989 年发布《关于今后外国留学生工作的意见》,

---

① 参见教育部、外交部、文化部、财政部、国家计委:《关于扩大接受外国留学生规模等问题的请示》,载李滔:《中华留学教育实录(1949 年以后)》,高等教育出版社,2000 年,第 831 页。

② Ma Jiani,Zhao Kai, "International student education in China:characteristics,challenges,and future trends", *Higher education*, Vol.76, No.4, 2018, pp.735–751.

③ 《中华人民共和国学位条例》,http://www.12371.cn/2020/06/28/ARTI1593277691328997.shtml?from=groupmessage。

提出从以招收本科生为主体逐步过渡到以招收研究生和进修生为主体的构想。1991年国务院学位委员会颁布了《关于普通高等学校授予来华留学生我国学位试行办法》，该办法要求学士、硕士和博士学位授予需"具有使用生活用语和阅读本专业汉语资料的能力"①。此外，针对来华留学生的学历证书管理，中国相继出台了《普通高等教育学历证书管理暂行规定》（1993年）、《关于接受外国高等专科院校毕业生来华攻读本科毕业文凭课程有关问题的通知》（1995年，2004年废止）、《关于改革外国留学生学历证书管理办法的通知》（2001）以及关于来华留学生学籍和毕业证书电子注册规定的相关规定办法等。

第二，规范对外汉语教学管理。语言是留学生进入东道国高校学习最基本的要求，依据留学生学位授予对汉语的要求，为了规范来华留学生汉语教学及测试，中国不断完善留学生汉语水平考试制度。1984年北京语言学院开始汉语水平考试的研制工作。1987年成立"国家对外汉语教学领导小组办公室"（"国家汉办"），成为对外汉语教学的领导机构。1989年汉办颁布《汉语水平等级标准和等级大纲》，成为汉语水平考试的重要依据，也为留学生开展汉语学习提供了良好的学习平台。

第三，规范留学费用管理。早期中国接受外国留学生是尽国际主义义务，为了加强同其他国家文化交流，增进人民友谊。改革开放后，中国开始招收短期自费留学生，并制定相应的留学生奖学金政策。1980年教育部、外交部在《关于1980年接受外国留学生工作的通知》中规定了中国的奖学金政策要向第三世界国家的留学生进行适当的倾斜，"对美国和第二世界国家，基本上是根据两国文化交流计划制定的，包括奖学金生和自费生两类；对第

---

① 参见《关于普通高等学校授予来华留学生我国学位试行办法》，http://edu.gd.gov.cn/gtgz/gjgatjl/content/post_2792719.html。

三世界国家,多数是我方提供奖学金"①。1989 年中国开始招收自费留学生,同时开辟了接受自费来华留学生的渠道,来华留学生教育经费承担主体多样化。1990 年以后,国家把外国留学生招生权下放到高校,允许高校自行招收自费留学生。1996 年教育部成立国家留学基金委员会,开始为留学生提供奖学金制度,还成立了国家留学基金管理委员会,制定实施来华留学生学位条例,建立和完善汉语水平考试制度,从而建立了一套较为完善的来华留学生配套管理制度。

通过以上举措,中国对留学生管理的规范性日益增强与完善,伴随中国经济的快速发展,中国对留学生的吸引力也越来越大。改革开放后,影响来华留学生的政治因素逐渐减弱,文化因素逐步上升到重要的位置,留学生的国别分布更加多样化。

三、21世纪来华留学生教育的发展

21 世纪以来,在中国经济快速发展的带动下,来华留学生教育得到很大的发展。2006 年教育部提出了 2020 年来华留学生总数达到 50 万的目标。根据教育部国籍合作与交流司的统计,2013 年来华留学生总数达到了 356499名,来自 200 多个国家和地区,在我国 746 所高等院校和其他机构中学习。[2]2016 年来华留学生总数达到 442773 名,比 2015 年增长 11.35%。[3] 2018 年留学生人数达到 492185,比 2017 年增加了 3013 人,增长比例为 0.62%。[4]新

① 教育部、外交部:《关于 1980 年接受外国留学生工作的通知》,载李滔:《中华留学生教育实录(1949 年以后)》,高等教育出版社,2000 年,第 832 页。

② 参见教育部国际合作与交流司:《2013 年华留学生简明统计》,2013 年,第 3 页。

③ 参见《2016 年度我国来华留学生情况统计》,http://www.moe.gov.cn/jyb_xwfb/xw_fbh/moe_2069/xwfbh_2017n/xwfb_170301/170301_sjtj/201703/t20170301_297677.html。

④ 参见《2018 年来华留学统计》,http://www.moe.gov.cn/jyb_xwfb/gzdt_gzdt/s5987/201904/t20190412_377692.html。

时期留学生教育的发展不但表现在人数的快速增长上，还体现在留学生工作指导方针、愿景规划、教育管理的优化与完善上。

（一）确立留学生工作的指导思想

作为我国教育国际合作与交流的重要内容，来华留学工作一直是国家整体外交工作的有机组成部分，是一项具有重要现实意义和深远战略意义的工作。[1] 1998 年 2 月，国家提出了来华留学的指导方针为"深化改革、完善管理、保证质量、积极稳妥发展"[2]。在 2010 年举行的第四次来华留学工作会议上，教育部副部长郝平指出，要以"加强管理，统筹协调，保证质量，服务大局"为指导方针，推动留学生教育的发展。[3] 2016 年 10 月，郝平在来华留学管理工作会议上强调，把来华留学纳入高校"双一流"建设和教育国际化战略等整体规划中，打造来华留学新品牌，为加快建成"留学强国"贡献力量。[4] 2019 年 7 月，教育部国际司负责人就来华留学相关问题指出，来华留学事业是我国教育事业的重要组成部分，要以质量为先，实现来华留学内涵式发展，为共建"一带一路"提供有力支撑。[5]

（二）加强对留学生教育的愿景规划

这一时期国家还加强了对留学生教育的愿景规划。2010 年，中国发布

[1] 参见《来华留学工作部际协调机制正式成立》，http://old.moe.gov.cn/publicfiles/business/htmlfiles/moe/moe_1485/201111/127029.html。

[2] 《来华留学工作简介》，http://old.moe.gov.cn/publicfiles/business/htmlfiles/moe/moe_279/200409/375.html。

[3] 参见郝平：《落实纲要继往开来，科学发展再谱新篇——在全国来华留学工作会议上的主题报告》，《世界教育信息》，2010 年第 11 期。

[4] 参见《全国来华留学管理工作会议召开 规范管理服务推动来华留学事业迈上新台阶》，http://www.moe.gov.cn/jyb_xwfb/gzdt_gzdt/moe_1485/201611/t20161101_287191.html。

[5] 参见《质量为先 实现来华留学内涵式发展——教育部国际司负责人就来华留学相关问题答记者问》，http://www.moe.gov.cn/jyb_xwfb/s271/201907/t20190719_391532.html。

《国家中长期教育改革和发展规划纲要 2010—2020 年》,提出留学生教育发展的首要目标为扩大外国留学生规模。教育部制定的《留学中国计划》提出要在 2020 年把中国建设成为亚洲最大的留学目的地国家,并提出外国留学人员达到 50 万人次,其中接受高等学历教育的留学生达到 15 万人的目标。①

2015 年,国家发改委、外交部、商务部联合发布《推动共建丝绸之路经济带和 21 世纪海上丝绸之路的愿景与行动》,提出每年向沿线国家提供 1 万个政府奖学金名额。福建、广西、海南、贵州、云南、新疆等签署了《一带一路教育行动合作备忘录》。"一带一路"倡议对中国国际教育议程有重要意义,它可能会通过多种方式实现中国留学生教育的变革。②中国还于 2016 年 7月制定了《推进共建"一带一路"教育行动》,提出了实施"丝绸之路"留学推进计划,设立"丝绸之路"中国政府奖学金,并提出未来 3 年,每年面向沿线国家公派留学生 2500 人。③

2019 年,中共中央、国务院印发《中国教育现代化 2035》及《加快推进教育现代化实施方案(2018—2022 年)》,提出将中国建设成为全球最具影响力和吸引力的留学目的国。《中国教育现代化 2035》提出实施科教兴国与人才强国战略,加快推进教育现代化。针对留学教育,还提出了加强与联合国教科文组织等国际组织和多边组织的合作、提升中外合作办学质量、优化出国留学服务、推进中外高级别人文交流机制建设等要求。④ 2019 年,国家还发布《推进教育现代化实施方案(2018—2022 年)》,方案提出加快培养高层次

---

① 参见《教育部关于印发〈留学中国计划〉的通知》,http://www.gov.cn/zwgk/2010–09/28/content_1711971.htm。

② See Ma Jiani,Zhao Kai,"International student education in China:characteristics,challenges,and future trends",*Higher Education*,Vol.76,No.4,2018,pp.735–751.

③ 参见《教育部关于印发〈推进共建"一带一路"教育行动〉的通知》,http://www.gov.cn/gongbao/content/2017/content_5181096.htm。

④ 参见《中共中央、国务院印发〈中国教育现代化 2035〉》,http://www.gov.cn/zhengce/2019–02/23/content_5367987.htm。

国际人才的目标,共建"一带一路"国家教育合作以及教育资源信息服务综合平台等。①

(三)进一步优化留学生教育管理

进入新世纪以来,留学生队伍实现跨越式发展,人员规模日趋壮大。为加强留学生教育管理,国家从三个层面强化管理工作:一是由教育部制定政策;二是由省政府机构负责协调;三是高等教育院校负责留学生招收、入学、教学、管理。高等教育院校在留学生招生、准入、教学和管理的权利和角色已经正式形成。2000年教育部、外交部、公安部发布《高等学校接受外国留学生管理规定》,被认为是"新中国成立以来我国第一个对国内外公开发布的关于外国来华留学生教育的政策"。《高等学校接受外国留学生管理规定》对来华留学生教育的管理体制、外国留学生的类别、招生和录取、奖学金制度、教学管理、校内管理、社会管理、入出境和居留手续七个方面进行了具体的规定。②为进一步加强留学教育管理工作,国家先后出台相关政策,对课程打造、部际协调、教育质量、服务态度、提质增效等管理进行指导与说明。2010年,教育部颁布《留学中国计划》,规划未来10年的留学生工作,提出要建设一批来华留学示范教育基地以及打造品牌课程。2011年,教育部组织召开留学工作部际协调机制,加强跨部门协调沟通,形成来华留学工作合力,完善来华留学生的管理体制。2018年,教育部颁布《来华留学生高等教育质量规范(试行)》,指出要推进中外学生教学、管理和服务的"趋同化",要求高校对留

---

① 参见《中共中央办公厅、国务院办公厅印发〈加快推进教育现代化实施方案(2018—2022年)〉》,http://www.xinhuanet.com/politics/2019-02/23/c_1124154405.htm。

② 参见《高等学校接受外国留学生管理规定》,http://old.moe.gov.cn//publicfiles/business/htmlfiles/moe/moe_621/201001/xxgk_81859.html。

学生实行统一标准的教学管理与考试考核制度,对留学生提供学业帮扶。①

教育部明确提出留学生教育质量第一、规范管理以及内涵式发展的要求。为进一步提升中国留学生教育的质量,国家在政策发布、质量管理、教育合作、奖学金政策等方面,都作了充分的说明与要求。

第一,政策发布方式由封闭转向透明。21世纪之前,来华留学生教育政策基本都以内部文件的形式下发,随着我国对外交流的进一步深入,留学生政策的发布越来越公开透明化,2000年《高等学校接受外国留学生管理规定》首先以公开方式向社会发布,之后关于来华留学生的学历学位证书、奖学金评审等政策都以互联网的形式予以公布。甚至是来华留学生医疗保险政策以及近年来华留学生统计数据等都通过国家留学基金委、教育部的官方网站进行发布。

第二,学历认证及就业提供便利政策。2010年开始,国家向学士学位并享有中国政府奖学金的留学生提供预科课程,更好帮助他们适应中国的学习和生活。2015年教育部创建认证系统,引入留学生教育质量认证指标系统,对留学生教育的管理与服务进行评估。2017年,国家采取更加开放、灵活的人才发展与部署机制,在留学生招生和教育上采用了最新的规章,包括多项确保留学生教育质量的措施。2017年1月,人力资源部、教育部等部门联合发布《关于允许优秀外籍高校毕业生在华就业有关事项的通知》,准许拥有硕士学位及以上的外国留学生毕业后在华工作。

第三,奖学金倾斜政策。2001年,国家出台《关于中国政府奖学金的管理规定》。中国设立"丝绸之路"中国政府奖学金,向"一带一路"沿线国家倾斜,用以每年资助1万名沿线国家留学生来华留学,储备国家战略人才。2016年奖学金人数前10位的国家依次为巴基斯坦、蒙古、俄罗斯、越南、泰国、美

---

① 参见《教育部关于印发〈来华留学生高等教育质量规范(试行)〉的通知》,http://www.moe.gov.cn/srcsite/A20/moe_850/201810/t20181012_351302.html。

国、老挝、韩国、哈萨克斯坦和尼泊尔，"一带一路"沿线国家奖学金生占比61%，比2012年提高了8.4个百分点。[①]2018年共有6.3万名中国政府奖学金生在华学习，占来华留学生总数的12.8%。2018年中国政府奖学金生中，攻读学位的硕博研究生占70%。[②]这些获得中国政府奖学金的留学生为推动中国与其所在国家的友好合作起到重要作用。

第四，加强教育合作。伴随东亚地区合作的加深，近年来区域化开始对高等教育产生影响。东盟成员国及其高等教育机构将中国视为一个有吸引力的合作伙伴。东盟、亚太经合组织、教科文组织、世界银行与亚洲开发银行等区域组织在教育协调中的作用越来越明显。加强中国-东盟在高等教育方面的关系，使得广西、云南的高校在留学生教育中的地位有很大提升。

四、来华留学生的分布特征

当前，中国留学生规模远远低于欧美资本主义国家，中国占世界留学市场的份额偏低，"走出去"的留学生远大于"引进来"的留学生，这导致中国教育服务贸易始终处于逆差状态。"一带一路"建设给中国经济带来了新机遇，同时也催生了中国留学热和汉语热。2018年，全国教育工作会议提出，目前全球汉语学习达1亿人。据统计，2018年共有来自196个国家和地区的492185名各类外国留学人员在全国31个省（区、市）的1004所高等院校学习。[③]在总体上，外国留学生的分布呈现以下特征：

---

① 参见《"一带一路"沿线国家来华留学人数持续增加》，https://baijiahao.baidu.com/s?id=1599133743087130823&wfr=spider&for=pc。

② 参见《质量为先　实现来华留学内涵式发展——教育部国际司负责人就来华留学相关问题答记者问》，http://www.moe.gov.cn/jyb_xwfb/s271/201907/t20190719_391532.html。

③ 参见《2018年来华留学统计》，http://www.moe.gov.cn/jyb_xwfb/gzdt_gzdt/s5987/201904/t20190412_377692.html。

第一，国内高等院校与欧美高等院校相比竞争力较弱，来华留学对发达国家吸引力不足。根据 2018 年统计，中国留学生 59.95% 来自亚洲，16.57% 来自非洲，而欧洲、美洲与大洋洲分别为 14.96%、7.26% 与 1.27%。从国别上排序来看，来自韩国留学生最多，达到 50600 人，其次为泰国 28608 人、巴基斯坦 28023 人、印度 23198 人、美国 20996 人。人数在 1 万到 2 万之间的从多到少有俄罗斯、印度尼西亚、老挝、日本、哈萨克斯坦、越南、孟加拉国、法国、蒙古国。①总体上，欧美澳留学生占比偏低。美国留学生超过 2 万，法国也超过 1 万，但是大多数是短期交流生，主要以学习汉语与中国文化的为主，学历生比例不足。

第二，高层次教育（研究生教育、高级进修）来华留学生所占的比例明显偏低，但增长较快。2018 年数据按学生类别统计，接受学历教育的外国留学生总计 258122 人，占来华生总数的 52.44%，比 2017 年增加 6.86%；硕士和博士研究生共计 85062 人，比 2017 年增加 12.28%，非学历生留学生 234063 人。②总体上，研究生层次的来华留学教育发展较为滞后，与发达国家留学教育相比仍有较大差距。很多留学生学习汉语言专业，但大多为短期培训，来华留学生数量的增长在较大程度上依赖于汉语短期培训留学生数量的扩张。

第三，留学生教育地区分布不平衡，以沿海沿边大城市为主，内陆省份大学的潜力挖掘不够。据 2008 年的数据显示，吸收留学生人数按省市排序前 10 名的城市有：北京 80786 人，上海 61400 人，江苏 45778 人，浙江 38190 人，辽宁 27879 人，天津 23691 人，广东 22034 人，湖北 21371 人，云南 19311 人，山东 19078 人。人数超过 10000 的省（区）还有广西、四川、黑龙江、陕西

---

①② 参见《2018 年来华留学统计》，http://www.moe.gov.cn/jyb_xwfb/gzdt_gzdt/s5987/201904/t20190412_377692.html。

与福建。①北京、上海、南京、杭州这些城市因经济发展而成为留学生的首选。广东、云南、福建与广西在吸引东南亚留学生方面,辽宁、黑龙江在吸引朝鲜与韩国留学生方面,甘肃、新疆在吸引中亚、俄罗斯留学生方面均具有地缘优势,但是西北省份以及其他内陆省份在吸引留学生方面还相对滞后。

　　展望未来,为进一步促进新世纪来华留学生教育的发展,高等院校在积极开展来华留学教育、加大管理力度的同时,还鼓励民间力量参与国际教育合作交流,目前只有少量民办高校(如西安翻译学院)参与培养留学生,未来让更多的民办高等院校也参与到培养留学生的队伍中来。在全球汉语学习人数爆长的同时,积极发展在线国际教育,尤其是语言培训方面,让更多的人通过学习汉语了解中国,并加入到来华留学队伍中来。

---

　　① 参见《2018 年来华留学统计》,http://www.moe.gov.cn/jyb_xwfb/gzdt_gzdt/s5987/201904/t2019
0412_377692.html。

第四章 案例分析:留学生教育的软实力功能

　　加强留学生教育有助于推动中国教育的国际化水平,促进"双一流"大学的建设,是中国建设文化强国、提升国家文化软实力的重要途径。因此,需要从促进公共外交发展、提升文化软实力战略的高度来指导留学生教育的发展。

　　留学生发挥作用是双向的,不但可以推动留学国家经济社会文化的发展,而且有助推其来源国发展的作用。留学生是传递中国信息与情感的中介、桥梁,是促进中外文化、经济与政治交流的使者,同时他们也是我们更好了解外国民意的窗口。留学生是未来社会的精英阶层。一些来华留学生已经成长为政界精英,例如埃塞俄比亚总统穆拉图留学北京大学;刚果(金)总统卡比拉留学国防大学;越南总理阮晋勇留学广西师范大学;哈萨克斯坦总理马西莫夫留学北京语言大学与武汉大学。外国"中国学"研究领域也有很多学者曾经留学中国,他们对外国政府对华政策的形成深具影响力,例如费正清在清华大学学习、沈大伟在北京大学国际政治系学习、季塔连科留学北京大学。下文将通过分析一些在推动中外政治、经济与文化交流方面具有重要影响力的留学生的案例,阐述中国留学生教育在政治外交与文化交流等方面的软实力功能及其扮演角色的两面性。

一、留学生教育的政治外交功能

留学生是一支特殊又不可忽视的中外和平使者队伍。他们是其所在国未来政治、经济与社会的精英,对国家与社会的发展以及母国与中国关系的发展具有重大的影响力。留学生有助于推动知识的自由传播与文化交流,推动世界和平。

新中国成立初期,中国留学生教育主要是为了履行政治外交义务,为友好国家培养人才,加强与社会主义国家的友好关系。中国为其他社会主义国家与发展中国家培养人才具有对外援助的性质,是国际援助的一部分。新中国成立初期,主要吸收苏联东欧社会主义国家的留学生,早期的留学生主要来自朝鲜、越南、苏联、蒙古等国家。[1]改革开放后,中国培养留学生主要是服务于中国的改革开放与现代化进程,开始接收来自发达国家的留学生。近年来中国把留学生教育置于"一带一路"建设以及建构人类命运共同体的框架中,中国希望培养一批知华、友华的留学毕业生。中国通过留学生教育推动"一带一路"共建国家之间的交流,使留学生教育在各国共建"一带一路"中起到基础性和先导性的作用。中国全国政协外事委员会副主任韩方明在《南方日报》发表文章也曾经强调,要通过公共外交的手段大力培养"知华派",使外国留学生喜欢上中国文化,使他们成为中国国家形象的宣传员。[2]

留学生回国后或者成为国家领导人,或者成为政策智囊团,影响该国的对华政策。据统计,曾在中国留学的人士当中,有四十余人在其母国担任了副

---

[1] 参见魏礼庆:《来华留学事业的历史回顾与未来展望》,《世界教育信息》,2015 年第 20 期。

[2] 参见赵新利:《留学生公共外交与对外传播》,《对外传播》,2012 年第 3 期。

部长以上职务,有近二十人先后担任驻华大使,约六十人任驻华使馆参赞。①
教育部 1998 年的统计数据显示,在来华留学奖学金生中,有三十多人担任
了副部级以上的职务,有十多人担任过驻华大使,各国驻华使馆中的中青年
外交官大部分都有在华学习的经历。②另外有数据统计显示,截至 2007 年,
有三十多名来华留学生毕业回国以后担任了相当于部一级的领导职务,有二
十多名来华留学生先后担任过驻华大使,有二百多人在其母国大学中担任
教授或副教授,外国驻华使馆中的大部分中青年外交官都曾在华学习过。③

埃塞俄比亚总统穆拉图曾就读于北京语言大学、北京大学。在中国学习
生活的 12 年使他对中国拥有深厚的感情,穆拉图说:"中国经济增长速度很
快,值得世界各国学习。"④穆拉图曾表示为其在北大的学习感到骄傲。⑤

刚果(金)民主共和国总统卡比拉曾就读于国防大学。2011 年 1 月 12
日,时任国务院副总理回良玉在金沙萨会见刚果(金)总统卡比拉,他表示刚
中友好基础牢固,历久弥新。每当刚果(金)面临困难时,中方都坚定地站在
刚果(金)一边。⑥

哈萨克斯坦总理马西莫夫曾留学于北京语言大学和武汉大学。2010 年
10 月,马西莫夫访问香港,在接受凤凰卫视国际问题观察员专访时表示,自
2008 年国际金融危机爆发以来,中国政府在投资贸易等领域给哈萨克斯坦

---

① 参见马想斌:《每个留学生都是外交一份子》,《留学》,2014 年第 17 期。

② 参见谢建华、周一:《认真践行科学发展观,又好又快地发展来华留学工作——访教育部国际交流与合作司副司长刘宝利》,《世界教育信息》,2008 年第 6 期。

③ 参见董泽宇:《来华留学生教育研究》,国家行政学院出版社,2012 年,第 161 页。

④ 《留学中国外国政要:博士头衔颇受欢迎》,http://sd.ifeng.com/education/yiminliuxue/detail_2013_10/22/1362107_0.shtml。

⑤ 参见《埃塞俄比亚总统穆拉图和李克强系同期北大校友》,http://news.youth.cn/gj/201405t201405 05_5140632_1.htm。

⑥ 参见《回良玉会见刚果(金)总统卡比拉》,http://news.cntv.cn/20110113/104715.shtml。

提供了巨大的帮助,表示了对中国政府的感谢。①

　　坦桑尼亚前总统贾卡亚·姆里绍·基奎特曾于 1980 年在中国人民解放军南京陆军指挥学院接受培训,2014 年受聘为中国农业大学荣誉教授。在中国学习期间,他充分了解了中国如何从以农业为主的经济转向现代化经济、如何建设经济特区等改革举措,并视为学习的榜样。他极力推崇中国改革开放取得的改革成就,渴望学习中国的经验,②并将优秀经验运用到母国的经济建设中。他将发展对华关系置于坦对外交往的优先位置,表示"中国是坦最好的朋友",将坚持一个中国政策作为对华政策的基础,③在台湾、西藏、新疆、南海等问题上给予中国坚定支持。

　　厄立特里亚总统伊萨亚斯·阿费沃基早在 1967 年就曾在中国南京军事学院参加军事训练学习,他深得毛泽东思想精粹,极力推崇"枪杆子里面出政权"的理念,回国后组建了人民解放阵线,领导厄立特里亚独立解放的武装斗争,最终厄立特里亚于 1993 年独立。2011 年 9 月 16 日,伊萨亚斯会见由中联部副部长艾平率领的中共友好代表团,接受新华社记者专访时表示:厄立特里亚和中国一直有着良好的合作关系, 愿和中国建立全方位合作关系,厄立特里亚一直将中国视为真正的朋友和伙伴。④

　　纳米比亚总统萨姆·努乔马是纳米比亚独立后的首任总统,他曾于 1964 年进入南京陆军指挥学院学习。在涉及中国台湾、西藏、人权等问题上,努乔马领导的纳米比亚政府一直都坚定不移地支持中国,他认为:"中国是值得发

---

①② 参见《张高丽在阿斯塔纳会见哈萨克斯坦总理马西莫夫》,http://www.sda.gov.cn/WS01/CL1686/122662.html。

③ 参见《坦桑尼亚总统贾卡亚·姆里绍·基奎特会见回良玉》,http://www.gov.cn/ldhd/2012-09/06/content_2217731.htm。

④ 参见《厄立特里亚总统伊萨亚斯表示期待和中国加强合作》,http://www.gov.cn/jrzg/2011-09/18/content_1950071.htm。

展中国家信赖的国家,中国是我们真正意义上的朋友。"①

几内亚比绍前总统若奥·贝尔纳多·维埃拉是几内亚比绍独立斗争的主要领导人之一,他曾于1961年在南京陆军指挥学院学习军事,担任总统后多次对中国进行国事访问。他表示要"坚定奉行一个中国政策,支持中国统一大业"②。

总而言之,中国接受外国留学生的主要目的是增进中国留学生教育,促进与各国人民的友谊,以及高等学校的国际交流与合作。③教育部副部长郝平在2016年10月召开的全国来华留学管理工作会议上指出,来华留学历来是我国外交工作大局、改革开放事业和教育国际交流的重要组成部分,世界各国均将国际教育视为政治外交、人才竞争和教育国际化的重要战略资源,国际留学的现实意义和战略意义日益突出。④2017年发布的《学校招收和培养国际学生管理办法》也指出留学生教育的主要目标在于"增进教育对外交流与合作,提高中国教育国际化水平"⑤。通过与留学生的交流互动,有助于"培养留学生对中国的认同和亲切感,建立起留学生精英网络,实现影响派遣国的涉及与中国各领域关系重要决策的意图"⑥。

---

① 《纳米比亚国父努乔马:中国是我们真正意义上的朋友》,http://china.cnr.cn/yaowen/201206/t20120625_510006233.shtml。

② 《几内亚比绍总统维埃拉会见李肇星外长》,https://www.mfa.gov.cn/zflt/chn/hxxd/fhhxxd/lff7/t286767.htm。

③ 参见《高等学校接受外国留学生管理规定》,http://www.moe.gov.cn/s78/A20/gjs_left/moe_850/201005/t20100512_87584.html。

④ 参见《郝平同志在全国来华留学管理工作会议上的讲话》,http://www.ict.edu.cn/ebooks/b3/text/n20170111_14027.shtml。

⑤ 《学校招收和培养国际学生管理办法》,http://www.moe.gov.cn/srcsite/A02/s5911/moe_621/201705/t20170516_304735.html。

⑥ 董泽宇:《来华留学生教育研究》,国家行政学院出版社,2012年,第72页。

二、留学生教育的教育经济功能

改革开放后,中国留学生教育被视为推动高等教育国际化、现代化、建立世界先进水平一流大学的重要组成部分。留学生教育对于推动中国实现科教兴国、教育强国、人力资源强国和人才强国的目标有重大意义。

发展来华留学生教育与中国扩大对外开放举措具有高度互补性。一项定量研究结果显示,各国来华留学生人数与双边贸易总额以及对华外贸依存度均呈现高度正相关性,相关系数分别为 0.70 和 0.63。[1]另一个基于 2007—2016 年 192 个国家的数据显示,来华留学生规模增加显著地促进了中国吸引外资的流入,虽然对外资流入的促进作用随着时间的推移呈现递减趋势。在不同教育类别的留学生中,学历留学生教育对吸引外资发挥的边际影响明显高于非学历留学生教育。[2]

在新时期,发展来华留学生教育是提升中国教育现代化、提升国际竞争力、塑造教育品牌的重要途径。改革开放后,中国开始接受自费留学生,打造中国教育国际品牌。当前留学生教育产业化发展迅速,"留学经济"正在成为新的经济增长点。2018 年留学生中有 87.19% 为自费,留学生带来的创汇给高校教育事业发展提供了资金支持,也有助于刺激餐饮、旅游、房地产等服务行业的发展。

中国留学生教育更加强调政治外交、教育社会和文化意义,对于经济利益、留学生教育的商品属性强调较少,反对过度将留学生教育作为创收渠道。

---

[1]　参见袁清:《刍议来华留学生教育对我国的影响效应——以"一带一路"沿线国家贸易关系为例》,《浙江社会科学》,2019 年第 4 期。

[2]　参见温珺、巩雪:《来华留学生教育对中国外资流入的影响》,《国际商务——对外经济贸易大学学报》,2019 年第 4 期。

但是发展留学生公共外交对于两国之间的经济合作具有深刻的影响。吸收留学生有助于创造更多的就业机会,推动服务贸易的发展,吸引外来资金投资,能够带动本国相关产业的发展,助推经济繁荣。发展来华留学生教育有助于为中国经济发展带来新理念、新思维,推动中国先进技术与管理经验的提升,并促进中国企业更好地"走出去"。

留学教育的经历对留学生个人发展会产生深远影响。留学人员毕业后留在当地工作,推动当地经济的发展。对于欧美日等人口增长率低的国家,接收留学生可以缓解他们面临的人口压力,推动当地经济的发展。当今,新兴经济体经济迅速发展,正在以更具有竞争力的工资与生活条件,吸引越来越多的高技能专业人才回国。

留学生群体也推动了中外经济贸易发展。例如,1987 年至 1988 年在复旦大学国家文化交流学院就读的李曦萌, 就在丹麦与中国之间贸易的推动上做出了积极的贡献。[1] 1995 年李曦萌说服 15 家丹麦家具厂,将最新式样的,融合现代设计智慧的北欧风格家具介绍到中国来,创立了"北欧风情"家具品牌,经过几年的发展,该品牌全国年销售额破亿元。2006 年,由于他对文化交流和上海经济发展作出的贡献,被上海市政府授予"白玉兰纪念奖"。由于他卓越的企业家精神和独特的经营理念, 荣获了中国丹麦商会所颁发的"年度企业家"人物称号并于 2013 年受邀成为丹麦商会上海分会的主席。[2]

三、留学生教育的文化交流功能

留学生教育对改善和提升中国国家形象意义重大。留学生在华学习和

---

[1] 参见《在中国成就一段"丹麦童话"——丹麦留学生李曦萌的复旦情缘》,http://cn.fuedf.org/Sharing/Article/76975f8933554923aaacf85d0f5d10f5。

[2] 参见《在嘉善的丹麦老总》,http://www.js0573.com/life/lifeview.asp?id=215855。

生活,有助于留学生形成客观、真实、正确的中国国家观和良好的中国国家形象认知,相较于留学生来华之前由其他渠道获得的中国国家形象认知,来华后更真实和良好的环境会使留学生对于中国的国家形象认知有较大的改观。在中国的留学经历会提升大部分留学生对中国的认同感、归属感和好感度,从而提高留学生对中国国家形象的认知,形成良好的中国观。

留学生在推动母国与中国的文化交流上扮演了重要角色,苏联学者季塔连科就是个很好的例子。季塔连科先后在北京大学、复旦大学求学,他熟读《论语》《孟子》和《墨子》。一直以来,他积极寻找改善中苏两国关系的契机,曾经主持出版两卷本的《中国古代哲学》,是"中国道路"的坚定支持者,[①]为推动中俄关系的发展作出了杰出贡献。2009 年 6 月 17 日,中俄建交六十周年之际,正在俄罗斯进行国事访问的时任中国国家主席胡锦涛亲自给他颁发了"中俄关系六十周年杰出贡献奖"。

美国汉学家费正清也是公众耳熟能详的为中美文化交流做出杰出贡献的留华人员。1932 年,费正清在北京学习中文,与张奚若、钱端升、金岳霖、梁思成、林徽因等人结下深厚友谊。他为战时的中国教授坚持学术研究所表现出的不屈不挠的精神所震撼,下决心"帮助保护留美归国的中国教授活下去"。1971 年基辛格访华后,费正清立即撰文赞赏为打开中美关系所做出的努力,并告诫说,中国与美国是很不相同的,中国人与美国人有着不同的价值观念,提醒美国政府对打开中美关系要进行充分的准备。尼克松访华后,两国关系迟迟不能实现正常化,费正清认为这种状况应该尽快结束,关键是确认一个中国的政策。[②]他在 1976 年 11 月的一篇文章中指出,在美国的现行政策中,存在着一个中国的理论与美国同两个政权打交道的现实之间的

---

① 参见《他是俄罗斯最懂中国的人,也为中俄关系发展作出杰出贡献》,http://www.yidianzixun. com/home?page=article&id=0CW1JZuT。

② 参见陶文钊:《费正清与美国的中国学》,《历史研究》,1999 年第 1 期。

矛盾。他敦促美国政府当机立断,早日实现中美关系正常化。①

美国儒学学者牟复礼于 1944 年在金陵大学历史学系就读,后来他一直积极传播中国文化,其中文名正是来自儒家经典《论语》中的"克己复礼"。美国历史学家韦慕庭曾在北京华语学校学习华语,于 1947 年任教于哥伦比亚大学,在哥伦比亚大学启动中国口述史项目,极大推动了中国口述史研究的发展。②

阿塞拜疆中国问题专家卡里莫夫·拉沙德于 2000 年在北京语言大学获得学士学位后,先后取得了国际政治专业硕士学位、外交学院国际政治专业博士学位。卡里莫夫不仅活跃于阿塞拜疆外交领域,更致力于促进中阿语言文化交流。拉沙德撰写的《汉语–阿塞拜疆语词典》,解决了阿塞拜疆的官方语言阿塞拜疆语和汉语学习的问题,这一本权威的双语词典,为中阿语言交流填补了一项空白,进一步促进两种语言、两个国家之间的交流。③

奥地利汉学家李夏德 1974 年到北京语言学院(现北京语言大学)留学,开展中国文化、哲学、历史等方面的研究。2006 年,李夏德推动维也纳大学与北京外国语大学合作成立了维也纳大学孔子学院。他认为任何政治与经济的关系都有文化的根,通过文化交流促进相互了解,是避免误解和冲突的最好办法。④ 2019 年 4 月 24 日李夏德受聘成为北京语言大学语言学系客座教授,他表示:北语和维也纳大学都是自己的母校,他愿意为两个母校之间的合作与交流架起桥梁,为促进两校的语言学系之间的合作与交流做出自己

---

① 参见《费正清的中国"老友记"》,http://www.vccoo.com/v/1b3cd2。

② 参见《韦慕庭的中国口述史研究》,https://baike.baidu.com/reference/10834704/d2bd7dhSmrM–rN_Y1y9DwD–Ovx6xcrSYy–JppV7–alTyeMTyHiY1yXNXW3trr_KCPpqOOMTujH9CEsoZBhHAwUlJdKw–r5xDkpng。

③ 参见《卡里莫夫·沙拉德:一个阿塞拜疆青年的中国梦》,https://world.huanqiu.com/article/9CaKrn–JRulE。

④ 参见《奥地利汉学家李夏德:一次中国行一生中国情》,http://www.chinanews.com/sh/2019/04–24/8818506.shtml。

的贡献。①

俄罗斯莫斯科国立大学亚非学院副院长安德烈·卡尔涅耶夫,曾于 1985 年在北京大学交流学习,1990 年再次来到南京大学攻读博士学位,研究民国历史。2019 年 9 月接受《环球时报》采访时,安德烈说,我是中国改革开放的见证者,中国改革开放 40 年,经济社会突飞猛进,中国政府对国际形势有相当冷静的观察,不照搬国外经验,立足本国国情,充分发挥优势,坚持走自己的道路。②

德国汉学家沃尔夫冈·顾彬,1974 年至 1975 年间曾在北京语言学院进修汉语。顾彬曾说:"四十年来,我把自己全部的爱奉献给了中国文学。"他推动并翻译了中国文学走向欧洲。③意大利学者鲍夏兰于 1974 年至 1976 年曾先后在北京语言学院和北京大学学习,并于 20 世纪 70 年代末再次返回北大学习。鲍夏兰 2018 年在接受记者采访时表示:"美好的留学时光给我留下了愉快的记忆,推开了我走进中国文化的一扇门,为日后的研究与创作积蓄了动力和能量。"④四十多年来,她一直致力于中国文化研究和汉语翻译,推动中国文化在意大利的传播,培育了一大批汉学人才,让更多的意大利人乃至欧洲人了解中国、学习中国文化。

留学中国确实有助于增进留学生对中国文化的深层次理解,推动其母家对中国的友好外交。苏丹留学生加法尔·克拉尔·艾哈茂德,从南京大学毕业并获得历史学博士学位,回国后先后担任苏丹驻华使馆参赞、阿拉伯国家驻华使团首席联络官和中国问题专家,并被中华民族团结友好协会——穆

---

① 参见《北语语言学系聘请李夏德教授为客座教授》,http://news.blcu.edu.cn/info/1011/16689.htm。
② 参见《专访三位知名外国汉学家,中国取得的成就并非偶然》,https://baijiahao.baidu.com/s?id=1644962544765197013&wfr=spider&for=pc。
③ 参见《顾彬:他们根本不知道人是什么》,https://www.douban.com/note/717778946/?type=rec。
④ 《意大利汉学家鲍夏兰:在中国的经历培养了我》,http://www.globalview.cn/html/culture/info_24023.html。

斯林国际合作委员会评为名誉主席。①加法尔博士在与中国青年学生的交流中提道:"阿中民族之间深厚的传统历史友谊不会因为阿拉伯世界的剧变而削弱。尽管当前中国在部分阿拉伯国家的投资和侨民会因为动荡而暂时遭受损失,但这都是暂时的。中国是现在世界上最安全的国家,中国人民理应无所畏惧。"

1986 年至 1995 年在复旦大学留学的市成直子,在留学时接触到了中国文化,她认为中国人有人情味儿,有着中国传统的含蓄,"我极想学这些中国文化的根源和民族风俗,亲自体验他们的生活,我想要更多、更深入地认识中国"②。她归国后在日本的大学任教,在中日建交 40 周年时,受西日本日中文化教育交流协会的邀请,她做了有关中日文化方面的演讲,为推动两国文化交流、民族友好做出了积极的贡献。

1976 年至 1977 年在复旦大学中国现代文学专业学习的佐藤重和,毕业后长期从事日本的外务省工作,历任日本驻香港总领事、驻澳大利亚大使,现为驻泰国大使。他说:"无论身在何处,我都关心中国和日本的关系。离开复旦前夕,同屋的中国同学曾赠送给我一幅题词,写着'中日两国人民之间的友谊万古长青',这幅匾额始终挂在我家里。我确信,日中两国会克服一些困难走发展的道路。"③

四、留学生中国观的复杂性

留学生的中国观具有复杂性,既存在对中国友好与亲近的一面,但是他

---

① 参见陈强:《改革开放 30 年来华留学研究生教育的回顾与思考》,《学位与研究生教育》,2008 年第 6 期。

② 《岁月留痕 共同走过——复旦大学·国际文化交流学院师生文选》,2013 年 5 月,第 23 页。

③ 同上,第 16 页。

们的中国观仍受制于自身国家的利益与文化因素的影响,在某些情况下,也可能发出一些对中国不利的声音。越南总理阮晋勇曾就读于广西师范大学。2005 年 10 月,阮晋勇曾专程前往母校探望,他勉励该校的越南留学生:"希望你们向前辈们学习,努力学习,为越中友谊贡献自己的力量。"①阮晋勇任总理期间曾多次访华,积极推动中越关系尤其是双边经贸关系的发展。他曾高度赞扬中国的改革开放成果,认为越中两国国情及体制相似,希望双方加强合作,共谋发展。②外交人士认为,阮晋勇是一位愿意与中国开展友好交流与合作的越南领导人。但是阮晋勇在南海问题上对中国态度较为强硬。2014年后,针对中国在西沙海域部署钻井平台,阮晋勇在接受美联社采访时表示"越南正在考虑各种防御选项,包括根据国际法采取法律行动",这引发了中越关于南海问题的舆论冲突。阮晋勇此举被视为越南经济下滑、通货膨胀、改革乏力、国企腐败和政治丑闻所造成国内矛盾的一次国际转移。③

　　沈大伟对中国态度的变化也充分说明了留学生软实力功能的两面性特征。沈大伟先后在南开大学、复旦大学和北京大学求学。2011 年,他接受中联办旗下《当代世界》杂志采访,直言"对中国在很多方面都有特殊的情感","中国人民生性乐观快乐,他们总在笑,微笑,大笑,非常友好"。④沈大伟对中国共产党的评价也非常积极、正面,但是沈大伟于 2015 年 3 月在《华尔街日报》发表了一篇题为"中国崩溃论"的文章,批评中国政治体制,认为中国经济陷入了"体制"的囹圄之中。⑤

---

①　《越南新总理毕业于中国"育才班"》,http://zjrb.zjol.com.cn/html/2006-07/04/content_124755.htm。

②③　参见《环球人物杂志:越南总理为何对华变脸》,http://news.sina.com.cn/w/sd/2014-06-19/112330389171.shtml。

④⑤　参见《关哲:从知华派到崩溃论——"变色龙"沈大伟》,http://www.guancha.cn/GuanZhe/2015_03_11_311841.shtml。

阮晋勇与沈大伟的例子均表明，我们需要对留学生中国观的两面性与复杂性有充分、清醒的意识。在积极引导留学生在中外关系中发挥积极作用的同时，也要意识到留学生的中国观始终受到其母国利益、意识形态、国内政治等因素的多重制约，因此具有复杂性、两面性与反复性的特征，这更需要我们对留学生工作付出更大的努力和耐心。

第五章 以古鉴今：留学生教育的历史启示

在中国，留学生教育有着悠久的历史。中国外出游学最早可以追溯到先秦时期，古代留学还是推动中外宗教文化交流的重要动力。隋唐时期，中国吸引了一批来自日本、朝鲜的留学生。"留学"与"留学生"的词汇均来自日本。日本在隋唐时期开始派外交使臣到中国，同时日本派遣"留学生"和"还学生"，"留学生"是当遣唐使回国后，仍然留在中国继续学习的学生，而"还学生"则是随着遣唐使一同回国的学生。①近现代以来，中国大批留学生到美国、英国、法国、德国、日本等资本主义国家学习政治思想、科学技术、社会人文，为推动中国的近代化和现代化发展起到了重要作用。

一、古代中国外出学习宗教文化

中国外出游学最早可以追溯到先秦时代，孔子周游列国传播儒家文化，推动了中华民族内部的文化交流。汉武帝时期张骞出使西域，联合大月氏抗

---

① 参见李克欣主编：《中国留学生在上海》，东方出版中心，2013年，第1页。

击匈奴,推动了中原文明的对外传播,开辟了"丝绸之路"。后来经过玄奘西天取经以及郑和下西洋,中国人在方位和观念上经历了先秦两汉时的西域,隋唐之际的西天到宋元时期的西洋的演变。①

中国古代外出游学的主要目的是学习佛教和基督教等宗教。佛教于公元前 5 世纪前后出现在印度,在西汉末年、东汉初年开始传入中国。东汉末年一直到唐朝不断有中国人前往西域天竺游学,学习佛教并引入中原。三国时代高僧朱士行是中国佛教史上第一位西行取经求法者,取得《大品经》梵本,抄写好让弟子送回洛阳,他也是中国历史上第一位"依法受戒"的出家僧人。魏晋时期越来越多的有志僧人前往天竺探索佛教真义。从公元 260 年到 789 年前后五百多年的历史中, 有确切姓名、事迹可考的西行求法僧人共 105 人,另外有佚名者 87 人,共 192 人。②东晋名僧法显从长安出发抵达天竺求取佛经,游历 29 国,历时 14 年。唐朝高僧玄奘前往印度 17 年,翻译佛教经典著作,推动中外文化交流,被梁启超誉为"中国佛教第一功臣"。鉴真和尚受日本僧人邀请, 前后 6 次东渡日本, 在日本传播唐朝中原文化长达 10 年之久,讲授佛学道理,促进了日本佛学、医学的发展,为中日文化交流做出了杰出贡献。公元 964—976 年,宋太祖派僧人继业带领 300 名僧人前往印度求舍利及梵本,这是一次规模盛大的官派宗教留学,也是近代以前佛教留学运动的尾声。③

基督教于唐初传入中国,并对中国社会产生深远影响,基督教留学生们更是对基督教在华传播起到了重要作用。明末清初,一些人受到欧洲传教士的影响,前往欧洲国家学习基督教。直至清末,留学生才逐渐从赴国外学习宗教转变为以学习科学技术与社会科学为主。清初澳门人郑玛诺赴罗马,留

---

① 参见李克欣主编:《中国留学生在上海》,东方出版中心,2013 年,第 5 页。
②③ 参见李喜所主编:《中国留学通史·晚清卷》,广东教育出版社,2010 年,第 4 页。

学达 24 年之久，被认为可能是中国最早留学欧洲的基督教留学生。① 1732 年，意大利传教士马国贤开办了一所"圣家修院"，在 156 年间培养了 110 余名精通拉丁语的中国神父，推动天主教在中国的发展，也促进了中意文化的交流与发展。②

二、"遣唐使"的历史启示

隋朝隋炀帝时期，外国留学生开始到中国留学。公元 607 年，日本圣德太子曾经派遣隋使小野妹子来中国学习文物制度，可以看作来华留学生的滥觞。公元 600—614 年日本先后 4 次派遣隋使在中国学习，公元 630—894 年间先后 20 次向中国派遣遣唐使。这些来自日本的留学生学习中国的政治制度、文化艺术、宗教，回国后带动了日本政治经济社会的巨大发展。吉备真备两次到唐朝学习，在中国生活 19 年。阿倍仲麻吕在唐朝生活 50 年，在中国科举考试中榜上题名，并担任节度使等职务。③

唐朝时期，日本、朝鲜、越南等周边国家都派遣大量人员来华留学。唐文宗开成二年，朝鲜派到唐的留学生多达 216 人。④同时留学生中日本学生的比例也很大，日本派遣大使、副使、留学生、学问僧等到唐朝学习，派遣次数共达 13 次。⑤道瑞良秀说："入唐留学僧和留学生，可以举出 150 人左右。"此外，据《登科记考》载："（唐）自天下初定，增筑学舍至千二百区，虽七营飞骑

---

① 参见李喜所主编：《中国留学通史·晚清卷》，广东教育出版社，2010 年，第 16 页。

② 同上，第 17~19 页。

③ 参见周棉：《中国留学生论》，南京大学出版社，2012 年，第 51 页。

④ 参见刘敏：《唐代留学生教育的兴盛及其影响》，《佳木斯大学社会科学学报》，2002 年第 2 期。

⑤ 参见程家福：《来华留学生教育结构历史研究（1950—2010）》，同济大学出版社，2012 年，第 30 页。

亦置生,遣博士为授经。四夷若高丽、百济、新罗、高昌、吐蕃,相继遣弟子入学,遂至八千余人。"①

来华留学生的管理主要由礼部主客司、鸿胪寺和国子监等行政管理机关进行,从审批留学生的入境、入学到学习、生活的各个方面,都有明确的部门进行管理。当时朝廷对于"遣唐使"给予特别优待,接收外国留学生的最高学府为国子监。根据留学生的特点, 这些留学生可以通过科举考试进入仕途、出任国家公职,也可以参加朝廷集会及重大国事活动,因此他们对于唐代中国的政治体系、制度和统治模式有直接的接触。

唐代来华留学生和学问僧主要学习中国的经籍、中国文字、典章制度和中国的佛法,也学习天文、地理、历法、医学、音乐等知识。

留学生学成回国后受到他们朝廷的重用。南渊清安和高向玄理在中国留学归国后,成为"大化改新"的推动者,在日本进行了仿照唐朝的三省六部制和州县制的政治体制改革,确立了中央集权的国家制度,使日本进入了封建社会。吉备真备归国之后被任命为副使,随第十批遣唐使再次前往中国。同时他也成为日本朝廷执掌朝政的要臣之一, 以学者的身份为天皇出谋划策。"遣唐使"带回了唐朝的治国经验、先进生产技术、博大精深的唐代文化,对促进其政治经济社会的发展做出了重大贡献。②

日本留学僧玄昉回国时携带了五千多卷佛经和一批佛像, 得到日本天皇的重视,促使日本大力推行佛教,日本的佛教得到了空前的发展。朝鲜来华留学生崔志远在唐朝留学 8 年,结交了不少中国的文人朋友,文笔也非常出色,著有《桂苑笔耕集》20 卷。他传播汉学,对于促进中国与朝鲜的文化交流起到了非常重要的作用。

---

① 参见徐松、赵守俨:《登科记考》,中华书局,1984 年。
② 参见刘敏:《唐代留学生教育的兴盛及其影响》,《佳木斯大学社会科学学报》,2002 年第 2 期。

"遣唐使"促进了中华文化在周边国家的传播。唐代留学生的教育,不仅推动了周边国家与地区的文化进步和社会发展,而且也促进了唐朝自身文化的发展。①唐代来华的留学生归国后,不少人有汉语著作传世,他们对于传播唐代的文物制度、规章典籍有着积极的作用,各国留学生担当了文化传播者的角色,成为推动中外友好与文化交流的中坚力量,对大唐文化的传播有着积极而深远的影响。"遣唐使"所在国家可以通过他们了解到唐朝的先进制度,从而增加普通民众对于中国的依附感和"天朝上国"的国家形象。因此,唐文化就像一股清新的空气,通过丝绸之路传播四海。②在此之后,宋元时期,偶尔有外国人来中国留学。明清时期,中国接收了数以百计的琉球留学生。③

三、近现代中国留学生"走出去"

在近代西学东渐的浪潮中,中国留学生走向欧美、日本等国家,学习西方制度文化,探索中国救亡图存之路。容闳1847年赴美,开启中国近代海外留学的序幕,一大批有志之士奔赴海外学习先进的科学文化知识,并受到国外政治思想的影响。④

1846年,容闳跟随美国人伯朗前往美国进入耶鲁大学学习,成为第一位毕业于耶鲁大学的中国留学生。他回国后促成了官费派遣留美幼童的教育计划,是近代中国留学事业的创始者。1872年到1875年间,在容闳的倡议

① 参见刘敏:《唐代留学生教育的兴盛及其影响》,《佳木斯大学社会科学学报》,2002年第2期。

② 参见蒋楠楠:《王者无外:天下观视野下的唐代留学生管理法则》,中国政法大学出版社,2015年,第107页。

③ 参见程家福:《来华留学生教育结构历史研究(1950—2010)》,同济大学出版社,2012年,第30~31页。

④ 参见周棉:《中国留学生论》,南京大学出版社,2012年,第14页。

下,清政府先后派出四批共 120 名学生赴美国留学,他们为推动中国现代化做出了杰出的贡献。①蔡绍基、唐绍仪、梁敦彦、詹天佑等在学成回国后,在不同的领域中崭露头角。1909—1911 年间,清政府用庚子赔款举办了三次全国性的庚款留美学生招考,在国内兴起了新一波留美浪潮,赴美留学生的杰出人士包含梅贻琦、胡适、竺可桢、赵元任等。②1911 年 4 月,清华学堂开学,培养准备赴美深造的学生,其间共选派了 1279 名学生留学美国。1914 年美国实施庚子赔款"二次退款",近两百名优秀学生被资送留学美国。顾功叙、钱学森、马大猷、杨振宁等一批做出杰出贡献的物理学家,都曾经是留学美国的学生。③除了官派留学外,中国还有一批学生自费留学美国,孙中山于 1878 年在兄长孙眉的资助下前往美国檀香山留学。康爱德、柯金英、石美玉等女知识分子,均是接受教会资助留美,是由教会培养出来的四位中国近代最早的女子留学生。④

清朝末年,很多留学生留学日本。1896 年,清政府首次派遣第一批 13 名学生去日留学。⑤1898 年清政府开始令各省选派留学生赴日并形成固定政策。当年日本人高楠顺次郎在东京设立日华学堂,为中国留学生补习日语及各门学科。1906 年在日本的中国留学生达到 8000 人。⑥中国近代史上的政治文化活跃人士蒋介石、鲁迅、李大钊、陈独秀、汪精卫、郭沫若、王国维、廖仲恺、王若飞、廖承志、王勋、阎锡山、宋教仁等都曾在日本留过学。

欧洲留学始于 1875 年时任两江总督沈葆桢派福建船厂学生前往法国学习,1877 年李鸿章又派卞长胜等 7 人前往德国,学习船政、陆军等军事内

---

① 参见舒新城:《近代中国留学史》,上海古籍出版社,2014 年,第 3~8 页。
② 参见李喜所主编:《中国留学通史·晚清卷》,广东教育出版社,2010 年,第 357~365 页。
③ 参见谢长法:《中国留学教育史》,山西教育出版社,2006 年,第 158~160 页。
④ 参见李喜所主编:《中国留学通史·晚清卷》,广东教育出版社,2010 年,第 195~199 页。
⑤ 参见舒新城:《近代中国留学史》,上海古籍出版社,2014 年,第 34 页。
⑥ 参见周棉:《中国留学生论》,南京大学出版社,2012 年,第 51 页。

容。学习优秀的留学生有魏瀚、陈兆翱、郑清廉、林怡游、罗臻禄、林庆升、刘步蟾、林泰曾、蒋超吴、方伯谦、萨镇冰等人。[1]在一战和二战期间,因为中德关系改善、留学费用相对低廉,不少中国人开始赴德国留学。20世纪30年代后,由于南京政府的驱动、德国政府加强在华影响力,越来越多的中国人赴德留学。九一八事变后蒋介石为了加强军事建设,选派邱清泉、周鸿恩、陈介生等现役军官赴德深造。抗日战争爆发后,留德教育由盛转衰,德国发动第二次世界大战后,中国留学生赴德完全中止。[2]留学生留德期间大多学习物理、化学、生物、医学等理工学科,这些留学生中主要有叶企孙、季羡林等。此外,中国利用庚款留学协定也向德国输送了一批留学生,龚祖同、赵九章、陈省身等人成为著名科学家。比利时庚款留学也培养了童第周、钱令希等一批优秀的留学生。

在洋务运动中,中国派出留学生到英国学习它们的造船技术、海军知识,也学习了英国的自由思想、法律制度、社会知识。1921年去英国的中国学生约200人,到1927年增加至300人。[3]钱锺书、李旭旦、王绳祖、李浩培、辛一心、翁文波等都曾经赴英留学。除了庚子赔款前往英国的留学生外,也有自费留学生,如伍廷芳1874年自费留学英国,成为中国近代第一个法学博士。

1912年,蔡元培、吴稚晖、张静江等曾留学欧洲人士在北京发起成立留法俭学会,安排3000名学生在5年内赴法留学。1920年留法人数达1600多人,他们积极推动中法文化交流。[4]赴法留学的中国留学生半工半学,学习和生活都较为艰苦,比起官费出国留学的人,其中对政治萌生兴趣的人相对较多,有很大一部分人在法国勤工俭学的日子里成为了一名共产主义者,后来

---

① 参见舒新城:《近代中国留学史》,上海古籍出版社,2014年,第9~13页。

② 参见元青:《民国时期中国留德学生与中德文化交流》,《近代史研究》,1997年第3期。

③ 参见陈潮:《近代留学生》,中华书局,2010年,第7页。

④ 参见李喜所:《中国留学史论稿》,中华书局,2007年,第399~403页。

成为了中国共产党的优秀领袖,其中有周恩来、蔡和森、李富春、向警予、陈毅、邓小平、徐特立等。邓小平、蔡畅、徐特立、李富春等人在法国留学结束后又前往苏联留学。

这些"走出去"的留学生对中国政治、经济、文化、社会发展产生了深远的影响,推动了中国政治的变革、经济现代化的进程,这主要体现在以下五个方面:

1. 留学生促进了中国政治变革

留学生对于推动中国近现代政治变革起到了关键性的作用。他们到欧美日留学,学习西方资本主义君主立宪制、共和制、三权分立制等制度理念以及西方先进的自由民主理念。他们把这些理念运用到中国近现代革命实践过程中,成为推动中国政治变革的先锋。

留学生在洋务运动、百日维新、辛亥革命、共产主义运动中都起到了非常重要的作用。严复学习西方政治思想、哲学思想,把它们引进到中国,促进中国政治、民主思想的萌芽与发展。梁启超借鉴日本君主立宪制,推动百日维新。留学美国的孙中山成立兴中会,在日本建立同盟会,依靠海外力量,发起辛亥革命,推翻清王朝,建立中华民国,开启了中华历史的新篇章。留学归来的吴廷芳、唐绍仪、顾维钧等,从事政治外交工作,为维护中国主权、外交权利做出了重要的贡献。19世纪末20世纪初出国留学的留学生们,学习了西方的民主和科学,在很大程度上影响了晚清政治并最终以政治革命的形式终结了清王朝的腐朽统治。[①]

留学生受到西方政治、思想、文化的冲击,成为了新思潮的主要传播者,他们通过引进和传播西方的学说,起到改造中国社会的作用。无政府主义、社会主义等思潮都被留学生传入中国,在社会上引起了广泛讨论与影响。共

---

① 参见李喜所主编:《中国留学通史·晚清卷》,广东教育出版社,2010年,第415页。

产党早期党员大部分都有留学经历,例如陈独秀、李大钊、李汉俊、陈望道、董必武、周恩来等人,他们将学习到的新思想、新理念带到共产党的建设中,并最终取得革命的成功。

2. 留学生促进了中国经济发展

留学生们在海外学成归国后,推动实业经济的建设,促进了银行业、机械制造业的形成与发展。留学日本的何燏时曾开矿办厂从事实业救国。金邦正与胡适、任鸿隽、杨杏佛、过探先等留学生在美国康奈尔大学创办了"科学社",这是近代中国历史上第一个民间综合性科学团体。[①]这些科学团体对后来中国的实业发展起到了重要的推动作用。民国政府"四大家族"孔祥熙、陈立夫、宋子文都曾留学美国,他们掌管了民国政府的经济命脉,当然也带来经济腐败的问题。经济学家马寅初留学美国获得博士学位,他提出中国人口增长过快的命题,要实行定期人口普查、控制人口的政策,这对中国计划生育政策的实施以及经济社会的发展产生了深远的影响。"文化大革命"结束之后,曾经留学法国的邓小平开启改革开放,在农村实行包产到户政策,在城市推动工业化发展,建立市场经济体制,使中国经济得到快速的增长。

3. 留学生促进了中国军事发展

中国近代留学的开端正是出于学习军事技巧、增强国家军事能力的目的。中国近代军事力量发展与留学生"走出去"密不可分。19世纪70年代,清政府开始向欧洲派遣留学生学习有关陆军、海军等军事内容。通过留学生的学习交流,中国政府接触到了西方发达的军事制度和技术,近代中国开始建设海军、陆军。中国近现代军事力量的发展,包括军事制度的建立、军事技术的发展以及军队教育和训练的开展,都和留学生走出去息息相关。[②]严复在

---

① 参见李喜所:《中国留学史论稿》,中华书局,2007年,第354页。

② 参见李喜所主编:《中国留学通史·晚清卷》,广东教育出版社,2010年,第458页;李喜所主编:《中国留学通史·民国卷》,广东教育出版社,2010年,第566页。

英国格林尼次海军学院学成回国后,就被李鸿章调任北洋水师学堂总教习,他在培养海军人才上做出重要贡献。①黄埔军校的不少军官都曾赴国外留学,周恩来曾经留学法国,蒋介石、何应饮、方鼎英等留学日本军校。"两弹一星"元勋钱三强赴法国巴黎大学攻读博士学位,学成回国后为中国原子弹的研制做出了不朽的贡献。这些留学生对于推动中国军事现代化的发展发挥着重要的作用。

4. 留学生促进了中国教育事业的发展

近现代留学生怀着"科技救国""教育救国"的理想出国留学,回国后积极投身于中国教育改革,他们推进了中国新式学校的建立。蔡绍基从耶鲁大学毕业后参与创办了北洋大学(今天津大学),这是中国第一所现代意义大学。梁敦彦从耶鲁大学毕业后推动清华大学的创办。曹云祥从哈佛大学毕业后把清华大学从一个留美预备学校改办为完全大学。留学生还推动了女子教育的发展。北京大学在蔡元培的支持下,就率先招收了9名女生进入北大作为旁听生,打开了男女同学的先例,推动了女子教育的发展。②随着中国国内女学的发展,慢慢开始有女子赴日、赴美留学,他们学成回国后大力推动了教育的发展。此外,留学生还推动了中国现代学科的创建。中国物理学科先驱胡刚复从哈佛大学毕业后,回国创建了中国最早的物理实验室。张子高从麻省理工学院化学系毕业后,任教于国内多所大学,推动了国内化学和化工科技人才的培养。中国物理、数学、生物学乃至哲学等科学,都是在广大留学生们推动下逐渐得以建立、完善和发展。③

5. 留学生促进了中华文化的对外传播

留学生积极对外传播中国传统文化,如中国典籍、中国传统戏剧、中国

① 参见谢长法:《中国留学教育史》,山西教育出版社,2006年,第193~197页。

② 同上,第207~212页。

③ 参见李喜所主编:《中国留学通史·晚清卷》,广东教育出版社,2010年,第616页。

绘画等。辜鸿铭首次翻译了《论语》《中庸》等传统中国典籍,成为了近代西方汉学家和学者论述东方文明时的重要参考书和征引对象。辜鸿铭还写作了《中国人的精神》,"揭示中国人的精神生活,宣扬中国传统文化的价值,鼓吹儒家文明救西方论"①。此外,还有大量的中国典籍、小说、诗歌等文学作品被翻译和传播到西方国家去,引起了不小的反响。梅兰芳赴日、赴美演出昆曲等传统戏剧,迈出了中国传统戏剧走向世界的重要一步。1933 年徐悲鸿应法国国立外国美术馆的邀请前往巴黎举办画展,全面展示了中国绘画的艺术成就。留法学生开办中华印字局、开设中国文化讲习班,还通过《新世纪》《世界画报》《旅欧周刊》等刊物,在国外传播中国文化,同时也向国内引进西方文化。

---

① 参见李喜所主编:《中国留学通史·晚清卷》,广东教育出版社,2010 年,第 661~662 页。

第六章　他山之石:西方留学生教育的启示

　　广义上留学的历史已经有上千年了,最早可以追溯到古希腊时期的"游学"和"游教"。来自各地的学者前往这些"学术圣地"求学或讲学,这推动了当时世界文明的发展。西方最早的留学生为中世纪以前地中海沿岸的大学所招收。意大利是世界上较早的留学中心。①后来,殖民国家企图通过教育输出增加对殖民地的掌控, 而主权国家则希望通过这种国际交流来为国家的经济与社会发展培养人才, 这都促进了早期国际留学生市场的形成。自16世纪中叶,意大利、英国、德国、美国先后成为主要留学地。早在11世纪意大利开始接收来自欧洲各国的学生。13世纪留学生主要聚集在欧洲。19世纪中叶,德国成为新的世界科学文化中心,但一战后,美国取代德国成为新的世界留学中心。②

　　二战后,各国迎来了高等教育国际化的时代,主要以亚洲及殖民地留学生群体为主,极大地促进了各国政治、经济、文化和教育的发展。至20世纪70年代,留学生教育国际化达到了前所未有的程度,当时世界留学生总

---

① 参见程家福:《来华留学生教育结构历史研究》,同济大学出版社,2012年,第22页。

② 参见崔庆玲:《国际留学教育功能演变历程》,《纺织教育》,2006年第5期。

人数达到 90 万以上。①当前,随着全球化浪潮的推进,各国实施留学生发展战略。联合国教科文组织(UNESCO)数据表明,2006 年全球有接近 270 万学生接受高等教育的跨国留学教育。②预测到 2025 年,这一数字将会增加到 720 万人。③

发达国家大多将留学生教育作为获取海外利益的产业,甚至将留学生教育作为文化输出的重要手段。美国、英国、日本等国都通过吸引和培养外国留学生,不断提升本国文化吸引力,打造本国软实力。留美、留日学生更有可能成为"亲美""亲日"人士,他们通过留学生教育,进行本国价值观的输出。其中,美国成为利用留学生教育实现文化输出的典型国家。

一、将留学生教育作为国家战略

留学生教育不单单可以带来经济利益,还可以带来长期的政治社会利益。西方大国均把留学生教育作为外交战略资源。1946 年美国参议员富布莱特提议设立教育与文化交流项目,增进相互理解,避免世界大战的再次爆发。1950 年英联邦国家实施科伦坡计划。这些项目都担负着传播意识形态、维护地区和平与稳定的使命。

二战后,美国积极支持高等学校开展国际教育,美国把推行国际化教育视为国家发展的关键性战略目标。20 世纪 80 年代,美国总统里根提出接收留学生可以培养知美亲美派,可以保证美国科技人才的需要。美国国务院编

---

① 参见陈全生:《来华留学生教育发展战略研究》,《上海管理科学》,2007 年第 1 期。

② See UNESCO,Global education digest 2006:comparing education statistics across the world. Paris:UNECO,2006.

③ See Bohm.A,Davis,D. Meares,D. and Pearce,B. *Global student mobility 2025:Analysis of global competition and marketshare.* Sydney:IDP,2002.

写过一本题为《昨日留学生、今日世界领袖》的小册子。①一些国家把留学生视为外交财富、"巧实力"外交的使者。2000 年 4 月,克林顿提出,应该鼓励接收留学生,这些留学生毕业归国后,当他们成为该国领导人时,就会和我们建立密切的友好关系。②奥巴马政府发布了《2015 年美国国家安全战略报告》,认为留学生为美国增加了活力和创业人才。③美国前国务卿希拉里在谈到美国"10 万人留学中国计划"时说道:"我们把重点放在学生交换上,因为我们相信,未来显然掌握在我们两国的年轻人手中。"④约瑟夫·奈也曾在媒体上撰文称:"多年来累积的数百万在美国接受教育的留学生群体,创造了对美善意的一个来源。"⑤

国际学生构成了英国的全球政治资源或软实力。吸引相当比例的国际学生被认为是为了增加英国在全球外交中的影响力,因为在英国受教育的人将会和英国保持着持久的联系,他们在全世界推广英国的贸易、外交等,这一切都构成了英国的国际教育软实力。⑥ 1999 年英国政府推出了"首相行动"(Prime Minister's Initiative)计划,计划拨款 500 万英镑用于英国高等教育的海外宣传,目标到 2005 年增加留学生 5 万名,使英国成为全球留学生教育的领袖。⑦英国前首相布莱尔曾经说过,英国要大力接收中国留学生,因为 21 世纪的教育市场在中国。

---

① 参见丁笑炯:《基于市场营销理论的留学生教育服务——来自上海高校的实证研究》,北京大学出版社,2012 年,第 27 页。

② 参见周棉:《中国留学生论》,南京大学出版社,2012 年,第 52~54 页。

③ See "The 2015 National Security Strategy", https://www.whitehouse.gov/the-press-office/2015/02/06/fact-sheet-2015-national-security-strategy.

④⑤ 参见黄忠:《留学生公共外交探析》,《公共外交季刊》,2015 年第 3 期。

⑥ See International education as soft power? The contributions and challenges of Canadian foreign policy to the internationalization of higher education.

⑦ See BIS. Prime Minister's Initiative (PMI). http://www.dius.gov.uk/dius_international/education/prime_ministers_initiative.

　　亚洲主要接收留学生的国家为日本与新加坡。日本把留学当成一种产业,是一种文化交流的方式。留学生一词来自日本,原指住在中国学习的学生。①随着日本经济实力的增强,20 世纪 70 年代后,日本开始推动教育国际化。1983 年,中曾根内阁首次提出发展"10 万留学生计划",并于 2003 年制定接受 10 万留学生计划。② 2008 年,日本把发展留学生计划看作发展日本经济、社会结构重组、加速国际化的"国家战略",首相福田康夫进一步提出了"30 万人留学计划",再次把留学生政策作为日本"全球战略"的一个重要部分。③留学生教育成为日本塑造对外国家形象的重要国家战略,以达成其"政治大国"的梦想。日本文科部学生,提出留学生是未来的民间大使的标语。

　　发展留学生教育促进了日本政府部门间的联动发展。留学生教育的发展不但需要依靠教育部,还需要多部门的配合。④日本在留学生事务管理上,改变了过去以文部科学省为中心、联合法务省和外务省发布的惯例,以文部科学省、法务省、外务省等六省共同名义发布留学生政策文件。⑤除教育与政府部门外,同时强调企业与民间组织协同合作的重要性,把留学生教育政策提到了国家战略高度。这表明日本已经把留学生教育工作与国内方方面面联系到一起,调动各政府部门留学生工作的积极性以提升日本在吸引留学生方面的竞争力。⑥

---

　　① 参见丁笑炯:《基于市场营销理论的留学生教育服务——来自上海高校的实证研究》,北京大学出版社,2012 年,第 50 页。

　　② 参见周棉:《中国留学生论》,南京大学出版社,2012 年,第 56、70 页。

　　③ 参见李丛:《日本留学生教育的历史、现状及发展趋势》,《现代教育管理》,2009 年第 10 期。

　　④ 参见刘伟:《应当怎样制定教育发展战略》,《战略与管理》,2004 年第 4 期。

　　⑤ 参见管斌:《日本的国家教育战略与"留学生 30 万人计划》,《高教探索》,2010 年第 5 期。

　　⑥ 参见严晓鹏:《日本留学生政策的最新动向及其对中国的启示》,《教育学术月刊》,2012 年第 5 期。

二、视留学生教育为创汇手段

　　海外留学生给英、美、日等国带来了巨大的经济利益。英国大学大力发展留学生教育有两大缘由：一是希望国际化和多元化能够使教育理念得到更好发展，二是通过招收自费留学生增加收入。由于高校普遍缺乏资金以及政府教育拨款的缩减，大多数高校为了摆脱财政危机开始招收自费留学生，尤其是来自非欧盟国家的留学生，他们需要支付 3 倍高于本国留学生的学费，英国高等教育在海外留学生身上产生的年收益约为 37.4 亿英镑。英国高等教育的创汇能力甚至超过文化媒体(37 亿)、服装(25 亿)等众多行业。①1999 年布莱尔政府首次推出了"首相国际教育行动"，第一阶段目标是到2005年吸引非欧盟国家的留学生 7.5 万人，预计每年获取 7 亿英镑的收入；第二阶段目标是到 2011 年吸引非欧盟国家的留学生 10 万人，预计从留学生学费中获得收入 8.8 亿美元。②

　　美国商务部把高等教育比作美国第五大出口部门，将扩大"教育出口"作为国家贸易发展战略。③20 世纪 70 年代末 80 年代初，美国遭遇经济停滞，留学生教育成为摆脱财政危机的重要手段，政府鼓励大学积极主动走向世界，招收外国留学生。④在美的大批自费留学生为美国带来了可观的财政收入。作为目前世界上最大的教育出口国，美国每年留学生市场的收入超过150 亿美元，占世界教育出口市场份额的 30%。以 2008 年赴美留学生为例，

---

① 参见蒙格、方彤：《英国吸引外国留学生新举措述评》，《世界教育信息》，2008 年第 4 期。
② 参见王璐、王向旭：《当今英国研究生教育规模和结构的变化与走向》，《比较教育研究》，2007年第 12 期。
③ 参见李云鹏：《中美留学生教育比较》，《教育与职业》，2010 年第 7 期。
④ 参见王俊烽：《美国高等教育国际化探析》，天津师范大学硕士学位论文，2012 年，第 22 页。

其中 64.9% 为自费,仅 3.7% 的留学生来自其母国,也就是说,有 68.6% 的经费随留学生从别国流入美国。①当前美国是全球第一大留学国,而中国则是全球第一大国际生源国。中国教育在线发布的《2016 年中国出国留学发展趋势报告》中显示,自 2001 年后,我国自费出国人员一直占出国留学人员总人数的 90% 以上。②因此,来自别国的自费留学生为美国经济、社会发展带来了巨大收益。另外,许多拥有欧美留学经历的外籍留学生在毕业后会逐步成为其母国的政治、商界的精英,他们倾向和美国进行长期的经贸合作。

自费留学生同样也占日本留学生群体的很大比重,成为日本经济收益的重要来源。2012 年日本外国留学生的规模是 137756 人,其中,享受国费留学生政策的留学生为 8588 人,另外还有 12155 人享受文部科学省的学习奖励费,但享受以上两种政策支持的学生仅占日本外国留学生总数的 15%。由此可见,大部分学生是自费留学的。③自费留学生群体的学费与日常生活费用不仅为日本高校教育提供了充足的教育资金,而且也成为日本重要的创汇手段。此外,留学生群体利用留学的便利,也会寻找"开源"的机会以减轻高额的留学费用压力,比如代购,留学生群体作为母国与留学国的微型商品交易中介,其身后连接的母国民众强大的购物需求成为不可忽视的一股经济力量。这也在一定程度上扩大日本的消费市场,促进经济的增长,带来可观的外汇收益。

留学生市场竞争激烈。美国是留学生规模最大的国家,但是美国在留学生市场上占有的份额却呈下跌的趋势。欧盟在 1987 年启动欧洲共同体大学生流动行动计划。日本从 1983 年提出 10 万留学生计划,到 2008 年提出到

①　参见李云鹏:《中美留学生教育比较》,《教育与职业》,2010 年第 7 期。

②　参见中国教育在线:《2016 年中国出国留学发展趋势报告》,http://www.eol.cn/html/lx/report2016/yi.shtml。

③　参见王玉清:《促进世界的发展,日本外国留学生接收战略评述》,《郑州师范教育》,2016 年第 1 期。

2020 年实现 30 万留学生计划。澳大利亚等一些国家留学生修读的专业比较单一,半数以上留学生修读管理贸易专业。澳大利亚外交与贸易部在《无国界教育》中写到,质量保障在教育贸易中扮演重要角色。①新加坡 1999 年提出到 2015 年实现留学生人数 15 万人的目标,改变了留学生主要来自马来西亚、印尼的局面,其他国家留学生也开始纷纷涌入。

三、通过留学生教育吸引人才

在 21 世纪,国际性人才的竞争更加激烈。各国政府越来越认识到,国与国之间的竞争,实际上也是人才战略的竞争。留学生教育可以培育出参与世界市场经济竞争的合格人才,成为知识经济时代人才争夺的重要手段。

美国的强大是与大量海外人才的努力和贡献分不开的,留学生的创造性工作及科学发明,使美国成为直接受益国。二战后,美国取代欧洲国家成为世界上最大的留学生输入国。赴美留学生的人数从二战结束时的 5000~9000 人猛增到 2013—2014 学年的 886052 人。②美国通过不断改进高等教育体制、完善留学生政策、提高奖学金以及采取更加方便的签证政策来吸引各国优秀人才。此外,美国在留学生就业转化方面也有着优惠政策,每年有大量外籍留学生毕业后加入美国国籍,通过留学生渠道美国引进大量高科技人才。因此,美国如今发达的科技文化,从某种意义上来说,离不开外国留学生的贡献。

2007 年 5 月,旨在使日本成为连接亚洲和世界桥梁的"亚洲通路(Asian

---

① 参见丁笑炯:《基于市场营销理论的留学生教育服务——来自上海高校的实证研究》,北京大学出版社,2012 年,第 42 页。

② 参见《美国政府正在利用留学生"下一盘大棋"》,http://edu.sina.com.cn/a/2015-05-06/0815259670.shtml。

Gateway)战略会议"召开,会议发表了"亚洲通路构想"的报告,其中"招收培养国际人才战略"提出,推动社会改革发展的重要源泉是优秀国际人才,但日本在世界高级人才竞争中落后于其他发达国家,所以必须改变留学生政策,从仅强调"知识性的国际贡献"转到通过留学生教育"获取优秀人才"。"构想"还提出以"把日本建设成亚洲高端人才网络中枢"为目标的留学生政策,推动日本经济的持续增长,增强其软实力。[①] 2008 年日本首相福田康夫提出"30 万留学生的计划",要在 2020 年达到留学生 30 万人,而且要争取其中 50%留在日本工作。[②]在该计划中,日本对招收对象也作出了一些规定,重点招收高层次的研究生来日留学。留学生政策的转变及日本对留学生群体的高度关注,反映了日本对人才的重视。

英国主要通过扩大毕业生创业计划覆盖范围、加快签证速度等方式,使得优秀人才更有机会留在英国继续发展;英国的第二期"首相行动计划"是以学生体验为本的政策导向,它旨在让人们看到英国政府对留学生的关心,试图通过一系列措施帮助改善留学生在英的生活。例如让留学生与本地学生"结对子",鼓励他们走进英国家庭,熟悉风俗、锻炼口语;或者让留学生为社区提供志愿服务,以获取一定的工作经验,使得留学生能够长久地在英国发展。[③]

加拿大、法国和新加坡等国在吸引人才方面均各具特色。加拿大制定《国际教育战略》,给予留学生在签证、创业等方面的便利;法国放宽了攻读硕士、博士学位的海外留学生的签证政策,并专门推出"人才护照",为优秀

---

① 参见アジア・ゲートウェイ略会議.アジア・ゲートウェイ構想.http://www.kantei.go.jp/jp/singi/asia/kousou.pdf,2009-05-15.

② 参见王磊:《日本"留学生 30 万人计划"的背景、问题与展望》,《淮北师范大学学报(哲学社会科学版)》,2012 年第 2 期。

③ 参见丁笑炳:《从经济收益到学生体验——英国高校留学生政策转向述评》,《高等教育研究》,2011 年第 5 期。

外国大学毕业生、创业者、投资者等高端人才办理 4 年期居留签证。[①]新加坡也设立专门针对留学生的计划——全球校园中心计划，新加坡将耶鲁大学、欧洲工商学院等世界知名高校引入到新加坡，方便东南亚的学生选择就近留学，聚集周边各国的人才，成为一个"区域教育中心"（Education Hubs）。

四、借留学生进行文化与价值观输出

留学生教育可以培养对留学国家的好感和认同，有利于传播留学国家的文化和价值观。西方国家通过吸引留学生，输送自己的价值理念与意识形态，影响各国未来的精英阶层。

国际教育和文化交流成为美国政府对华文化扩张的重要手段。通过留学生教育基金和邀请国内学者访美讲学等方式，美国有意识地培养出一批亲西方人士。通过对他们进行"美化"，使其回国后充当"思想文化斗士"，自觉地按照美国的价值理念改造其母国的民族文化。

留学生教育能加强美国与生源国的政治、经济、文化交往。留学生学成归国后多会成为国家的栋梁之材，这有利于在美国与生源国之间保持长期良好的政治关系和培养该国未来的领导人才和亲美人士。通过吸引更多的外国优秀知识分子，美国政府促使他们接受、向往所谓"宗教自由、人人平等"的社会。大卫·伊格内修斯认为，留学生教育是一个"智能武器"，是一个极好的推广国家文化与价值观、提升国家影响力的存在。美国前总统布什曾明确表示，"一贯而协调的国际教育战略将吸引和教育来自国外的未来的领袖"，使美国"成为亚洲、中东、非洲和拉丁美洲未来领导人的主要培训基

---

① 参见《国际人才蓝皮书——中国留学发展报告》（2014）No.3，http://www.ccg.org.cn/Research/View.aspx?Id=1526。

地"。①以美国留学生教育的旗舰项目——富布莱特项目为例,截至 2011 年,155 个国家的超过 30 万人通过该项目在美接受教育,这些人中有 29 人后来成为国家领导人。②美国兰德公司在一份战略研究报告中宣称,这些受过美国生活方式熏陶的留学生回国以后,"其威力将远远胜过派几十万军队去"。对苏联和东欧而言,后来苏东的解体与一些亲美的领导人有着密切的关系。美国负责领事事务的前助理国务卿莫拉·哈蒂曾在国际教育周(International Education Week)上说:"宣传美国最好的途径就是展示美国本身。"她说:"吸引外国学生来美留学事关国家安全,因为学术领域的访问者是美国潜在的朋友、同盟者和商务伙伴。……他们如果来到美国……就能尽可能多地了解我国的文化、我国人民和我国的教育制度。他们就会看到美国大学校园里的自由生活方式。他们就有机会向自己提出挑战,在了解美国社会的过程中成长。"③更重要的是,拥有在美留学经历的外籍留学生在回国以后无形中扮演了"民间外交官"的角色,成为美国产品、教育、文化与价值观的强大宣传力量。④

据 2011 年数据统计,世界各国中有 46 位在任和 165 位前任政府首领曾在美国接受过高等教育,并将美国的政治文化带回母国,一些政治领导人还与美国建立了联盟关系。例如美国在反恐战争中的盟国的领导人卡尔扎·伊、托尼·布莱尔等均拥有赴美留学的教育背景。1993 年西雅图亚太经济合作组织会议召开期间,15 个成员国的首脑都有在美留学的经历,包括时任韩国总统金泳三、日本首相细川护熙、澳大利亚总理保罗·基廷、泰国总理川·

---

① 参见朱兴德:《发展教育经略世界》,广西人民出版社,2013 年。
② 参见雷默:《中国布局"留学外交"》,《南风窗》,2014 年第 10 期。
③ 《美国负责领事事务的助理国务卿莫拉·哈蒂(Maura Harty):2007 年美国发出的学生签证数量达创纪录水平》,http://usinfo.state.gov/xarchives/display.html?p=washfile-chinese&y=2007&m=November&x=20071119145521zjsrednna.9201013。
④ 参见邓源:《浅析留学生教育对于美国的重要意义》,《成功(教育)》,2011 年第 9 期。

立派等。①由此可见，通过发展留学生高等教育这个媒介，美国能够培养出亲美的政治家、商业家，从而与美国开展长期的合作。

1999年，时任日本文部大臣的有马朗人撰文写道："在国际化时代，通过国际教育等各领域的交流，有利于加深跨越国界的相互理解……在接纳十万名留学生的计划下，推进实施赴日之前到回国之后的综合留学生交流的各项措施。使得来日的留学生能充分达到他们的目的，满意地回国，在此后也能对留学经历有一个良好的评价。"②"留学生10万人计划"的理念就是在国际社会建立互信基础上的友谊纽带。日本需要更多的外国留学生了解日本，让他们留学归国之后发挥母国与日本沟通的桥梁作用。③有些国家政府在自身的权限范围内，为促进和加强留学生工作之余，还引导民间以各种方式为留学生服务，有民间资金的支持，也有各类生活活动。

21世纪高等教育国际化和留学生教育市场的竞争日趋激烈，各国重视并积极开展留学生教育。对中国而言，发展留学生教育不仅能够直接或间接促进我国经济发展，吸引全球优秀人才汇聚于此。留学生教育也将成为中国对外塑造国家形象、增强国家软实力的重要手段。通过留学生教育，可以使来自世界各地的留学生更加了解中国文化，在潜移默化中培养对中国的认同，有利于塑造中国在世界上的良好形象；同时，也促进我国的对外交往与文化传播，为我国开展多方位外交、提升文化影响力打下基础。因此，中国需要继续推进留学生教育发展，进一步发挥留学生教育的软实力功能。

他山之石，可以攻玉。各个国家在留学生教育中积累了丰富的经验，这些都为我国开展留学教育、打造国家形象、增强国际教育竞争力等方面提供

---

① 参见邓源：《浅析留学生教育对于美国的重要意义》，《成功（教育）》，2011年第9期。

② 任友群：《世纪之交的日本留学生政策》，《外国教育资料》，2000年第3期。

③ 参见日本驻华使馆文化部：《简化留学制度，广招外国留学生——解析日本"新留学试验"》，《出国与就业》，2003年第2期。

了借鉴。具体而言,我国可以从以下方面增强对世界各国留学生的吸引力:一是完善留学生教育政策,从战略层面确定留学生教育的重要性。21世纪谁能获取高素质的创新人才,谁就能成为国际竞争的赢家。中国要广泛吸纳国际人才,就必须将留学生教育作为人才引进的重要途径,从政策到战略层面给予高度重视。二是提供留学生就读与就业的优惠以增强吸引力。优惠的学费及奖学金补贴将会减轻留学生负担,使他们更乐意选择该国作为求学地,同时,诱人的就业市场也会成为他们留在留学国的重要原因,中国应做好留学生的就业接纳与支持工作,为我国经济可持续发展储备人才。三是多方联动,共同促进留学生教育的发展。借鉴日本"30万留学生计划"的相关经验,协调各个政府相关部门实现联动,共同促进留学生教育的发展,同时,将企业、民间力量纳入留学生教育发展体系,构建"政府主导、社会参与、主体多元、形式多样"的留学生发展体系,形成吸引海外优秀人才的合力。①四是提高高校教育水平,增强自身文化吸引力。先进的科学教育水平、更好的教育资源是留学生追求的留学目标。要加强中国高校的教育水平,从基础建设到师资水平、科研实力,增强自身的文化吸引力,并积极开展国际化合作,提升教育国际化水平,才能更好地增强我国高校的世界影响力与竞争力。

---

① 参见严晓鹏:《日本留学生政策的最新动向及其对中国的启示》,《教育学术月刊》,2012年第5期。

第三部分

实证调查篇

第七章 外国留学生的中国认知

青年学生是国家人文交流的重要成员，是中外人民加强交流与理解的"民间大使"。态度一般由认知、情感与行为三大层面所构成。留学生对中国的认知涉及对中国的信念与知识形成的概念、知觉与判断。留学生对中国政治、经济与文化的知识程度会影响到他们对中国的态度评价、社会融入与对中国的情感，是留学生中国观的起点。留学中国，是否有助于留学生更加全面地了解中国的政治、经济以及社会文化知识，成为"知华派"，进而亲华、爱华，成为两国友好交往的桥梁，是一个值得探讨的重要问题。下文从留学生对中国经济、政治与文化三大方面的认知来考察外国留学生的中国认知。

一、对中国经济的认知

留学生对中国经济崛起的评价很高，中国经济的快速发展成为吸引他们来中国的首要原因。根据 1532 份调查问卷显示，中国经济的快速发展是吸引留学生来华学习的最为重要的因素，61.48% 的留学生表示来中国留学是因为中国经济发展机会好，高于喜欢中国文化的原因（44%）和家庭原因

（27.19%）。在笔者对48人的访谈中，高达72.9%的人表示喜欢中国的物质生活。另外，当询问对中国经济发展机会的看法时，高达97.9%的留学生认为中国经济发展机会多，在−3（非常少）到+3（非常多）的刻度之间，留学生回答的平均值高达2.48。他们普遍认为，中国已经成为世界经济发展的火车头，中国经济的快速增长给世界各国带来发展机遇。但是在赞叹中国经济快速发展的同时，留学生对中国的城乡贫富差距、东西贫富差距认识深刻，在−3（贫富差距非常严重）到+3（非常不严重）的刻度中，他们对中国贫富差距的评价的均值为−0.94，为各项指标中最为负面的一项（见表7.1）。①

表7.1：留学生对中国经济的认知

指标	有效	缺失	均值	标准差	极小值	极大值
中国经济发展机会	48	0	2.48	0.83	−3（非常少）	3（非常多）
中国经济发展对世界是	46	2	2.00	1.40	−3（威胁）	3（推动力）
中国贫富差距	1496	36	−0.94	1.95	−3（非常严重）	3（非常不严重）

访谈数据显示，留学生对中国经济的认知，存在高估、客观评价、低估三种情况。对于中国的经济增长速度，留学生出现一定程度的高估。6.8%的留学生认为中国国内生产总值增长速度为8%，31.6%认为增长速度为10%，甚至有18.4%的留学生认为中国国内生产总值增速已经高达12%。虽然留学生高估中国经济增长速度，但对于中国的世界经济大国地位的认识则较为客观，并没有出现大幅度高估现象。近年来，一些国际人士认为中国已经是发达国家，理应承担更多的国际义务，这对于留学生产生一定的影响。在此次访谈中，16.7%的留学生认为中国已经是发达国家。

但是留学生对于中国整体的经济发展水平，也有较为客观的认识。虽然有41.7%的人认为中国是发达的发展中国家，但83.4%的留学生认为中国仍然是发展中国家。2010年，中国已经超越日本，成为世界第二大经济体，大部

---

① 根据历次调查数据汇总情况及涉及的不同议题，本项研究所采用的数据来源包括1532份留学生调查问卷、1019份留学生调查问卷、48名留学生访谈的调研材料，在引用时将做具体说明。

分留学生对此有所了解。当问及中国是世界第几大经济体时,59.1%的留学生有正确认识,但 20.5%的留学生仍认为中国是第三大经济体。

近年来,中国的人均国内生产总值排名上升较快。2012 年,国际货币基金组织发布世界各国人均国内生产总值排名,中国排在 84 位。但是留学生对于中国的人均国内生产总值排名的认识却出现低估现象,有 13.3%的留学生认为中国排名在 135 名左右,33.3%认为在 115 名左右,16.7%认为在 95 名左右,30%的留学生认为在 75 名左右。此外,留学生对于中国庞大的人口印象深刻,并存在高估现象。74.4%的人认为中国有 13 亿人口,但还有 20.5%的人认为中国人口已经高达 15 亿。

中国经济的成就,折射出西方经济现代化的成功。留学生大多认为中国经济发展是世界的推动力。西方人进步的自我价值在中国的物质繁荣面前得到肯定与抚慰,同时也存有自我价值被超越的隐忧。谈到中国崛起,一位美国留学生赞叹中国经济能力的强大,她不无忧虑地指出,美国政府欠中国的债务实在太多。但是她又自我安慰:"美国其实也不必特别担心中国,美国依然是科技最发达的国家,美国的教育可以培养出最聪明的人才来,美国可以通过向发展中国家出售高科技技术与产品来维持世界第一的位置。"[1]

留学生普遍认为,中国的经济增长快速,特别是互联网技术行业发展迅猛,像上海这样的大城市高楼林立,并具有非常现代化的城市设施,当然,他们也意识到中国存在的城乡差距,在广大的农村地区,经济还相当落后。留学生对中国快速的节奏和工作的高效率也表示赞赏。一位留学生以自己居住的研究生公寓的建设为例,说明中国节奏之快。[2]留学生还对中国的古代器物和建筑、良好的住宿条件、时尚的衣服、中国的美食等表示满意。其中,他们提到更多的则是中国生活的便利,包括网上购物的方便和公共交通的

---

[1] 2012 年 6 月 4 日对一位美国留学生的访谈,受访人:女,来中国 1 个月。

[2] 2012 年 6 月 4 日对一位印度尼西亚留学生的访谈,受访人:男,来中国 2 年。

便捷。

对于中国产品,一些留学生的看法相当正面。一位巴林男生表示:"来中国之前一直以为中国的产品不好,因为我们国家很多东西都是'中国制造'(Made in China),质量不是很好。但是到中国以后,我非常喜欢中国的电子产品,质量很好而且不是很贵。"①一位韩国男生则指出:"中国的产品价格便宜,还能当做纪念品,我在北京买的纪念品带回韩国送给朋友,我的朋友都很喜欢。"②

但是也有不少留学生对中国产品的质量表示质疑。一位同学指出,在网络商店上买东西,虽然很便宜,但是质量不好,买的一双鞋子,穿了两次就坏了。③除此,中国经济快速发展带来的环境问题也备受诟病。这位同学还指出:"来中国之前就知道中国的污染很严重,但是到中国后发现比自己想象的还要严重,特别是中国的噪音污染尤为严重,自己居住的研究生公寓附近施工有时到深夜,严重影响同学们的睡眠。"④此外,留学生对中国的食物油腻、宿舍里洗刷用的水不能直接饮用、上海的高房价等问题也颇有微词。一位日本人指出,上海房价在某些地方已经超过东京了。一位来自斯里兰卡的留学生表示中国的经济、教育、军事实力都很强大,希望毕业后可以留在中国,但是因为房价等高昂的生活成本问题,全家在上海将很难生存,所以他认为留下来的希望渺茫。⑤

中国经济发展速度虽然很快,但是并不代表人民拥有良好的生活质量。一位朝鲜男生尖锐地指出:"中国经济发展很快,虽然有富人,但穷人更多,穷人的生活水平很低。中国贫富差距很大,除印度之外,中国是世界上第二多

---

① 2012年6月3日对一位巴林留学生的访谈,受访人:男,来中国3年8个月。
② 2012年6月3日对一位韩国留学生的访谈,受访人:男,来中国5个月。
③④ 2012年6月2日对一位韩国留学生的访谈,受访人:女,来中国5个月。
⑤ 2012年7月3日对一位斯里兰卡留学生的访谈,受访人:男,来中国1年10个月。

穷人的国家。中国人不会享受生活,国家福利也不好。我看到每个中国人都拼命挣钱,生活压力很大,抱怨也很多。中国人有房、车,但是生活压力比朝鲜还大。那些没有房、车的人又该怎么办呢? 在朝鲜,没有房、车都无所谓的。"①

在总体上,留学生对中国的贫富差距问题存在比较负面的看法。在 1532 份调查问卷中,62.5%的人认为中国贫富差距问题严重, 其中 31.35%的人认为非常严重。在–3 到+3 的刻度之间(–3 表示贫富差距非常大,+3 非常小),留学生对贫富差距打分的平均值为–0.9431, 为本研究所有指标中最为负面的一个。不少留学生都指出了中国贫富差距较大的问题,有人甚至表示这是中国最大的问题, 妨碍中国成为先进国家。留学生对于中国其他的社会问题,如贪污腐败、中西部发展不平衡、农民工生存、房屋拆迁等也存在较深的认识。

部分留学生对中国存在的各种问题也表现出较为理性的认识。一位老挝男生表示,如果老挝也像中国这样快速发展的话,也会出现同样的问题。②一位来自斯里兰卡的男生也表达了类似的看法:"我很清楚中国存在着很严重的贫富差距,但是这种贫富差距的出现是不可避免的,如果斯里兰卡发展了,也会出现同样的问题。"③对于中国的环境污染问题,一位来自阿尔及利亚的女生也表示了理解:"中国在维护世界环境方面比欧美做得好,因为欧美已经是发达国家,在他们还是发展中国家的时候,他们的环境污染也很厉害,比中国还要差。"④

长期以来,西方社会鼓吹"中国能源威胁论"。2010 年,国际能源署公布数据认为,2009 年中国能源总消耗首次超过美国,成为世界第一大能源消耗

---

① 2012 年 5 月 28 日对一位朝鲜留学生的访谈,受访人:男,来中国 1 年 8 个月。
② 2012 年 6 月 11 日对一位老挝留学生的访谈,受访人:男,来中国 3 年。
③ 2012 年 7 月 3 日对一位斯里兰卡留学生的访谈,受访人:男,来中国 1 年 10 个月。
④ 2012 年 5 月 28 日对一位阿尔及利亚留学生的访谈,受访人:女,来中国 1 年 8 个月。

国,中国能源局回应这一数据并不可信。[1]从对 48 人访谈的调研结果看,世界能源署的数据对于留学生并没有产生太大的影响。只有 13.6% 的留学生认为 2010 年中国已经成为世界第一大能源消耗国,27.3% 认为中国将会在 2015 年成为世界第一大能源消耗国,31.8% 认为 2020 年,18.2% 认为 2025 年,9.1% 认为 2030 年。

留学生对于中国的经济生活有较高的关切度。从 2012 年的调研数据可以看出,对于上海的房价,他们有着较深的认识。14.7% 的留学生认为上海房子的均价在 1 万~1.5 万之间,分别有 29.4% 的留学生认为每平米在 1.5 万~2.5 万或者 2.5 万~3.5 万之间。但是留学生对于哪个城市是中国经济特区这一经济政策性问题大多并不知情,高达 53.5% 的人认为上海是中国的经济特区,只有 20.9% 的人认为深圳是中国的经济特区。

中国的现代化进程是面向与学习西方的过程。物质层面的中国崛起,本身便是对西方现代性的一种肯定。西方的价值尺度,已经形成了一种令人"望而生畏"的结构。外国留学生对于中国物质层面形象的感知,也潜在地以西方经济现代化的标准来衡量。

二、对中国政治的认知

本研究设置了一些关于政治方面的问题,如询问是否知道中国的国家主席、上海市长是谁、台湾是中国的一部分还是一个独立的"国家"、南海是否属于中国等问题。通过问卷调查发现,留学生对中国现任国家主席的回答正确的占比为 81.9%,但是对上海市长的回答正确的占比只有 42.3%。[2]在 1019

---

① 参见《中国超美成全世界第一大能源消费国?能源局驳斥》,http://news.xinhuanet.com/fortune/2010-07/21/c_12356992.htm。

② 此处关于国家主席的数据来自 1019 份问卷,关于上海市长的数据来自访谈的 48 人。

份问卷中,关于台湾问题,留学生普遍认可"一个中国"原则,高达 64.26% 的留学生认同台湾是中国的一部分,还有 31.72% 的留学生认为台湾是"一个国家"。对于南海问题是否是中国的领土这一个较为敏感的问题,55.03% 的留学生表示"不知道",虽然如此,也有 34.29% 的人认为南海是中国领土,另外,还有 10.57% 的人认为南海不是中国领土。

本研究还考察了留学生对中国外交的认知。1532 份调查问卷显示,本研究考察的 16 个外交话语均被留学生在一定比例上有所听闻。其中高达 59.33% 的留学生听过"和平发展",40.37% 的留学生听过"一国两制",38.38% 的留学生听过"和谐世界",即使听闻比率最低的"公正合理的国际新秩序",也有 14.38% 的受众(见表 7.2)。在 16 个外交话语中,有的留学生 1 个话语都没有听说过,也有的留学生听说过全部外交话语。在 1513 个有效答案中,留学生平均听到 4.13 个外交话语,占全部外交话语的 1/4。这说明,中国外交话语在留学生群体中还是具有较大的音量,在一定程度上为他们设置了议题。

作为中国新近提出的两个外交话语,"和平发展""和谐世界"在留学生群体中的受众分别达到 59.33%、38.38%,这远远高于美国芝加哥全球事务委员会调查所显示的"和谐世界"仅有 9%~25% 的受众。[①] 这说明,来中国留学,通过亲身接触,大大提升了中国外交话语在留学生中的社会化程度。随着中国外交话语的更新,"和平发展""和谐世界""一国两制""国际关系民主化"这些更加温和的、更大程度接受现状的话语比"多极化""韬光养晦"以及"公正合理的国际政治经济新秩序"这些旧话语拥有更多的受众。然而也有一些历久弥新的话语,如"睦邻友好""独立自主""和平共处五项基本原则"

---

① See Christopher B. Whitney and David Shambaugh, "Soft Power in Asia: Results of a 2008 Multinational Survey of Public Opinion", http://www.thechicagocouncil.org/UserFiles/File/POS_Topline%20Reports/Asia%20Soft%20Power%202008/Soft%20Power%202008_full%20report.pdf.

"互利共赢"等,仍然拥有超过 1/4 的留学生受众。中国一直强调国家核心利益,希望美国等外部世界可以照顾中国的核心关切,不触动和挑战中国的核心利益,但是从此次调研可以看到,仅有 19.99%的留学生听说过"国家核心利益"的概念。这表明,中国对核心利益维护的迫切需要与外部世界认识到这一重要问题之间还存在较大的鸿沟。在中国崛起的过程之中,与外部世界的摩擦与冲突很大程度上取决于中国核心利益问题是否得到有效维护。中国实现和平发展,需要大力扩大与加强"中国国家核心利益"话语的受众面和影响力。

表 7.2:中国外交话语听闻比例状况表(有效数据)

外交话语	频率	总数	百分比
和平发展	900	1517	59.33%
一国两制	612	1516	40.37%
和谐世界	581	1514	38.38%
独立自主	532	1516	35.09%
互利共赢	449	1516	29.62%
睦邻友好	415	1516	27.37%
国际关系民主化	342	1516	22.56%
和平共处五项原则	327	1516	21.57%
国家核心利益	303	1516	19.99%
多极化	288	1516	19%
和平解决国际争端	282	1515	18.61%
睦邻、安邻、富邻	277	1516	18.27%
韬光养晦	255	1516	15.96%
不结盟	242	1516	16.82%
新安全观	242	1516	16.82%
公正合理的国际新秩序	218	1516	14.38%

（人）

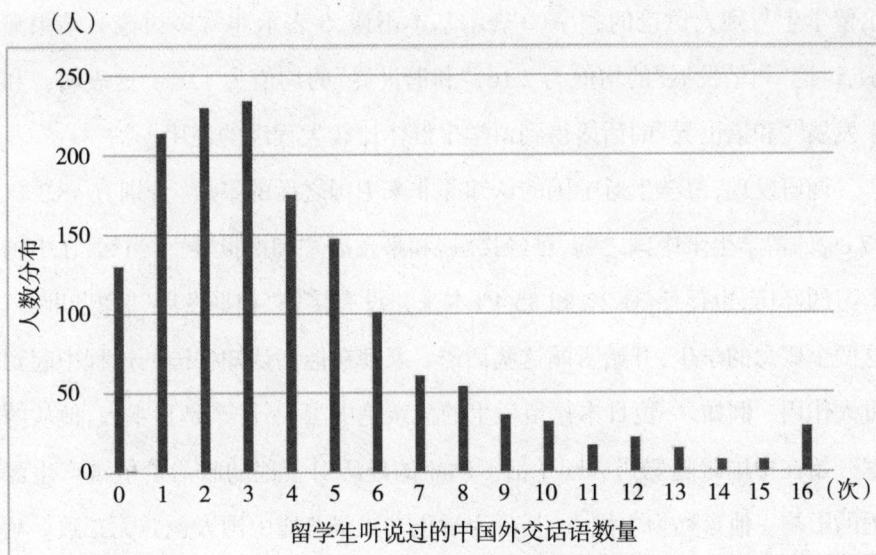

图 7.1：外交话语听闻数量分布情况

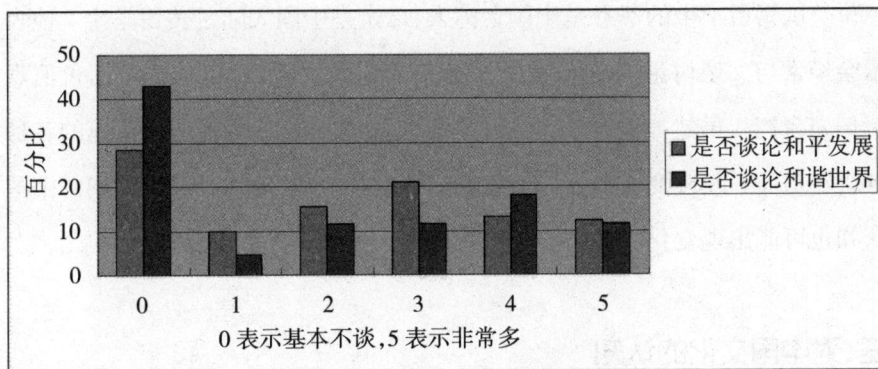

图 7.2：留学生谈论中国外交话语的频率

（注：数据基于 1019 个问卷样本）

　　本研究选取最具有影响力的两大新话语"和平发展"与"和谐世界"，考察其是否为留学生所谈论。基于 1019 个问卷样本发现，分别有 71.4%、56.8% 的留学生表示在一定程度上与别人谈论"和平发展"与"和谐世界"。其中，11.8% 和 10.4% 的人表示非常多地与别人讨论这两个话语。用 0~5 的刻度表示留学生与别人讨论的频率（0 表示基本不谈，5 表示非常多讨论），结果显示，讨论"和平发展"的均值为 2.16，"和谐世界"的均值为 1.91。这表明，"和平发展""和谐世界"的话语得到留学生群体比较大程度的使用。

调研发现，留学生对中国的认知并非来中国之后的事情。分别有 48.3%、37.8%的留学生来中国之前，已经接触"和平发展""和谐世界"。当然，在中国学习的经历，也促使 31.2%和 35.4%本来并没有接触"和平发展""和谐世界"这两个概念的学生，开始听闻这些话语。家庭在他们认知中国的过程中起到重大作用。例如，一位日本籍留学生的父亲是中国人，母亲是日本人，他从两岁开始在中国跟随奶奶一起生活。幼年的经历对于他的政治价值观产生深远的影响。他自称为中国人，其行为举止方式跟普通中国人也并无二致。对于中国外交话语，他表示出高度的认同。还有一位日本留学生的妈妈是中国人，但是因为从小生活在日本，对中国外交话语的认同度就明显下降。其中，一位美国籍留学生的爷爷是中国台湾人，母亲是中国大陆赴美留学生。他表示会经常与父亲讨论政治问题，但并没有跟母亲讨论，所以他在政治价值观上偏向台湾。虽然如此，"一个人在幼年时代确立的态度总是随着他的各种社会经历而不断改变或加强"[①]。随着留学生在中国经历的增加，他们的中国认知也可能出现变化。

三、对中国文化的认知

中国历史悠久的传统文化是中国软实力的重要源泉，当代中国与世界研究院与凯度集团于 2018 年 5 月至 7 月合作开展的第六次中国国家形象全球调查中调查显示，分别有 63%、53%的海外受访者认可中国的科技和文

---

① ［美］阿尔蒙德、小鲍威尔：《当代比较政治学》，朱曾汶、林铮译，商务印书馆，1993 年，第 41 页。

化。他们认为中餐(55%)、中医药(50%)和武术(46%)是最能代表中国文化的三个方面，发达国家倾向选择中餐而发展中国家则对中医药和武术的比例更高。①一项 2019 年的调查显示，留学生认为中国文化最集中表现在汉字文化(70.1%)、饮食文化(64.3%)、儒家文化(61.0%)，在一个 0~5 刻度的评分表里面，他们对中国历史、古代科技、中国工艺、中国建筑、中国饮食的喜欢程度分别为 4.01、3.93、3.92、3.87、3.78。②留学中国普遍提升了他们对中国文化的认知，一项对山东大学来华留学生对于涉及中国 10 个传统节日(春节、元宵节、二月二、清明节、端午节、七夕节、中秋节、中元节、重阳节、腊八节)的认知的调查显示，他们平均知道 5.45 个节日，平均有 98.8%、88.2%、78.8%、71.8%、71.8%的留学生知道春节、中秋节、端午节、元宵节和清明节。③留学生对中国饮食文化、华语歌曲、中国乐器、中国画、中国书法、中国功夫、中医中药都比较熟悉。有 85.5%的被调查者认为学习华文有助于增加他们对华人、中国、华族和中华文化的认知。④

在本研究的调查中，44%的留学生因为喜欢中国文化而来华留学。如一位韩国男生指出，他喜欢中国的文化，去过北京国家博物馆两次，差不多参观十个小时；也看过京剧、功夫电影，喜欢甄子丹、郭富城、李连杰，觉得周润发是他心目中的英雄，也是他学习中文和来中国留学的重要原因。⑤本次调研发现，留学生的中国历史文化和人文地理知识相当丰富。儒家文化在世界

① 参见《中国国家形象全球调查报告 2018》，http://theory.gmw.cn/2019-10/18/content_33244879.htm。

② 参见任迪、姚君喜：《外籍留学生媒介使用与中国文化认同的实证研究》，《西南民族大学学报(人文社科版)》，2019 年第 9 期。

③ 参见蔡燕：《中国传统节日跨文化传播实证研究——以来华留学生认知情况与获知途径调查为例》，《节日研究》，2019 年第 1 期。

④ 参见刘文辉、宗世海：《华文学习者华文水平及其与中华文化的认知、认同关系研究》，《东南亚研究》，2015 年第 1 期。

⑤ 2012 年 6 月 3 日对韩国留学生的访谈，男，本科，中文专业，来中国 5 个月。

范围内具有相当大的影响力,截至 2019 年 12 月,全球已有 162 个国家建立了 550 所孔子学院和 1172 个孔子课堂。[1]孔子作为中国传统文化的代表,历来具有较高的认知度。在此次调研中,高达 90.2%的人知道儒家文化的创始人是孔子,相比较而言,只有 60.5%的留学生知道中国人的祖先是黄帝。外国留学生对于中国的传统文化具有较高的知晓度, 分别有 87.2%、85.1%、80.9%、53.2%的留学生知道中医、武术、京剧和剪纸。对于中国的名胜古迹,留学生也并不陌生,分别有 91.7%、78.7%、61.7%的留学生知道长城、故宫与颐和园,另外分别有 87.2%、85.1%的留学生知道中国的黄河和长江。

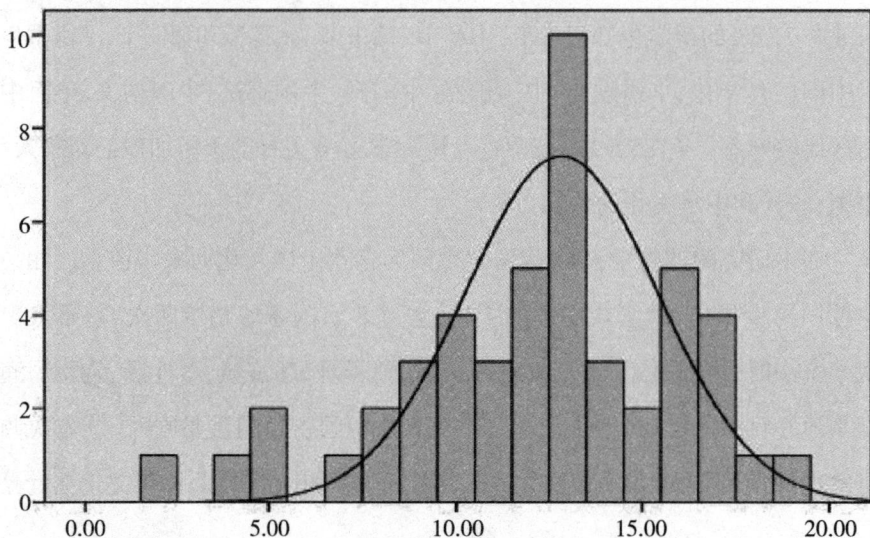

图 7.3:留学生的中国知识程度[2]

---

① 参见《2019 年孔子学院最新数据》,http://www.jiaohanyu.com/article/1500。

② 针对接受访谈的 48 位留学生,笔者询问他们是否知道 20 项有关中国政治、经济和人文地理方面的知识,如果知道 1 项,则给予 1 分。因此,最低分为 0,最高分为 20,发现留学生的平均分数(均值)为 12.21,留学生分数的距离平均值的离散程度(标准差)为 3.77。此图标的横轴表示留学生有关中国知识的分值,纵轴表示每一个分值的留学生的总人数。

在总体上，留学中国的经历促进了留学生对中国政治经济与社会文化的客观理解，有助于他们成为"知华派"。本研究选取 20 项关于中国政治、经济、文化、地理方面的知识，正确回答一项可获得 1 分，发现接受深度访谈的 48 位留学生的平均得分达到 12.21。这表明，留学生的中国知识还是较为丰富。留学生对中国传统文化、人文地理方面的知识水平要高于经济和政治方面的知识；他们对儒家思想、传统节日、戏曲等方面的知识比较了解。

第八章 外国留学生的中国评价

留学经历是否影响留学生对中国的态度评价，是衡量中国文化软实力与国家形象建构效果的重要指标。留学生来自不同国家，他们对中国的评价受到他们所在国家的国家利益、文化价值观等多方面因素的影响，因此欧美发达国家与亚非拉等发展中国家的留学生对中国的评价差异性很大。总体上，留学生对中国内政、外交与文化的评价在很大程度上受到西方自由民主价值观念的影响，即使来自亚非拉发展中国家的留学生，对中国的评价也受到其母国、美国与中国三边关系的影响。留学生对中国内政、外交与文化的评价也与留学生本人在中国的经历有很大的关系，留学经历本身有助于提升他们对中国的态度评价。

一、对中国内政的评价

长期以来，西方透过意识形态与文化偏见的多棱镜来看待中国，西方媒体对中国的报道存在普遍负面化倾向，民众对中国的内政外交与文化的评价也呈现一定的负面色彩。留学中国的经历是否能有效改变留学生对中国的评价呢?

　　西方一直认为西方式的自由民主是普世性价值观, 对中国目前的政治民主与言论自由颇多指责。西方的自由民主价值标准构成一种令人望而生畏的观念性结构,影响留学生对中国政治体制的评价。特别是一些来自资本主义民主制国家的留学生,对中国的言论自由与政治民主表示不满。尽管如此,大多数留学生认为来中国后,发现中国的言论自由比自己想象的要宽松得多,中国社会可以存在多元化声音和不同意见。因此,虽然留学生对中国的言论自由和政治民主呈现略微负面的评价,但其程度并不深。一位来自布隆迪的留学生指出:"中国言论自由不是很好也不是很差,中国经常封锁网络新闻,我会看英文与法文新闻,这样对问题的看法会更加客观。虽然我们自己国家已经实行了民主制,但是我认为中国现在的政治民主已经相当不错了,因为对于中国这么大的国家,保持社会稳定和经济发展是最重要的任务。"[1]留学生对于中国的社会稳定、社会治安评价相当正面,他们认为在一个拥有 14 亿人口的大国,可以维持如此良好的社会治安与稳定,实属不易。除此,81.4%与81.2%的留学生对于中国政府机构以及中国学校的办事效率呈现正面评价,在−3(非常差)到+3(非常好)的刻度中,留学生评价的平均值分别高达 1.67 和 1.52(表 8.1)。

　　西方人对中国存在根深蒂固的"专制"印象。新中国成立以来,共产党政权又成为西方人眼中的洪水猛兽。中国在西方所呈现的是模糊、压抑和充满不确定的"共产主义中国"形象,西方媒体也着力渲染中国"一党专制""合法性危机"、人权问题等。[2]西方对中国制度的想象也同时深刻地影响非西方人士。

---

① 2012 年 5 月 26 日对布隆迪留学生的访谈,男,研究生,计算机专业,来中国 5 年。

② 参见孙中有:《解码中国形象:〈纽约时报〉和〈泰晤士报〉中国报道比较(1993—2002)》,世界知识出版社,2009 年,第 277 页。

表 8.1：留学生对中国政治层面（内政）的相关指标的评价①

指标	有效	缺失	均值	标准差	极小值	极大值
中国的言论自由	1491	41	–0.01	1.77	–3（非常差）	3（非常好）
中国的政治民主	1490	42	–0.13	1.72	–3（非常差）	3（非常好）
中国的社会稳定	1495	37	0.63	1.57	–3（非常差）	3（非常好）
中国的官员	42	6	0.40	1.8	–3（非常腐败）	3（非常廉洁）
中国政府机构的办事效率	43	5	1.67	1.32	–3（非常差）	3（非常好）
中国学校的办事效率	48	0	1.52	1.69	–3（非常差）	3（非常好）
中国的社会治安	48	0	1.75	1.36	–3（非常差）	3（非常好）

受刻板印象的影响，有 39.44%、41.68% 的外国留学生对中国的言论自由和政治民主给予负面评价。尽管如此，他们还是比较认同中国的社会稳定（均值为 0.63），超过半数的人认为中国社会是稳定的。在总体上，留学生对中国言论自由、政治民主看法略趋于负面（均值分别为–0.01、–0.13）。特别是美欧等西方国家的留学生，认为中国政治民主化程度低，国家领导人不能直选，没有游行示威的自由。

但是通过近距离的接触，留学生对中国政治体制的认知有明显的改善。一位韩国留学生说：“我来中国之前，对社会主义有点害怕，但是到中国之后发现中国人还是很开放、很大方的，能接受我的很多不同观点。”②一些来自发展中国家的留学生对中国的自由民主表示赞同，认为西方的模式不一定就是最好的，中国正在探索符合自己特点的发展模式，中国现在维持了良好的治安与社会稳定，这无疑比很多国家都要成功。一位来自多党制国家尼泊尔的男生指出：“中国的这种执政方式保证了国家的稳定，相对于多党制来说，这是好事。”③

---

① 在每一项指标中，调查者可以选择–3 到 3（或者 0-5）之间刻度的任何一个值来表示自己对该问题的态度。

② 2012 年 6 月 3 日对一位韩国留学生的访谈，受访人：男生，来中国 5 个月。

③ 2012 年 6 月 25 日对一位尼泊尔留学生的访谈，受访人：男，来中国 1 年。

二、对中国外交的评价

虽然留学生对于中国的国内制度看法总体略为负面，但是对于中国与国际体系的接轨，还是呈现比较正面的看法。这与中国对外实行改革开放、积极融入国际体系，并成为国际体系的"利益攸关者"有相当大的关系。然而中国崛起势必引发权力的调整与转移，西方深恐既得利益受到损害。因此，西方关于"中国威胁论"与"中国对非新殖民主义"的质疑不绝于耳。西方社会不断推出中国经济、军事、环境"威胁论"，"中国对非新殖民主义论"和"中国强硬论"等霸权话语，这在一定程度上为留学生设置了议题，影响他们对中国外交的看法。

但是通过在中国的学习生活，他们对中国外交形象的看法有显著改变。在"中国是否是和平发展、负责任大国""中国军事发展对世界和平是威胁还是推动力""中国对维护世界环境是威胁还是推动力""对中国外交的整体评价"等相关问题上，留学生的评价都较为正面。对跟中国有着亲密接触的留学生而言，他们对"中国是负责任大国""中国是和平发展的国家""中国对亚非拉国家的援助是无私的"这一系列涉及中国外交形象的问题，基本呈现正面态度，其均值都是正数，分别为 0.76、0.84、0.54（表 8.2），其中持纯负面看法的为 20.50%、19.73%、22.49%。一位日本女生指出："来中国之前，觉得中国很可怕，特别是中国的民族主义情绪很强。但是来之后，我发现中国人还是非常友好。我很欢迎中国走和平发展道路。如果中国发生内乱，对世界也是不利的。走和平发展道路，对世界整体的利益比对中国的自身利益还要大，因为中国需要为此付出更大的代价。"①

---

① 2012 年 5 月 22 日对一位日本留学生的访谈，受访人：女，本科，英文专业，来中国 3 年。

　　大多数留学生相信中国会走和平发展的道路。他们对中国和平发展的目标表示欢迎,认为这一目标无论对于中国、美国还是整个世界都是有利的。但是也有一部分同学指出中国和平发展可能面临的一系列问题,例如一位美国的学生指出,在中国和平发展的过程中,存在社会主义与资本主义不同发展道路等复杂问题,而这些问题并不容易解决,这会增加中国和平发展的难度。[①] 还有留学生看到目前中日之间存在的众多问题,指出中国要和平发展,首先要处理好与日本的关系。总体上,留学生虽然欢迎中国和平发展的目标,但对和平发展的可行性有一定的质疑。

表 8.2:留学生对中国政治层面(外交)的相关指标评价

指标	有效	缺失	均值	标准差	极小值	极大值
中国是负责任大国	1490	42	0.76	1.49	−3(非常不同意)	3(非常同意)
中国是和平发展的国家	1493	39	0.84	1.53	−3(非常不同意)	3(非常同意)
中国对亚非拉国家的援助是无私的	1485	47	0.54	1.52	−3(经济掠夺)	3(无私帮助)
欢迎中国走和平发展道路	977	42	1.16	1.43	−3(非常不欢迎)	3(非常欢迎)
和平发展对中国是否有利	977	42	1.32	1.38	−3(非常不利)	3(非常有利)
和平发展对美国是否有利	978	41	0.70	1.52	−3(非常不利)	3(非常有利)
中国是否有武力崛起的想法	981	38	0.26	1.56	−3(完全没有)	3(绝对有)
中国是否有武力崛起的能力	985	34	0.94	1.43	−3(完全没有)	3(绝对有)
对中国外交的整体评价	1468	64	0.47	1.42	−3(非常强硬)	3(非常温和)
中国的民族主义情绪	1482	50	1.04	1.53	−3(非常弱)	3(非常强)
中国军事发展对世界和平是	45	3	0.98	1.79	−3(威胁)	3(推动力)
中国对维护世界环境是	45	3	0.89	2.00	−3(威胁)	3(推动力)

　　对于中国是否是负责任大国,留学生基本上呈现正面的看法。但是不同国家或地区的留学生看待这一问题的视角有所差异。来自欧美国家的留学生认为中国必须按照西方的价值标准和行为规范行事,这才是负责任,因

---

① 2012 年 6 月 4 日对一位美国留学生的访谈,受访人:女,来中国 1 个月。

此,他们对于中国是负责任大国的评价相对较低。日本、韩国留学生认为中国在朝核问题上不够负责任,而朝鲜的留学生则认为中国虽然是联合国常任理事国,但在很多问题上,却要看美国的眼色行事,导致中国在很多重大问题上无所作为。而一些非洲国家的留学生则拥有一套与美国完全不同的负责任大国的判断标准,如一位来自布隆迪的留学生指出:"中国在维护南海领土主权问题上态度不够强硬,容忍美国的干预,这妨碍了中国负责任大国的形象。"①

对于西方鼓吹的中国"对非新殖民主义论",大多数留学生并不认同。他们认为,中国对亚非拉国家的援助虽然不是无私的,但也不能说成是一种经济掠夺,这是双方都受益的事情。一位来自几内亚比绍的女生评论道:"我们国家的政府大楼是中国帮助建设的,中国人还帮助我们发展医疗卫生事业。美国人开发我们矿产资源,运到别的国家加工生产,但是中国直接在我们国家加工生产,还教会我们技术。因此,我觉得中国对亚非拉国家的援助是无私的。"②

在总体上,外国留学生的中国形象认知不可避免地陷入西方价值框架中。受西方自由民主"普世价值"的影响,外国留学生对中国的政治制度的评价略为负面。由于中国在经济制度方面与国际体系接轨,在外交层面上也积极加入相关国际机制,因此留学生对中国和平与负责任的国家形象的评价积极正面。这一评价本身也反映出他们对西方价值标准的肯定。

三、对中国文化的评价

近代以来,西方对中国国民性文化进行了严厉的批判,认为中国存在浓

---

① 2012 年 5 月 26 日对一位布隆迪留学生的访谈,受访人:男,来中国 5 年。
② 2012 年 6 月 6 日对一位几内亚比绍留学生的访谈,受访人:女,来中国 4 年 6 个月。

厚的"天朝大国"心态、自我中心主义、等级意识、面子意识、关系文化,并认为中国人处事缺乏原则性,把中国描绘成"野蛮或半野蛮帝国"。这一刻板印象对留学生存在一定的影响,他们对中国人插队、吐痰、高声喧哗等现象呈现批判态度。但是几乎在所有关于中国文化观念层面的选项中,如中国人平等待人意识,文明素质,讲求原则性,中国是一个礼仪之邦,中国文化是和文化等问题,留学生均呈现比较正面的评价(见表8.3)。

表 8.3:留学生对中国文化观念层面的相关指标的评价

指标	有效	缺失	均值	标准差	极小值	极大值
在中国办事要成功一定要找关系	1497	35	1.37	1.51	−3(非常不同意)	3(非常同意)
中国人平等对待外国人	1501	32	0	1.81	−3(非常不同意)	3(非常同意)
中国人的文明素质	1503	29	0.18	1.72	−3(非常差)	3(非常好)
中国文化是和文化	1486	46	0.94	1.54	−3(非常同意)	3(非常同意)
中国人很讲原则性	46	2	1.52	1.33	−3(非常同意)	3(非常同意)
中国是一个礼仪之邦	45	3	1.51	1.55	−3(非常同意)	3(非常同意)
中国的大学教育可以学到的知识	48	0	3.77	0.97	0(几乎没有)	5(非常多)
中国的大学教育启发人的思考能力	48	0	3.54	1.32	0(几乎没有)	5(非常多)
中国的大学的批判精神	47	1	3.11	1.46	0(几乎没有)	5(非常多)
来中国之后,对中国的印象变化	1477	55	1.17	1.46	−3(变差)	3(变好)

良好的大学教育是中国文化软实力的重要组成部分。留学生对于中国大学教育是否可以学到知识、启发人的思考能力和批判精神的评价也较为正面(见表8.3)。但是不少教师在培养来华留学生的教育理念上存有一定的偏差。一些老师对留学生的要求过松,出现对留学生与对本土学生标准不一的现象。例如,同样的课程,对中国学生实行闭卷考试,对留学生则实行开卷考试。这导致一些留学生不认真学习,在享受"特权"的同时,又看不起中国人自我贬低的行为。在教育方法上,中国教育偏向灌输性教育,课堂缺乏质

疑与互动,不利于培养学生的创新精神。一些留学生指出,虽然在中国的大学可以学到知识,但是并不能锻炼人的思考能力,因为中国的教育模式很难让人去独立思考,大学里也几乎没有批判精神。在教学语言上,中国高校课堂采用中文授课,这对中文程度不好的外国学生存有一定的难度。

但是通过近距离接触,留学生对于中国人的国民性表现出正面的看法。其中对中国人的文明素质、平等对待外国人的意识的分值均为正值,分别为0.3910、0.3135。分别有 51.2%、47.9%的留学生对以上两个问题呈现正面看法,另外,19.8%、18.2%的留学生呈现中性看法。

对于中国人的文明素质,留学生整体看法比较正面。一位来自日本的留学生指出:"我来中国后对中国的印象变好了, 感觉到中国人还是很文明友好,这让我很意外,这和我在日本接触到的报道并不一样。"①两个来自蒙古的女生也谈道:"没来中国之前我对中国的看法很糟糕。因为从 2005 年开始,许多中国人偷渡到蒙古或者到蒙古工作(主要是农民工),在蒙古做了很多坏事,他们很吵,随地吐痰、抢劫、偷盗等,有很多恶劣的行为。但是当我们来到中国后,了解到大部分中国人不是这样的,只是少部分人这样,在蒙古的这部分人大多是来自中国的下层民众,不能代表全部的中国人。"②

总体上,留学生认为中国人具有谦虚、勤劳、热情、热爱生活的特点。一位来自斯里兰卡的留学生说:"中国人很热情,尤其是上海人,我接触了很多中国人,有的在经济上资助我,还有的在学业上帮助我。"③不少留学生认为对于中国人的文明素质要区别看待,农村的人素质相对较低,而城市人的文明素质较好。当然,也存在一些批评声音,其中提及最多的是关于随地吐痰、

---

① 2012 年 6 月 2 日对一位日本留学生的访谈,受访人:男,来中国 9 个月。

② 2012 年 6 月 5 日对一位蒙古留学生的访谈,受访人:女,来中国 6 年;2012 年 6 月 5 日对一位蒙古留学生的访谈,受访人:女,来中国 2 年。

③ 2012 年 6 月 9 日对一位斯里兰卡留学生的访谈,受访人:男,来中国 2 年。

大声喧哗、地铁上不给老人让座、乱扔垃圾等。一位来自哈萨克斯坦的女生说:"中国人说话的声音太大,好像在吵架。我刚到中国在机场的时候就感觉说话声音很大,我就以为他们在吵架。"①留学生对中国人比较喜欢探听别人的隐私也表示不满,她指出:"中国人喜欢很奇怪地看着外国人,还喜欢打听事情,会问我为什么来中国;如果有男生和我在一起的话,还会问这个男生是我的男朋友吗。"②此外,也有留学生认为中国人较为冷漠,例如在路上需要问路的时候,有的中国人会不予理睬。

对于中国人是否平等对待外国人,留学生呈现较为正面的看法。一位来自阿尔及利亚的留学生表示:"中国人很尊重我的宗教,我们戴面纱是可以的,但是有些美国人就没有那么尊重我们戴面纱的权力。"③但是也有的留学生对中国人的平等待人意识存在一些负面看法。一位老挝女生指出,也许政府给予外国留学生交流、生活、物质上的优待,但是在中国人的心中,并没有平等看待外国人。④个别没有拿到中国奖学金的留学生对学校的收费制度表示不满,认为他们每月支付的住宿费用高于中国学生,这并不公平。不少留学生认为,中国人对于外国人是有区别对待的,对欧美人会比较尊重,对亚洲人会同等对待,然而对非洲人的态度并不好。一位非洲籍留学生提道:"中国人很喜欢盯着黑人看,有一个黑人去医院看病,医院给他抽血的人问他黑人的血是不是也是黑的。"⑤

留学生对于中国的关系文化的认识也较为负面。61.4%的人认为在中国办事一定要有"关系",仅有18.7%的人认为不一定需要找关系。而他们对于中国"搞关系"的看法很多来自与中国朋友的交流,但是也有一些学生对于

---

① ② 2012 年 5 月 30 日对一位哈萨克斯坦留学生的访谈,受访人:女,来中国 5 年。

③ 2012 年 5 月 8 日对一位阿尔及利亚留学生的访谈,受访人:女,来中国 1 年 8 个月。

④ 2012 年 6 月 26 日对一位老挝留学生的访谈,受访人:女,来中国 2 年 8 个月。

⑤ 2012 年 5 月 28 日对一位阿尔及利亚留学生的访谈,受访人:女,来中国 1 年 9 个月。

中国的人情文化表示一定程度的理解。一些留学生认为,在其母国办事也需要关系,因此讲"关系"是无可厚非的。此外,也有留学生对于中国办事一定要有关系的说法并不认同, 一位女生指出:"我申请奖学金的过程中也没有熟人,那些申请失败的人是因为成绩不好。奖学金的评选主要看成绩单,人际关系在里面并没有起到什么作用。"①

留学生如何评价中国的内政、外交与文化,涉及中国国家形象构建的核心议题。国家形象是一国综合实力和核心价值观的体现,既包括其展现给国际社会的整体面貌,也包括外界对它的主观认知。外国公众对一国的形象评价,可能与实际情况相符,也存在背离现象。而西方的中国形象是一个经过多棱镜折射后的"镜像中国",其看到的中国是零碎而片面的,甚至是扭曲的、失真的。当外国留学生把镜头拉近,在中国学习与生活,他们看到的"镜像中国"更为真实与客观,从而摆脱浓厚的负面色彩。

四、对中美印象评价的比较

当代中国与世界研究院 2018 年的研究表明,海外受访者对中国的整体印象为 6.2(满分为 10),呈逐年上升趋势,总的来说,发展中国家对中国的评价基本都要好于发达国家。② 2010 年 5—7 月间,对北京高校来华留学生的调查显示,73%的留学生认为来华前后对中国的印象有"非常大变化"或"比较大变化"。对比来华前后,留学生对于中国人权状况、自由状况、社会安全等的一些负面的刻板印象得到很大的改善。③ 本研究发现,留学中国的经历普遍让留学生的中国印象得以改善。在 1532 份调查问卷中,70.21%的外国留

---

① 2012 年 6 月 4 日对一位越南留学生的访谈,受访人:女,来中国 2 年。
② 《中国国家形象全球调查报告 2018》,http://theory.gmw.cn/2019-10/18/content_33244879.htm。
③ 参见哈嘉莹:《来华留学生与中国国家形象的自我构建》,《山东社会科学》,2010 年第 11 期。

学生认为来中国后对中国的印象变得更好了，仅有 13.88% 的人认为自己的中国印象更为糟糕。在 -3(变坏)至 +3(变好)的刻度中,外国留学生对中国印象的平均值为 1.1706,这说明留学生的中国经历,有助于显著提升他们对中国形象的认知。

据一项在华东师范大学与上海交通大学所做共 54 人的非美国籍来华留学生的调研显示(见表 8.4、8.5),①留学生对中国印象评分最高的为经济印象(4.17),其次为军事印象(3.88),外交印象(3.77),对美国印象最高的为科技印象(4.25)、军事印象(4.14)。

非美国籍来华留学生对中国印象要好于对美国印象的评价,这表现在经济印象、科技印象、文化印象与社会印象、政府印象与外交印象等方面。其中他们对中国政府印象和外交印象的评价要远远高于对美国相应指标。具体而言,非美国籍外国留学生认为中国经济发展比美国更加迅速,具有更大的发展潜力和机遇。他们对中国社会治安、社会公平问题的评价要高于美国,对中国政府执政能力、反腐效果以及领导人形象的评价均远高于美国相应的指标,对中国与他们国家的外交关系以及中国和平外交政策、中国对外援助的评价也高于对美国相应指标的评价。

但是在产品印象、科技印象、国民印象和军事印象方面,非美国籍来华留学生对中国相关指标的评价要低于美国。留学生对中国的专利技术、科技创新速度以及科技人才的评价要低于对美国相应指标的评价,对中国的文化活力和吸引力的评价也略低于美国。在教育方面,他们对中国学校环境、教师水平以及中国大学的国际化程度等指标的评价均低于美国,这尤其体

---

① 关于外国留学生对中国印象的数据来自于马佳文、胡雨薇、马晓雯于 2018 年春在华东师范大学与上海交通大学所做的调研,所调查的留学生一共 54 人,来自非洲的被调查者较多,占总体的 31.5%,欧洲的被调查者占 20.4%,韩国、日本、中亚及其他被调查者分别占 14.8%、13.0%、9.26%、11.1%。胡雨薇对外国留学生的中国影响与美国印象进行了比较研究。表格中的内容均采用采用李克特五度量表即从 1 分到 5 分依次为很差、较差、一般、较好、很好。

现在中国大学的国际化程度方面。留学生对中国的环境保护、中国军队拥有高素质的专业化人员、先进的武器装备的评价也均低于美国相应的指标。

表8.4：外国留学生（非美国家）对中美整体印象的评价对比

	中国印象	美国印象
整体印象	3.31	3.21
经济印象	4.17	4.02
产品印象	3.09	3.91
科技印象	3.41	4.25
文化印象	3.12	3.03
教育印象	3.01	3.88
社会印象	2.38	2.14
国民印象	2.90	3.05
政府印象	3.35	1.78
外交印象	3.77	1.92
军事印象	3.88	4.14

表8.5：外国留学生（非美国家）对中美形象具体指标的评价对比

一级指标	二级指标	具体描述	中国印象	美国印象
经济	经济规模	经济规模巨大,体量惊人	4.22	4.46
	经济速度	经济发展速度迅速	4.30	3.78
	经济前景	经济发展潜力巨大,有许多发展机遇	3.98	3.81
产品	产品质量	生产的产品,质量上乘、值得信赖	2.96	4.09
	产品品牌	产品品牌可靠,值得购买,我在购买商品时会首先考虑中国品牌	3.13	4.17
	产品价格	生产产品的价格实惠	3.19	3.48
科技	专利技术	拥有着大量的优质的专利技术发明	3.24	4.37
	创新速度	科技发展的创新速度十分出色,技术更新快	3.59	4.15
	科技人才	拥有大量的优秀的科技人才	3.39	4.22
文化	内涵	文化拥有丰富、深厚的内涵和底蕴	3.30	2.87
	活力	文化具有不断发展、创新的活力	2.91	3.04
	吸引力	文化在世界范围内具有广泛的、强大的吸引力	3.15	3.19

续表

一级指标	二级指标	具体描述	中国印象	美国印象
教育	学校环境	小学、初中、高中和大学等学校都具有良好的硬件设施和优美的校园环境	3.11	3.76
	教师水平	小学、初中、高中和大学等学校的教师都具有良好的教学水平,大学教师具有优秀的科研能力	3.07	3.80
	国际化程度	大学的国际化程度高,同其他国家大学有着频繁的交流,中小学也有着一定的国际化基础	2.85	4.07
社会	社会治安	社会的治安良好,人们的生活有序稳定	3.07	1.81
	贫富差距	社会的贫富差距不大,社会较公平	2.17	1.65
	环境保护	社会对环境保护十分重视,环境保护做的很好	1.91	2.96
国民	素质	国民大多都具有较高的素质,文明礼貌	2.26	3.19
	勤劳	国民大多都十分勤劳,依靠自己的努力和劳动生活,而不是依靠政府救济	3.13	2.83
	友好	国民大多都热情友好,乐于助人、待人温和	3.31	3.07
政府	政府执政能力	政府执政能力强、政府工作效率高、绩效出色,政府执政为民	3.35	2.04
	政府反腐效果	政府反腐效果力度大,政府腐败得到有效遏制,政府腐败情况很少	3.15	1.72
	政府领导人形象	政府领导人倾听民意,公开透明执政,能够科学判断形势,有前瞻性的眼光	3.54	1.59
外交	与贵国外交	与我国有着稳定、和谐的外交关系	3.76	1.96
	和平外交政策	外交切实奉行了和平友好的外交政策,遵从了和平、友好的原则	3.85	1.78
	对外援助	在外交中,积极对别国、弱国的发展进行了有力的、广泛的支持和援助	3.69	2.02
军事	军队人员	军队拥有充足的高素质专业化兵员	3.89	4.22
	军队装备	军队配备有先进的现代化武器装备	4.02	4.35
	维护和平	军队在维护世界和平方面做出了巨大努力和贡献	3.72	3.87

第九章　外国留学生的社会融入

　　留学生对中国社会的融入程度反映了他们对各种社团、群体的融合程度以及他们对在中国留学的归属感。有学者在对中国乡城移民(农民工)社会融入的实证研究中,将社会融入操作化为居住与生活(社会交往)、健康与安全(社会支持)、就业与收入、满意度与信心。[①]也有学者在对流动人口的社会融入研究中将其分为社区融合、社会地位主观认同两个方面。[②]还有学者将社会融入分为经济整合、行为适应、文化接纳、身份认同四个大类。[③]留学生在社会适应方面面临着"文化休克"问题,是比较容易发生心理疾病的特殊人群。一项对来自47个国家96名留学生心理变化的调查显示,33%的受访者有不同程度的抑郁症状,高于中国普通人群。[④]一项关于在美国的台湾

---

　　① 刘建娥:《乡城移民(农民工)社会融入的实证研究——基于五大城市的调查》,《人口研究》,2010年第4期。

　　② 崔岩:《流动人口心理层面的社会融入和身份认同问题研究》,《社会学研究》,2012年第5期。

　　③ 杨菊华:《从隔离、选择融入到融合:流动人口社会融入问题的理论思考》,《人口研究》,2009年第1期。

　　④ 雷龙云、甘怡群:《来华留学生的跨文化适应状况调查》,《中国心理卫生杂志》,2004年第10期。

留学生的调研显示,在影响留学生社会适应的因素方面,女性在抵达美国后比男性表现出更多的抑郁症状,但适应能力并不差,那些在出发前抑郁水平较高的人在到达目的地后也会更抑郁,那些存在更多潜在人际关系问题的人(例如,交朋友困难和自我反省)更加抑郁,而那些不过于敏感和情绪化的男性,以及那些更外向的男性(即外向、自信的男性),他们的适应能力则更强。[1]

下文将留学生的社会融入分解为对课堂融入、人际融入、社团融入三个方面进行衡量。本研究在以上三个考察指标的基础上增加"中国情感"这一指标,旨在考察留学生对中国文化、价值观的认同感与归属感。

一、课堂融入

当前来华留学生已经开始逐渐从"学语言"向"学专业"转变。单纯的语言教学已经满足不了来华留学生的需求,更多的留学生偏好学习汉语言、文学、中医、经济、管理、法律等专业,以获得更多的就业机会和较好的工作待遇。[2]一项在华侨大学华文学院的调查显示,泰国留学生在学习互动和交流上普遍存在畏难情绪,对学校的管理规定和中国老师的教学方式适应不足,自主学习能力不足以及学生不稳定的心理状况影响学习、适应等问题。[3]

留学生在课堂上的融入程度是其社会融入的重要方面,而完善的留学生课程设置、合理的留学生教学方式就显得很重要。在中国,很多高校为留

---

① See Yu-Wen Ying and Lawrence H. Liese, "Initial Adaptation of Taiwan Foreign Students to the United States:The Impact of Prearrivai Variables", *American Journal of Community Psychology*, Vol. 18, No.6, 1990, pp.825-845.

② 程家福:《来华留学生教育结构历史研究》,同济大学出版社,2012年,第170页。

③ 钟慧、沈玲:《泰国留学生在华学习适应调查——以华侨大学泰国留学生为研究对象》,《东南亚纵横》,2016年第5期。

学生设置的课程体系正日渐丰富,从之前单一的汉语学习发展为汉语学习、专业课、中国文化课(中国历史、中国民俗文化、中医等)并存的具有中国特色的课程体系。例如,华东师范大学与美国纽约大学合作,学生在汉语学习后可以根据自身兴趣修读自己喜欢的专业,而可修读的课程不仅包括专业课程,还包括中国文化等通识课程。

为了解留学生在中国课堂上的融入程度,研究人员采用调查研究法和访谈法进行了研究。研究人员从 2015 年 3 月到 2015 年 4 月对华东师范大学和上海交通大学的留学生展开调查,调查地点主要有图书馆、自修室、留学生公寓等。调查对象分布广泛,有来自各个国家、各个年级、各个专业的留学生。调查共发放问卷 110 份,回收问卷 100 份,回收率为 90.9%。在发放问卷的同时,也对近 20 名留学生做了深度访谈,受访者来自欧洲、美洲、非洲、亚洲的国家和地区,包括本科生和研究生,文科生和理工科学生。从样本上来看,虽然样本量不大,但根据统计结果来看,还是比较符合留学生实际情况的,具有较强的代表性。①

(一)留学生课程选读情况

根据调查发现,高校中几乎所有专业、所有年级都为留学生或多或少开设了一些中国类课程②,比例高达 96%。其中包括语言类课程如汉语语言学导论、中国语言、中国汉字;史类课程如中国历史、当代中国史、现代东亚历史;经济类课程如东亚市场策略、中国经济、国际政治与经济专题;社会学课程如中国社会、全球化、城市化;管理类课程如科学管理、礼仪和公共关系

---

① 以上涉及的留学生课堂学习的情况为杨海兰调研后形成的结论,她在我的指导下对留学生涉中课程(包含中国政治、外交、经济、文化、社会类课程)的学习状况进行了问卷调查和深度访谈。

② 此处所指的中国类课程,是指针对留学生而言,关于中国的、有中国特色和特点的课程,既包括文化课程、活动课程,也包括实践课程,隐性课程。

等。但最主要的还是文化类课程,如中国文化、中国概况、中国文明、中国文化入门、中国民俗、中国文学、中国古籍文化、中国电影、中华文化技能、国别与区域文化、中华文化经典、中华文化比较、跨文化交际等。其中,中国概况和中国文化是大部分留学生都要学习的必修课,其他的课程多为选修课。一名阿尔吉尼亚的留学生表示自己在中国只有一年的学习时间,因此主要学习专业课程,不学习中国类课程。[①]类似不需要学习中国类课程的情况极少,大部分留学生都需要学习中国类课程。

在访谈中,一位来自上海外国语大学的留学生提到,在上海外国语大学中,留学生不需要修读毛泽东概论、思想政治与修养等中国学生的政治必修课,取而代之的是面向所有留学生的以中国文化和中国社会现象为主题的留学生中国文化公共课程,这样不仅可以使留学生集中接触中国文化、了解中国社会以便更好地融入中国的学习生活,又能通过更为灵活和有效的知识传递的方式满足留学生对中国文化和学习的需求。[②]

总的来说,中国高校为留学生开设的课程不仅种类较多,还考虑到了留学生的需求,具备一定的针对性。当前也有高校运用 Moodle 系统给留学生开设《中国概述》的课程。[③]对于学校开设的中国类课程,58%的留学生认为学习的中国类课程太少了,不能满足其学习需求,还需要增加。不过也有42%的同学认为学习的中国类课程已经够了,他们普遍认为比较难,如果继续增加中国类课程,课业就会过于繁重。两种观点的留学生数量相差不大,说明总体上,留学生对中国为其开设的中国类课程还是比较满意的。

---

① 2015 年 3 月 12 日对一位阿尔及尼亚留学生的访谈,受访人:男,硕士,计算机专业,来中国 2 年。

② 2014 年 4 月 2 日对一位德国留学生的访谈,受访人:男,本科,公共关系学专业,来中国 3 年半。

③ See Rahim S, SunTie, Begum A, Asadullah Teaching "The Outline of China Course to the Foreign Students Using Moodle." In: Wang Y.(eds), Education and Educational Technology. *Advances in Intelligent and Soft Computing*, Vol.108, Springer, Berlin, Heidelberg, pp.229–236.

而在课堂教学这一环节上，教材选用的内容以及教师呈现的教学内容是吸引留学生融入课堂的重要因素。在参加此次访谈的留学生中，大部分留学生都提到，中国的高校课堂学习环境总体是轻松愉悦的，在课堂上他们能畅所欲言，与同班的中国学生、中国教师展开有效的交流。一名华东师范大学政治学与行政学专业的大四同学表示，由于所学专业是贴近中国现实的政治学专业，他在课堂上经常主动参与讨论，他能将自己的祖国中非共和国与中国进行社会、历史、文化比较，提出自己对于祖国和中国的不同观点，而专业课上老师对中国现实社会的观点剖析也很大程度上影响了他的认知。[①]这样的有效互动提升了留学生的课堂融入程度。

（二）影响留学生课堂融入的因素

中华文化博大精深，开设中国文化类课程，不仅迎合了大多数留学生的兴趣，还能激发他们自主课外学习中国文化的兴趣，加深对中国文化的理解，帮助留学生更好地融入中国课堂。调查显示，通过对中国类课程的学习，留学生学到了一些实用知识，加深了对中国文化的理解，交到了更多的中国朋友，对他们学习中文有很大帮助。一位留学生在访谈中提到，学习中国类课程，使得他增强了对中国的理解和认同，也激起了他继续学习的兴趣。[②]这些都有助于留学生的课堂融入，而调查同时也发现了存在的一些问题可能阻碍留学生的课堂融入。

调查显示，在给留学生传授中国类课程时，高校教师的授课方式仍以传统的教师讲解和提问为主，占到了54%，课堂讨论也占据了不小的比例，但学生上讲台展示的机会较少（图9.1）。而实际上，大多数留学生喜欢以课堂

---

① 2014年4月15日对一位中非共和国的留学生的访谈，受访人：男，本科，政治学与行政学专业，来中国5年。

② 2015年4月1日对一位德国留学生的访谈，受访人：女，本科，计算机科学专业，来中国1年。

讨论的形式进行授课,占 60%;其次是喜欢学生上台展示的形式,占 42%;只有 12%的留学生喜欢老师讲解和提问的方式(图 9.2)。由此可见,中国类课程现有的授课模式并不是留学生所喜欢的, 他们更喜欢互动性强的课堂讨论和上台演示。

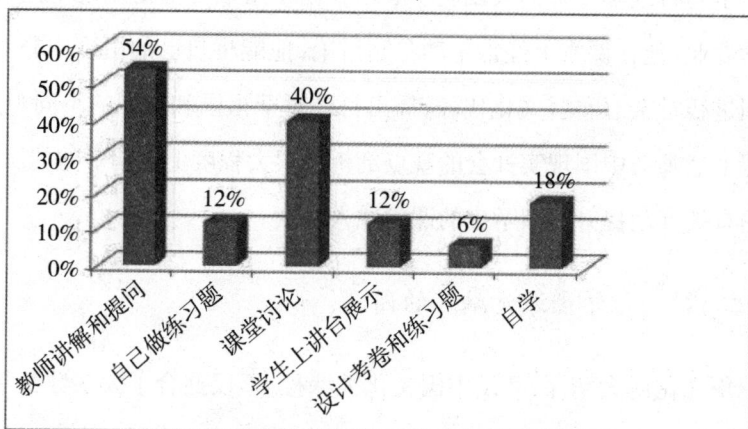

图 9.1:被访留学生中国类课程的授课方式

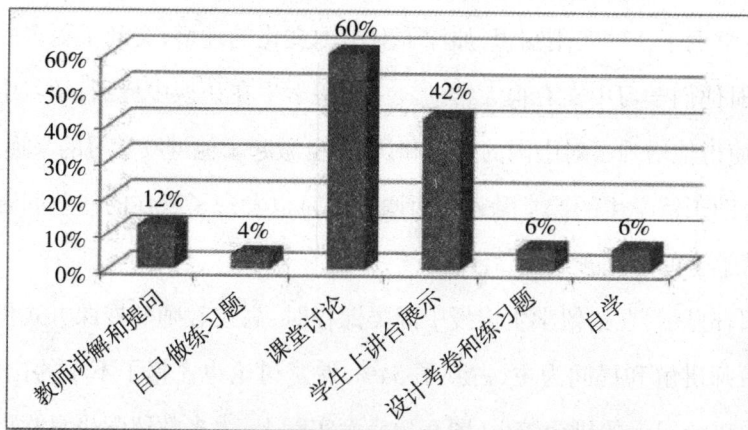

图 9.2:被访留学生喜欢的中国类课程的授课方式

中国教师对留学生中国类课程的考核方式也和留学生所期望的有所差距。目前,中国类课程的考核方式主要是以笔试、口试、写论文为主,三种形式所占比例相当,分别为 32%,30%,32%,其他方式占的比例非常小,不考核的情况几乎没有(图 9.3)。

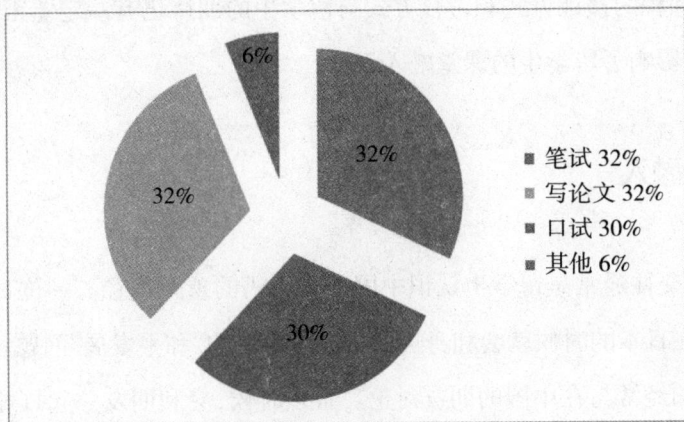

图 9.3:被访留学生中国类课程的考核方式

　　而实际上,大多数留学生最喜欢通过写论文来检验自己的学习效果,所占比例达到 52%,而口试也是一个不错的选择,占比 32%。绝大部分留学生都不喜欢传统的考核方式——笔试,访谈中部分留学生谈道:"笔试是最死板的做法,不喜欢这样的考核方式。"当然,他们也没有想出其他更好的考核方式,因此其他方式占的比例也不大(图 9.4)。

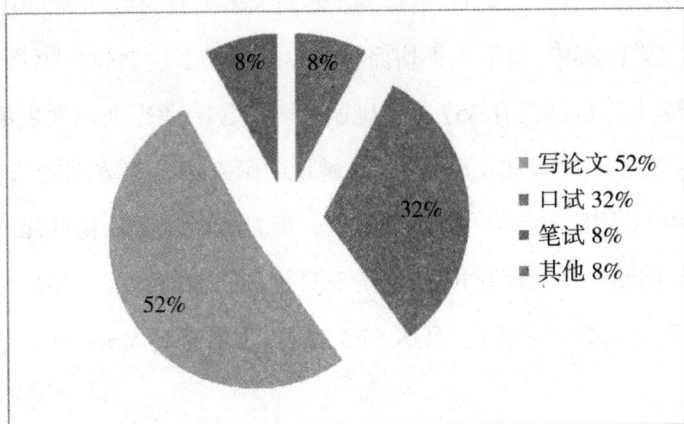

图 9.4:被访留学生喜欢的中国类课程的考核方式

综上，虽然中国开设了丰富多样的中国类课程供留学生选择，可以将丰富的中国传统文化知识和专业知识传授给留学生，但受我国教育体制的影响，此类课程的授课方式和考核方式与留学生的期待仍有一定差距，这在一定程度上影响了留学生的课堂融入程度。

二、人际融入

人际交往通常是留学生认识中国外交话语的重要途径。一位日本留学生表示，在日本的时候就会和身边的人讨论中国的"和平发展"问题。来中国之后，更加经常与在中国的朋友讨论。很多时候，会和朋友一起打球、运动、练习汉语，在此过程中会谈及中国问题，讨论中国的"和平发展""和谐世界"。一位来自哈萨克斯坦的留学生表示，在乘坐的士的途中，也会和出租车司机就中国的和平发展进行交流。也有留学生表示并不经常与中国人讨论这些问题，因为自己有不少同胞在上海各个高校，大家时常在聚会时一起讨论中国和平发展问题。

本研究发现，大多数留学生在中国的生活表现出一定程度的"入乡随俗"，如使用筷子、看中国新闻、电影等。他们大多拥有为数不少的中国朋友，在688个有效回答中，留学生平均拥有的中国朋友多达20.88个(图9.5)，甚至有位留学生称自己拥有357位中国朋友。一位哈萨克斯坦女生说自己有10个好朋友，至于一般朋友就更多了。她说中国人热爱劳动，非常友好，她以前居住的社区周围许多人尽管生活贫穷，但是非常乐观，这些深深吸引了她。她跟中国朋友每天都互相照顾，交流对很多问题的看法。[1]留学生与中国朋友的交往方式呈现多样化，高达57.5%的留学生通过MSN、腾讯QQ、人人

---

① 2012年5月29日对哈萨克斯坦留学生的访谈，受访人：女，本科，政治学专业，来中国4年。

网等网络工具与中国朋友交流。此外,51.6%的留学生通过课堂前后与中国朋友交流,37.7%的人通过电话交流,而24.4%的人则通过约会与中国朋友进行深度交流(表9.1)。这些本地朋友为他们快速适应中国的学习与生活提供了很大的帮助。但是尽管大多数留学生都拥有中国朋友,但是他们最主要的交际圈依然是留学生群体。

在中国的朋友的多少,是否会影响到留学生对中国话语的认知程度呢?在本研究中有效的688个回答中,平均每个留学生有20.88个朋友,其中有42.6%的人有0~5个朋友,24.6%有6~10个朋友,4.7%有11~15个朋友,8.6%有16~20个朋友,19.6%有20个以上朋友。研究显示,随着朋友数目的增加,留学生听到的外交话语的数量先呈现上升趋势,然后出现下降趋势,再呈上升趋势。这表明,朋友稍多、与朋友互动比较频繁的留学生,有更多的机会听到中国外交话语。然而对于那些朋友较多的留学生,可能已经较深融入中国社会,其与朋友交流的主题更为泛化,反而影响了他们对于外交话语的讨论,而中国朋友很多的留学生由于基数很大,听到中国外交话语的频率则更高。

表9.1:留学生与中国朋友交流的主要方式

方式	频率	百分比
电话	350	37.7%
网络	534	57.5%
课堂前后	479	51.6%
约会	226	24.4%

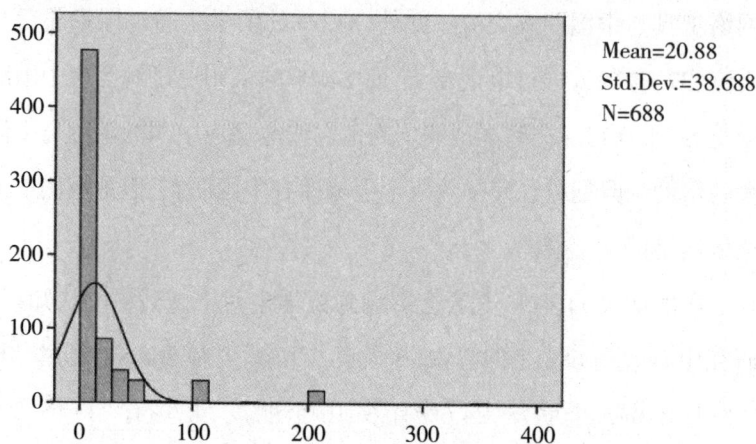

Mean=20.88
Std.Dev.=38.688
N=688

图 9.5:留学生拥有的中国朋友数目分布图①

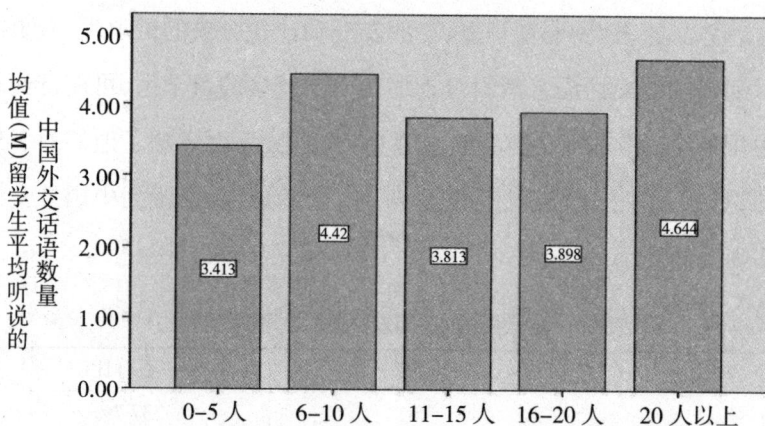

图 9.6:拥有不同数量中国朋友的留学生听说的中国外交话语数量

　　留学生在华学习、人际交流和对日常生活的感悟无疑成为其形成中国观的一大重要渠道,在有限的课堂时间中可以接触身边的师生,在业余时间中,他们尝试着走入普通中国人的生活,获得在中国生活的生活经验。参与调研的留学生表示, 他们都在过去的生活经历中尝试积极主动地与中国学

――――――――

　　① 有 688 人对此问题进行了有效回答,他们平均拥有的中国朋友数目(均值)为 20.88 人。图表横轴表示的是拥有的朋友数目,纵轴表示的是拥有该数目的中国朋友数的总人数。

生、中国教师以及其他的上海市民交流。一名菲律宾留学生就表示在日常生活中,他与中国学生进行了很多的交流,他们提供了关于中国种种社会现象的更为客观和真实的观点,在与中国好朋友的相处中,他觉得中国学生友善、助人为乐。[1]

留学生面临内群体与外群体的困惑。来华留学生中,欧美学生的新环境适应能力比亚洲学生好。年龄较大、语言能力较好的留学生适应能力更强。研究生面临与导师建立关系的问题。2007 年的调研显示,对高校留学生管理工作满意和非常满意的留学生仅为 27%。同样是 2007 年的调研,当留学生遇到困难时,想要寻求管理人员帮助的仅占 3.49%。[2]

三、社团融入

留学生在中国的社会融入还表现在参加学校的社团活动上。78.2%的留学生在一定程度上参加学校有关的社团活动,其中 39.5%的留学生表示偶尔参加社团活动,26.1%有时参加,12.6%经常参加(图 9.7)。留学生参加最多的社团为留学生学生会,此外,一些留学生还参与到世博会、海外学子中心等组织的志愿活动中。留学生比较喜欢参加的活动有相关社团举行的马拉松赛跑、篮球、足球等体育比赛以及美食节、文化节等节庆类活动。但是他们参加的大多数社团活动还是集中在留学生群体中,与中国朋友一起参加的活动较少。留学生存在语言障碍、文化隔阂和交友困难等问题,在一定程度上影响了他们的社会融入和归属感。很多来华留学生具有宗教信仰,在中国会参加相关的宗教活动,但他们在饮食、学习、生活方面均存在一定的困难。留

---

① 2014 年 4 月 9 日对一位菲律宾的留学生的访谈,受访人:男,心理学专业,来中国学习 3 年。

② 参见丁笑炯:《基于市场营销理论的留学生教育服务——来自上海高校的实证研究》,北京大学出版社,2012 年。

学生对中国普遍存在的交通拥挤、不排队、大声喧哗也感到不适应。他们的中国社交网络,在缓解学习与生活适应方面起到比较重要的作用。

(%)

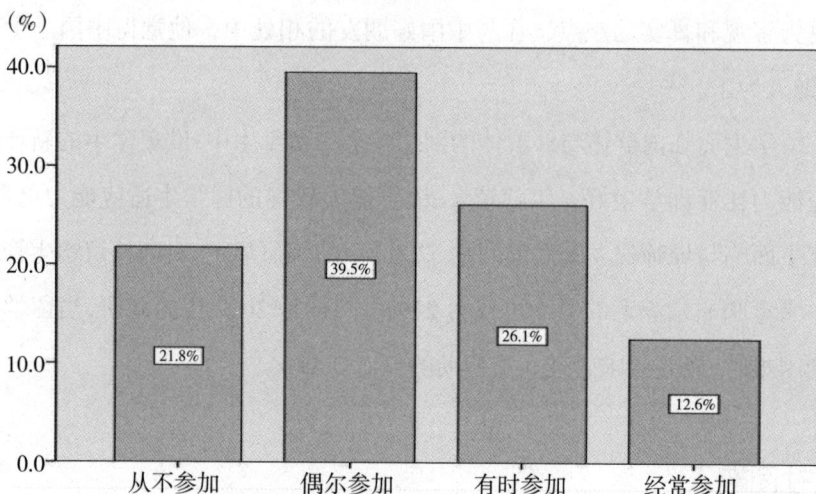

图 9.7:留学生参加学校社团活动的比率

　　随着近年来中国留学生教育产业的进步和提升,政府和高校都认识到了开展留学生文化交流的重要性。以华东师范大学为例,华东师范大学的对外留学生办公室,在每个学期都会展开丰富的留学生活动,活动类别多种多样,受众留学生范围也越来越大。这些丰富多彩的留学生活动,以传播中国传统文化、加深留学生与中国师生的认识为目的,是留学生与中国文化亲密接触的最好方式。每年,华东师范大学都会举办国际文化节,在文化节上,来华留学生不仅可以通过文艺表演、展台布置展现其母国的风情文化,还有机会参与到中国传统文化节目——例如京剧表演、戏曲表演和相声表演的筹备表演中去。在紧锣密鼓的文化节筹备中,他们与中国语言和中国文化有了一番亲密接触,这些传统节目的表演碰撞出了留学生与中国传统文化交流融合的激情火花。由此可见,丰富多彩的留学生文化交流活动是帮助留学生认知中国的积极有效的方式,是留学生形成对中国认知的重要渠道。华东师范大学的一名留学生就在自己的社交网络上传了他参与的华东师范大学国际文化节活动照片,他亲身参与了文化节迷你世博会中非共和国展位的策划与布置,穿上自己国家的民族服饰欢迎其他与会者的到来;他还加入了闵行校区留学生足球队,该队在文化节的国际学生联盟(International Students Union,ISU)足球杯赛中获得了亚军。

四、媒体接触

留学生的媒体接触以及对中国媒体的信任度是影响他们中国观的重要因素。2019年的一项在上海交通大学的调查显示,留学生在媒介使用情况上使用互联网的频率最高,每天达到90~120分钟,他们看电视和阅读报纸的时间较少,分别不到60分钟和30分钟,留学生最信任的社交媒体主要有网络、报纸和社交媒体,他们报纸阅读频率与他们对中国饮食文化地理文化认同显著相关。[①]现在留学生越来越多地使用微信进行人际交流,一些留学生毕业回国后依然保持微信交流的习惯。留学生使用微信大部分倾向于中英双语的形式,对中国文化、中国人的日常生活,汉语词汇和汉语语法等微信公众号内容最感兴趣。[②]一项2018年的包括352份问卷的调查显示,61.36%的留学生来华之前听说过微信,27.27%的留学生来华学习之前就使用微信,到中国学习后,65.63%的留学生在一个月内就安装并使用微信,但是留学生微信好友数量较少,42.05%的留学生的微信好友数量不到50个,中国好友的数量比例则更低一些。[③]

---

① 任迪、姚君喜:《外籍留学生媒介使用与中国文化认同的实证研究》,《西南民族大学学报(人文社科版)》,2019年第9期。

② 郑翠、霍青玥:《基于问卷的在华留学生微信公众号的使用需求调查》,《新媒体研究》,2019年第20期。

③ 匡文波、武晓立:《跨文化视角下在华留学生微信使用行为分析——基于文化适应理论的实证研究》,《武汉大学学报(哲学社会科学版)》,2019年第3期。

微信的使用帮助留学生更好地适应中国社会文化生活,加强了他们对中国文化的认同,也促进留学生与中国老师、同学的交流沟通,方便留学生管理部门加强对留学生的相关管理工作。[1]但是外国留学生对中国媒体的使用存在一定的语言障碍。有的留学生对中国媒体的言论自由也颇有一些微词。2017 年一项对泰国、越南、菲律宾、新加坡东南亚四国的在华留学生的调查显示,东南亚国家留学生最信任其母国的媒体,其次为中国媒体,最后是欧美国家媒体。但他们对中国媒体与对美国媒体的信任度并没有显著性差异。[2]

从笔者的另一项调查关于外国留学生对涉藏问题的认知研究来看,高达 80.3%的留学生通过西方媒体或其母国的媒体来了解中国,大多数留学生认为在涉藏问题的报道上第三方媒体(除中国本国媒体以外)更具有可信度(表9.2)。[3]当然,也有 24.9%的留学生会关注中国媒体的相关信息。例如一位土耳其留学生指出:"西方媒体对涉藏问题的报道有客观的,也有主观的,所以不仅仅看西方媒体,也要关注中国媒体的报道。"一位接受访谈的美国记者也坦言称:"我是记者,作为媒体工作人员,我知道西方媒体是怎么做的,虽然说客观是我们的目标,但有时候根本不可能做到。所以我们要看不一样的媒体报道,通过不同的渠道去了解。"29.4%的留学生表示在与朋友之间的聊天和讨论时也会涉及相关内容,但是更多的留学生还是通过网络媒体了

---

① 参见安然、陈文超:《移动社交媒介对留学生的社会支持研究》,《新疆师范大学学报(哲学社会科学版)》,2017 年第 1 期。

② 参见杨慧芸:《获取中国信息的媒介使用、媒介信任对中国国家实力认知的影响分析——基于东南亚四国在华留学生的调研》,《对外传播》,2019 年第 10 期。

③ 在 2014 年 5 月—12 月,笔者对外国留学生发放了 1000 多份问卷,回收 302 份有效问卷,其中包括复旦大学 110 份问卷、上海交通大学 124 份问卷、华东师范大学 68 份问卷。在这些接受问卷调查的外国留学生中,男性有 160 人,占 53.3%,女性 140 人,占 46.7%。其中,来自美国的留学生有 31 位(10.3%)、欧洲 89 位(29.5%),非洲 33 位(10.9%),日本 15 位(5.0%),越南 12 位(4.0%),韩国 30 位(9.9%),中亚 12 位(4.0%),中东 14 位(4.6%),拉美 7 位(2.3%)以及其他亚洲国家 59 位(19.5%)。

解西藏。

表 9.2：留学生了解涉藏问题的渠道分析

	去过西藏	朋友讲述	中国媒体	西方国家媒体	自己国家媒体	其他
频数	20	91	77	117	131	12
百分比	6.5%	29.4%	24.9%	37.9%	42.4%	3.9%

谈及对中西方媒体的信任程度,51.4%的留学生表示信任西方媒体,信任度的平均值为 0.55,但是留学生对中国媒体表现出不信任态度,平均值为 -0.71,明确表示不信任的比例达到 51.4%,而表示不信任西方媒体的仅为18.7%(表 9.3)。

表 9.3：留学生对媒体的信任程度

	案例	均值	信任	中立看法	不信任
中国媒体	249	-0.71	20.5%	28.1%	51.4%
西方媒体	251	0.55	51.4%	29.9%	18.7%

对于中国媒体的可信度,大部分留学生都持怀疑态度。美国(-1.34)、拉美(-1.14)、欧洲(-0.92)的不信任程度尤为明显。仅有中东学生对中国媒体的可信度持正面看法,其均值为 1.33(图 9.8)。

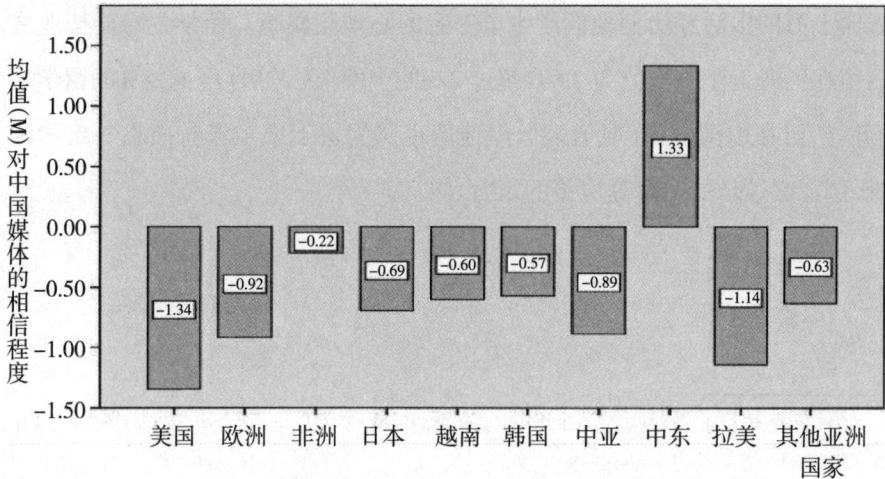

图 9.8：不同国家留学生对中国媒体的相信程度

五、中国情感

留学生对中国真正意义的社会融入必然是建立在对中国高度的心理认同之上的,他们对中国具有怎样的情感归属,是衡量他们是否可以真正融入中国社会的重要指标。

留学生通过在大学选读政治类课程,接触有关中国的新闻媒体,加深对中国的认识。其中36.17%的留学生选读了政治类课程,他们对中文媒体、外国媒体的中国报道以及中国的对外媒体均保持较高的接触度。一位来自中非共和国的学生说:"我经常看新闻,看CCTV英文频道,还看《南方周末》《南方都市报》等报纸。"①对中国了解的加深,帮助他们更好地适应在中国的学习与生活。

在上海的学习生活,给大部分留学生留下了深刻印象。在0(从不认为)至5(非常认同)的刻度上,留学生视上海为第二故乡的均值为2.64,超过中间值2.5。其中54.1%的人更倾向于认同上海为他们的第二故乡(取值>2),这说明上海的生活经历使他们产生了一定的心理归属感。留学生希望毕业之后留在上海工作的均值为2.84,超过2.5的中间值(表9.4)。62.8%的留学生倾向于留在中国工作(取值>2),但他们也认为留下来工作将面临一定的困难,例如必须承受上海高房价的压力。②

---

① 2012年6月2日对一位中非共和国留学生的访谈,受访人:女,研究生,国际政治专业,来中国2年。

② 2012年7月3日对一个斯里兰卡留学生的访谈,受访人:研究生,数学专业,来中国1年10个月。

表 9.4：留学生中国情感的相关指标

项目	有效	缺失	均值	标准差	极小值	极大值
上海是第二故乡	1496	36	2.64	1.53	0(从不认为)	5(非常认同)
想留在中国工作	1486	46	2.84	1.42	0(从不认为)	5(非常认同)
谈中国的时候,态度是	1493	39	1.12	1.34	−3(非常负面)	3(非常正面)
为在中国留学的经历感到自豪	1494	38	1.38	1.44	−3(非常不同意)	3(非常同意)
喜欢中国	1495	37	1.54	1.29	−3(非常不喜欢)	3(非常喜欢)
喜欢中国的政治生活	46	2	0.78	1.93	−3(非常不喜欢)	3(非常喜欢)
喜欢中国的物质生活	48	0	1.06	1.84	−3(非常不喜欢)	3(非常喜欢)
喜欢中国的文化生活	48	0	2.04	1.07	0(几乎没有)	5(非常多)
向其母国的亲友谈到中国	48	0	4.04	1.34	0(几乎没有)	5(非常多)
来中国是一个怎样的选择	48	0	2.42	0.74	−3(非常不好的选择)	3(非常好的选择)

　　89.6%的留学生表示较多向其母国的亲友谈到中国。当谈到中国的时候,69.7%的留学生的态度倾向正面,18.8%的留学生持中立态度,在−3(非常负面)到3(非常正面)的刻度中,均值为1.12。例如,高达97.9%的留学生认为来中国是一个好的选择。不少留学生来中国留学表现出一定的家族倾向,一位来自越南的留学生其祖父、叔叔以及两个弟弟均先后来中国留学,一位来自客麦隆外交官家庭的留学生的哥哥和弟弟也均在中国留学。很多留学生在推动其母国的亲友更好地认识中国方面,起到非常积极正面的作用。

　　当问到是否为其在中国的留学经历感到自豪时,76.8%的留学生倾向于自豪,14%的留学生持中立态度,均值为1.38,说明整体上来说,留学生是为在中国的留学经历感到自豪的。在1495份有效回答中,80.8%的留学生表示在一定程度上喜欢中国,持中立态度的留学生占12.0%,在−3(非常不喜欢)至3(非常喜欢)的刻度上,喜欢中国的程度为1.38。其中,留学生最喜欢中国的文化生活,均值为2.04,接近最高值3。不少留学生表示喜欢中国的武术、古典小说、电影,他们对成龙、李小龙等影星非常喜爱。留学生对中国物质生活的喜欢程度的平均值也达到1.06,对中国政治生活的喜欢程度的平均值虽然最低为 0.78,但依然呈现正面情感。一位来自越南的留学生说:"我喜欢中国,不但喜欢中国经济,也喜欢中国政治,更喜欢中国文化,我很小就想来中国留学。在越南的时候,我就很喜欢看中国四大古典小说,看中国的武侠片和历史、生活题材的连续剧。"[①]

　　总的来看,留学生对中国政治经济文化评价较为积极正面,这有助于留学生成为"友华派",大部分留学生对中国具有较浓厚的感情,这一方面表明留学生的社会融入情况良好,另一方面也有助于其进一步成为"友华派",甚至是"爱华派"。

---

　　① 2012 年 5 月 23 日对一位越南留学生的访谈,受访人:男,研究生,政治学专业,来中国 1 年。

第十章　留学生中国观的影响因素

留学生来华学习受到来源国与中国政治外交关系、经济关系、文化地缘关系的影响。影响留学生来华留学教育的因素主要有来源国的政治经济教育因素，中国的教育、社会、经济因素以及留学生个人的因素。[1]出国留学还与国民生产总值有直接的关系。人均国内生产总值达到3000美元，出国留学就呈现大幅度增长。[2]外国留学既有"推动"的因素，也有"拉动"的因素。个人选择是理解学生流动的关键，这包含对外国学位的感知价值、留学成本与收益以及移民政策。[3]一项研究认为，参考人才流动的推拉理论，留学生选择目的国的因素可归类为：自然地理环境、历史文化传统、国际政治关系、经济发展水平、国家留学政策、教育发展水平。[4]

---

[1]　参见程家福：《来华留学生教育结构历史研究》，同济大学出版社，2012年，第10页。

[2]　同上，第27页。

[3]　See Altbach, P.G. "Impact and adjustment: foreign students in comparative perspective", High Education 1991, Vol.21, pp.305-323.

[4]　See Zhang Lei, "Study on Factors Influencing the Choice of Foreign Students to Study in China—Taking Yunnan as an Example", In Sugumaran V., Xu Z., P. S., Zhou H. (eds) Application of Intelligent Systems in Multi-modal Information Analytics, Springer, 2019, pp.711-719.

　　根据本研究，留学生的中国观是建立在客观物质实在性的基础上的主观看法，必然受到中国与外部世界的物质结构变化的影响。中国经济与军事力量的崛起，为外国留学生的中国观的形成提供了物质基础，他们对中国的物质成就表示欣赏与赞叹。但是作为一种主观看法，留学生的中国观具有主观性、多元性与变动性的特点。留学生的中国观也不可避免地受到国际观念结构的约束。在西方令人望而生畏的价值观念霸权面前，外国留学生的中国观深深打上了西方价值的烙印。总体上，留学生中国观呈质性分布的对称性与量性分布的微弱非对称性。

　　留学生的中国观呈现质性上的正负面看法并存的对称性以及量性上的正面看法略超过负面看法的非对称性分布特征。在涉及关于对中国的知识、评价、社会融入和情感的大多数指标中，都存在正反两元或多元的看法，其中又以正面看法为主。例如，留学生对于中国的经济成就、工作效率、物质丰富与生活便利表示欣赏，但同时又对中国的贫富差距、产品质量、环境污染等问题表示忧虑；虽然一些留学生对中国的民主、自由有所不满，但也有不少留学生意识到中国必须走符合自身特点的民主化道路，不能简单照搬西方道路；虽然留学生对中国人总体的文明素质、平等待人意识、原则性等问题看法正面，但也存在不少批判中国人大声喧哗、插队、闯红灯等文明意识不足的观点。

一、留学生中国观的回归模型

　　研究将从中国国家形象、中国国民素质、中国情感归属三个角度来衡量留学生的中国观，其中国家形象角度侧重于观察留学生对中国内政、中国和平外交、对外援助的态度与评价；国民素质角度则侧重于观察留学生对中国人的素质的态度与评价，包括"对在中国办事成功是否一定需要走关系""中国人是否平等对待外国人""中国人的文明素质如何"的看法;中国情感角度侧重于观察留学生对中国的情感归属,包括"想留在中国工作的程度""为中国经历而自豪的程度"和他们的"中国情感"。

留学生看到的中国形象是透过多棱镜折射后的一种想象。这个多棱镜可能由留学生的来源国家、是否有中国亲戚、在中国生活的时间、攻读的学位、所在的专业等复合因素所构成。本章把留学生的国别、在华生活时间、性别、来华费用来源、在中国所读项目、所读专业、调查年份、来华原因作为自变量,对留学生的中国观做回归分析。下面将说明各个因变量的具体定义和测量标准。

对中国的情感。根据受访留学生对下面三个问题的答案,对这三个变量进行因子分析,生成衡量留学生的中国情感的新变量(变量名:中国情感,取值 0~1)。

(1)谈论中国的时候的态度(-3:非常负面,3:非常正面)

(2)是否喜欢中国(-3:非常不喜欢,3:非常喜欢)

(3)来中国后对中国的印象(-3:变差,3:变好)

对中国和平外交的看法。根据受访留学生对下面四个问题的答案,对这四个变量进行因子分析,生成衡量留学生对中国和平外交看法的新变量(变量名:中国和平外交,取值 0~1)。

(1)多大程度上认为中国是负责任大国(-3:非常不认同,3:非常认同)

(2)多大程度上认为中国是和平发展的国家(-3:非常不同意,3:非常同意)

(3)多大程度上认为中国文化是和文化(-3:非常不同意,3:非常同意)

(4)对中国外交的整体评价(-3:非常强硬,3:非常温和)

对中国内政的看法,根据受访留学生对下面四个问题的答案,对这四个变量进行因子分析,生成衡量留学生对中国内政看法的新变量(变量名:中国内政,取值 0~1)。

(1)对中国的言论自由的看法(-3:非常差,3:非常好)

(2)对中国的政治民主的看法(-3:非常差,3:非常好)

(3)对中国的社会稳定的看法(-3:非常差,3:非常好)

(4)对中国的贫富差距的看法(-3:非常大,3:非常小)

其余六个指标分别为:

(1)在中国办事要成功是否一定要找关系(-3:非常不同意,3:非常赞同)

(2)中国人是否平等对待外国人(-3:非常不同意,3:非常赞同)

(3)对中国人文明素质的看法(-3:非常差,3:非常好)

(4)对中国对亚非拉国家的援助的看法(-3:自私的,3:无私帮助)

(5)多大程度上想留在中国工作(-3:从不认为,3:非常认同)

(6)是否为在中国的留学经历感到自豪(-3:从来不感到自豪,3:非常自豪)

在以下的分析中,上述几个指标均作为因变量,自变量分别为国别、在华生活时间、性别、来华费用来源、在中国所读项目、所读专业、年份、来华原因。

表 10.1:留学生对中国国家形象评价的回归分析模型(OLS)[1]

	中国内政	中国和平外交	对外援助
美国	-0.015	0.104***	0.044
欧洲	0.000	0.071***	0.002
非洲	0.069**	0.195***	0.166***
越南	0.122***	0.103***	0.071*
韩国	0.048*	0.057***	0.035

[1] 表 10.1 由 stata 软件中的比较回归分析而得来。从统计学意义上看,如果 $p<0.1$,可以说自变量实验组与对照组间的差异是显著的;如果 $p<0.05$,则自变量实验组与对照组间的差异更为显著;如果 $p<0.01$,则自变量实验组与对照组间的差异极为显著。图表用"***"表示该指标在 $p<0.01$ 的水平上具有显著性差异,"**"表示指标在 $p<0.05$ 的水平上具有显著性差异,"*"则表示该指标在 $p<0.1$ 的水平上具有显著性差异。表 10.2、表 10.3 也是如此。

	中国内政	中国和平外交	对外援助
中亚	0.166***	0.198***	0.121***
中东	0.092*	0.136***	0.065
拉丁美洲	0.021	0.107***	0.032
其他地区	0.107***	0.145***	0.070**
日本(比较组)			
半年到 1 年半(不含)	0.059**	0.009	−0.012
1 年半到 2 年半(不含)	0.059**	0.025	0.028
2 年半到 3 年半(不含)	0.058*	0.020	−0.019
3 年半到 4 年半(不含)	0.068**	0.037	0.045
5 年半及以上	0.036	0.015	0.025
在华生活时间半年以下(比较组)			
女性	−0.005	−0.012	0.017
男性(比较组)			
2012 年	−0.029	−0.068	−0.155
2013 年	−0.213*	−0.201**	−0.245**
2014 年	−0.119	−0.132	−0.238**
2015 年	−0.112	0.029	−0.207
调查年份为 2016 年(比较组)			
中国奖学金	−0.035*	−0.016	−0.060***
母国奖学金	0.016	−0.004	−0.050*
其他	−0.051	−0.030	−0.025
来华费用为自费(比较组)			
专科	0.045	0.049*	0.138***
本科	0.073***	0.071***	0.118***
硕士	0.047	0.013	0.091***
博士	0.078*	0.070*	0.080
在中国读短期交流项目(比较组)			
经济管理类	0.030	0.018	0.073**
语言类	0.019	0.016	0.041
理工或医学类	0.025	0.061**	0.102***
教育类	0.116***	0.091***	0.148***
其他人文学科	0.104***	0.098***	0.121***

	中国内政	中国和平外交	对外援助
专业为政治或国际关系(比较组)			
经济发展机会好	−0.015	0.013	0.016
喜欢中国文化	0.025	0.055***	0.067***
家庭	−0.027	−0.026*	−0.017
来华原因为其他(比较组)			
常量	0.457***	0.546***	0.558***
样本数	945	922	951

表 10.2：留学生对中国国民素质评价的回归分析模型(OLS)

	办事靠关系	平等对待外国人	中国人文明素质
美国	0.130***	0.048	0.063*0.058
欧洲	0.084**	−0.036	0.063*
非洲	0.070**	0.014	0.156***
越南	0.094**	0.113**	0.120***
韩国	0.084***	0.058*	0.037
中亚	0.067	0.169***	0.206***
中东	0.095*	0.112*	0.068
拉丁美洲	0.112**	−0.056	−0.005
其他地区	0.144***	0.026	0.016
日本(比较组)			
半年到1年半(不含)	0.024	0.033	−0.030
1年半到2年半(不含)	−0.045	0.011	0.005
2年半到3年半(不含)	−0.045	−0.033	−0.032
3年半到4年半(不含)	−0.009	−0.007	−0.056
5年半及以上	0.046	−0.055	−0.098***
在华生活时间半年以下(比较组)			
女性	−0.025	−0.006	−0.016
男性(比较组)			
2012年	0.020	0.068	0.182
2013年	−0.052	−0.133	−0.008
2014年	0.049	−0.164	0.004
2015年	0.341	0.168	0.426

	办事靠关系	平等对待外国人	中国人文明素质
调查年份为 2016 年 (比较组)			
中国奖学金	−0.086***	−0.049**	−0.007
母国奖学金	−0.059**	−0.018	−0.010
其他	0.034	−0.123	−0.073
来华费用为自费 (比较组)			
专科	−0.047	0.140***	0.036
本科	−0.027	0.138***	0.091***
硕士	−0.046	0.111***	0.018
博士	−0.075	0.108*	0.071
在中国读短期交流项目 (比较组)			
经济管理类	−0.015	0.033	−0.011
语言类	−0.049	0.055	−0.028
理工或医学类	0.003	0.071*	0.047
教育类	0.047	0.122**	0.054
其他人文学科	0.056*	0.122***	0.078**
专业为政治或国际关系 (比较组)			
经济发展机会好	−0.022	−0.019	0.015
喜欢中国文化	0.021	0.009	0.058***
家庭	−0.007	−0.005	−0.027
来华原因为其他 (比较组)			
常量	0.701***	0.471***	0.421***
样本数	957	960	960

表 10.3：留学生对中国情感归属评价的回归分析模型 (OLS)

	愿意留在中国工作	为中国留学经历自豪	中国情感
美国	0.074**	0.057*	0.060**
非洲	0.085***	0.138***	0.157***
越南	0.021	0.080**	0.069**
韩国	0.052**	0.096***	0.111***
中亚	0.093**	0.124***	0.118***
中东	0.084*	0.038	0.097**
拉丁美洲	0.098**	0.109**	0.113***

续表

	愿意留在中国工作	为中国留学经历自豪	中国情感
其他地区	0.022	0.122***	0.106***
日本(比较组)			
半年到 1 年半(不含)	−0.041	−0.055**	−0.029
1 年半到 2 年半(不含)	−0.027	−0.080***	−0.043*
2 年半到 3 年半(不含)	−0.012	−0.124***	−0.075***
3 年半到 4 年半(不含)	−0.026	−0.094***	−0.051**
5 年半及以上	0.005	−0.045	−0.008
在华生活时间半年以下(比较组)			
女性	−0.001	−0.010	−0.003
男性(比较组)			
2012 年	−0.225*	0.002	−0.013
2013 年	−0.241**	−0.157	−0.180**
2014 年	−0.190*	−0.094	−0.125
2015 年	−0.316	−0.411*	−0.093
受调查年份为 2016 年(比较组)			
中国奖学金	0.024	−0.040**	−0.031**
母国奖学金	0.007	−0.032	−0.005
其他	−0.039	−0.048	−0.026
来华费用为自费(比较组)			
专科	0.041	−0.081***	−0.007
本科	0.060**	−0.026	0.029
硕士	0.037	−0.046	−0.003
博士	0.070	−0.021	0.047
在中国读短期交流项目(比较组)			
经济管理类	−0.026	0.048*	0.033
语言类	−0.016	0.012	−0.003
理工或医学类	−0.031	0.056**	0.036
教育类	−0.032	0.123***	0.066**
其他人文学科	−0.010	0.097***	0.095***
专业为政治或国际关系(比较组)			
经济发展机会好	0.044***	0.018	0.022*
喜欢中国文化	0.042***	0.099***	0.096***

续表

	愿意留在中国工作	为中国留学经历自豪	中国情感
家庭	0.012	−0.031*	−0.034**
来华原因为其他(比较组)			
常量	0.752***	0.784***	0.706***
样本数	960	950	951

　　总的来说,国别、在华生活时间长短、来华费用来源、在中国所读项目、所读专业、受调查年份、来华原因对留学生的中国观都有不同程度的影响。其中,国别对中国内政、中国和平外交、中国对外援助、中国人文明素质、办事靠关系、平等对待外国人、愿意留在中国工作、为中国留学经历而自豪、中国情感等变量具有较显著的影响。在华生活时间对中国内政、中国人文明素质、为中国留学经历而自豪、中国情感等变量的影响较为显著。受调查时间对中国内政、中国和平外交、中国对外援助、愿意留在中国工作、为中国留学经历而自豪、中国情感等变量具有较显著的影响。来华经费来源对中国内政、中国对外援助、办事靠关系、平等对待外国人、为中国留学经历而自豪、中国情感等变量的影响比较显著。在华所读项目对中国内政、中国和平外交、中国对外援助、中国人文明素质、平等对待外国人、愿意留在中国工作、为中国留学经历而自豪等变量具有较显著的相关性;专业对中国内政、中国和平外交、中国对外援助、中国人文明素质、办事靠关系、平等对待外国人、为中国留学经历而自豪、中国情感等变量的影响比较显著;来华原因对中国内政、中国和平外交、中国对外援助、中国人文明素质、愿意留在中国工作、为中国留学经历而自豪、中国情感等变量影响较为显著。下文将具体分析。

二、国家身份

　　学者周宁指出,西方的中国形象是他们为了塑造现代化文化自我的一种对中国的想象性构建，并且"所有非西方国家在确认自我、想象他者的时候，都不自觉并自愿地将自身置于现代西方的他者地位，接受西方现代的世界观念秩序"①。

外国留学生的中国观在一定程度上受制于一个由他们的母国、西方、中国所构成的三角观念结构中，因此留学生的国家身份认同是决定其中国观的关键因素。此次调研显示，国别身份确实是影响留学生中国认知的显著性因素。相比于其他自变量，国别与留学生对中国国家形象、中国国民素质、中国情感归属的评价间的关联最为显著。

在所有国家和地区中，日本对中国的评价最为负面，倘若以日本为对照组，则其他国别留学生的观点几乎都为正值，由此可见日本留学生对中国的评价基本低于其他国别的留学生。

按照国别进行分类，对特定国别留学生的相关变量求均值（表10.4），可发现，日本对中国的言论自由、政治民主、社会稳定、贫富差距、中国人文明素质均呈负面看法，且均值在所有国别中处于较低水平。此外，在所有国家和地区的留学生中，日本留学生想留在中国工作的程度、中国情感、为中国留学经历而自豪、谈中国时的态度、喜欢中国的程度、来中国后对中国的印象均为负面，与其它国家留学生相应变量的均值形成较大反差。

中日的历史伤痕与彼此间的民族主义情绪是所有国家中较为突出的。在日本，2002—2003年一年多的时间里，《朝日新闻》《读卖新闻》《产经新闻》等6家主要报纸报道中国"全部是消极报道比积极报道多"。一位日本留学生就曾指出："我们不太愿意在中国发表一些看法，因为历史原因，还有钓鱼岛问题，中国人对我们有心理抵触，我觉得可以来中国旅游，但是不要来中国留学。"②

---

① 周宁：《跨文化研究：以中国形象为方法》，商务印书馆，2011年，第12页。

② 2012年5月22日对一位日本留学生的访谈，受访人：女，本，英文专业，来中国3年。

非洲留学生的中国观最为积极正面。调查显示,非洲留学生具有较强的社会融入度,他们拥有更多的中国朋友、更频繁地参加学校社团活动,在涉及中国评价的各项指标中,非洲国家的留学生几乎都具有最为正面的看法。非洲留学生对中国和平外交给予了极高评价,在"中国是否会走和平发展道路"这项指标上,非洲留学生的均值为1.77,在"中国文化是否是和文化"这项指标上均值为1.47,在"中国对亚非拉国家的援助是否是无私帮助"这些指标上均值为1.29,均高于其他国家和地区。非洲留学生对中国情感归属的评价也更高,来到中国后,非洲国家的留学生对中国印象变得最好,且最喜欢中国。而在其余指标上的均值,非洲国家的留学生也处于较高水平。但是非洲留学生对中国内政的看法并不是非常乐观,在"中国的言论是否自由"和"中国的政治是否民主"两项指标上,非洲留学生的评价呈现微弱正面,在–3至+3的刻度之间,分别为0.23与0.24;在"中国的贫富差距是否大"这一指标上则呈现略为负面的评价,为–0.37(表10.4)。20世纪90年代以来,多数非洲国家推行了民主化改革,他们已经接受了西方民主、自由等价值理念。一直以来,西方媒体控制非洲国家的新闻报道,非洲国家的领导人也大多接受西方教育。因此,非洲一直以"非洲与欧洲""非洲文化与西方文化"的二元认知结构与关系来理解自身以及与外部世界的关系,[①]其对中国内政的看法也不可避免反映西方视角。

表10.4:不同国家或地区留学生对中国的相关评价[②]

	美国	欧洲	非洲	日本	越南	韩国	中亚	中东	拉美	其他亚洲国家
言论自由	–0.79	–0.67	0.23	–0.29	0.32	0.1	0.74	–0.07	–0.06	0.37
政治民主	–0.79	–0.82	0.24	–0.49	0.42	–0.05	0.65	–0.17	–0.23	0.18

① 胡锦山:《非洲的中国形象》,人民出版社,2010年,第312页。

② 表10.4中的数值指的是不同国家或地区留学生在每一项指标上的平均值。根据这些均值,可以比较不同国家或地区留学生对每个问题的平均看法的差异。除"想留在中国工作"这一变量外(取值为0~5),其余变量的最小值均为–3,最大值均为3。图10.1、表10.5、表10.6、表10.7中的数值也均为均值。

续表

	美国	欧洲	非洲	日本	越南	韩国	中亚	中东	拉美	其他亚洲国家
社会稳定	0.41	0.24	1.27	−0.13	0.78	0.36	1.40	0.60	0.83	0.98
贫富差距	−1.11	−1.31	−0.37	−1.14	−0.44	−1.33	−0.15	−1.20	−0.91	−0.79
负责任大国	0.67	0.32	1.62	0.09	0.69	0.55	1.70	0.53	0.87	0.95
和平发展	0.79	0.36	1.77	0.19	0.50	0.42	1.62	0.87	1.13	1.25
和文化	0.88	0.82	1.47	0.51	1.16	0.52	1.37	0.76	1.24	1.16
对中国外交的整体评价	0.18	−0.05	0.85	0.06	0.32	0.44	1.08	0.83	0.62	0.84
对外援助	0.31	−0.11	1.29	0.18	0.46	0.50	1.06	0.30	0.37	0.77
平等对待外国人	−0.04	−0.66	0.08	0.00	0.69	0.14	0.80	0.57	−0.41	0.01
中国人文明素质	0.42	−0.08	0.89	−0.18	0.73	−0.04	1.12	0.23	−0.09	0.00
办事成功要找关系	1.62	1.45	1.41	0.68	0.91	1.46	1.06	1.10	1.69	1.64
想留在中国工作(0~5)	2.95	2.72	3.09	2.65	2.65	2.90	3.09	3.03	3.38	2.69
为中国留学经历而自豪	1.46	1.60	1.81	0.75	1.19	1.32	1.76	0.79	1.87	1.56
谈中国时的态度	1.10	0.98	1.54	0.58	1.01	1.19	1.55	0.90	1.37	1.05
喜欢中国	1.54	1.47	1.90	1.03	1.17	1.47	1.87	1.21	1.89	1.68
来中国后对中国的印象	1.28	1.10	1.73	0.54	0.91	1.18	1.45	1.00	1.31	1.13

与中国接壤的中亚地区的留学生对中国国家形象、中国国民素质以及中国情感归属的评价均高于欧美国家，与中国具有文化渊源的韩国则不完全是这样，这与韩国所感知的历史伤痕以及现在的民族主义情绪有相当大的关系。韩国一直是古代中国的朝贡国。随着中国崛起，韩国人非常敏感，害怕中国"天朝体系"的复活。韩国教科书描述"中国多次侵略韩国"，形成了韩国人历史记忆中的中国霸权刻板印象。因为意识形态因素，韩国一直将"红色中国"视为洪水猛兽。相关的其他调研也显示，韩国公众认为"中国政治缺乏民主，在经济上是韩国的竞争对手，中国产品质量低劣，国民素质低且难

以信任"。

　　除日本、韩国外的其他亚洲国家的留学生对中国的认知也非常正面。除了对中国贫富差距持负面看法,对中国人的文明素质持中立态度外,对中国是否和平发展、对外援助是否无私、是否喜欢中国等所有其他问题都给予了较高的正面评价。

　　美国留学生对于中国的评价虽然远远低于非洲和大部分的亚洲国家,但却高于欧洲国家的留学生。美国作为一个年轻的移民国家,比欧洲国家更为开放,也更具有活力。之前的一些相关调研也表明,美国公众对中国的看法比预想要乐观得多。例如,上海交通大学在 2011 年 1 月采用情感温度来评估美国民众对中国的总体看法,在 0~100 度的得分中,中国得分 47.97 度,处于好感度中间的区段。[①]美国多博研究会对 41 位美国公众进行焦点访谈,结果显示,美国人对中国人的印象是积极的,被访者多用工作勤奋、有创造力、爱好和平、谦逊、忠诚、有团队精神、守纪律等词汇描述中国人。[②]

　　一国看到的另一个国家的形象,恰恰是自身情结与问题的折射。越亲近的国家,越容易用挑剔的眼光来审视对方的国家形象。而距离遥远的国家,则更可能戴着欣赏的眼镜来看待对方。日本、韩国等历史上与中国互动最为频繁、表面最为亲近的国家,却存在较为负面的中国形象。互动越频繁,就越可能产生伤痕。如果这些恩怨情结没有得到合适的处理,所聚集的能量将会不断放大。伤痕情结,作为一种非理性情绪,更容易造成镜像中国的严重失真。

---

　　① 姜泓冰:《中美首次"中国形象"跨国调查显示美国人对中国好感度上升》,《人民日报》(海外版),2011 年 1 月 31 日。

　　② 参见陶美心、赵梅主编:《中美长期对话(1986—2001)》,中国社会科学出版社,2001 年。

三、来华原因

来华原因对留学生的中国观也有一定影响,特别是因为喜欢中国文化而来到中国的留学生。因为喜欢中国文化而来到中国的留学生在对中国国家形象(中国内政、中国和平外交、对外援助)的评价更为正面,高于因中国经济发展机会好、因为家庭及因为其他原因而来中国的留学生。对中国国民素质的评价如是否平等对待外国人、文明素质等的评价也更加正面。对中国的情感归属相比来说也更高,表现为中国情感更深,更为在中国的留学经历感到自豪。喜欢中国文化而来中国的留学生,对中国本身就怀有一种好感,他们带着发现美的眼睛来到中国,自然也有更多的机会去发现中国好的一面。

中国经济发展机会好和家庭因素与留学生对中国国家形象和国民素质的评价并没有显著影响。与因为中国经济发展机会好而来中国的留学生相比,因为家庭而来中国的留学生更为中国留学经历而感到骄傲,中国情感也更浓厚;而因为中国经济机会发展好而来中国的留学生则更愿意在中国工作,这很可能是因为在中国工作能够得到更高水平的薪酬。

总体来说,家庭因素对中国留学生的中国观并没有显著的提升作用,甚至有的时候反而会降低留学生对中国的评价。如一位来自印尼的华人指出:"我家里也过春节,也讲中国传统的风俗习惯,这帮助我更快地在上海交到新朋友。但是我父母曾和我一起去看福建老家的亲戚,如果我们没有钱给他们,他们就会很不高兴,现在我们已经不再回去了。"①

在西方话语霸权结构下,中国形象长期被扭曲化、负面化与妖魔化。西

---

① 2012 年 6 月 6 日对印尼留学生的访谈,受访人:女,研究生,中文专业,来中国 3 年。

方价值观念结构对留学生形成不可抗拒的力量,影响他们对中国的看法。对于外国留学生而言,面对西方现代性的令人望而生畏的结构,已经习惯于用西方进步、民主、文明与东方落后、专制、不文明的二元对立的观点来看待问题,通过否定中国,他们来证明自己已经成为西方进步、民主、文明的一分子。因为家庭而来到中国的留学生面临一定的身份困惑,在西方进步、民主、文明的价值标尺中,他们容易因为自己身上的中国血统而自卑,对自己身上的中国元素产生一定的排斥。此外,他们个人与中国的互动更频繁,近距离的接触可能使他们更容易发现中国存在的问题,因而用更为挑剔的眼光来看待这一切。

四、时间周期

对移民群体的研究表明,移民时间的长短会对个体的文化适应产生影响,在移入地的时间越长,对移入地的适应就越充分。徐荣崇和姜虹兰对澳洲的台湾移民的研究均表明,居住澳洲时间越长的台湾移民对澳洲的文化融入程度越深。[①]张亦萱等对上海台商子女的文化认同的研究表明,随着在上海居住年数的增加,台商子女所交往的大陆朋友呈现先上升,而后下降的趋势。[②]

因此,本研究假设在中国生活时间的长短对留学生的中国观具有显著性影响。分析数据表明,总体上,时间的推移与留学生对中国国家形象的认知具有显著性影响,表现在对中国内政,尤其是对中国政治民主的评价有显著

---

① 参见徐荣崇、姜兰虹:《澳洲台湾移民的空间性与地方性——以居住地的选择与决策思考》,《人口学刊》,2004 年第 28 期。

② 参见张亦萱、刘嘉文、王雅芬:《从移居年数探讨上海台商子女文化认同之转变——以华东台商子女学校为例》,http://idv.sinica.edu.tw/hssbasic/0703B/0703B3.pdf。

影响(图 10.1),而对于中国和平外交和对外援助的评价影响并不显著。对在中国生活时间长短不同的留学生对中国评价的相关指标求均值发现,留学生对中国政治民主的评价随着在华时间的增长而呈现斜 N 形(先上升,后下降,再上升)分布特征,且具有周期循环性。刚到中国的留学生对中国政治民主的评价并不高,随着时间的增加,留学生的评价呈现先上升、后下降、再上升、再下降的趋势,但总体波动越来越小,且对应顶点取值越来越高,总体呈上升趋势。

留学生对中国政治民主程度的评价变化反映了一定的周期性特征。刚来中国初期,留学生一般带着欣赏的眼光来看待周围的一切,正面印象有所增加。随着对中国的逐渐熟悉,又会产生审美疲劳,开始用更多挑剔的眼光来看中国,又经过一段时间,他们的挑剔的心理得到满足后,则又出现新一轮的审美周期。如一位来自韩国的留学生所说:"随着时间的推移,我对中国的感觉有些变化,刚开始来上海看到这个城市还是相当现代化,同学老师也非常友好,那时对中国印象还不错。后来,发现问路时大家好像都很冷漠的样子,购买的物品质量也很差,我们宿舍周围施工每天晚上都很吵,就有些失望。现在慢慢适应了这些,觉得在这里还是交了不少新朋友,学了很多新知识,又感觉好了很多。"①

时间的推移对留学生的中国情感归属也具有一定影响(图 10.1),留学生为中国留学经历而骄傲的程度、喜欢中国的程度也与其在中国生活时间有着显著关系。随着时间的推移,留学生为中国留学经历而自豪的程度和喜欢中国的程度均呈 V 形分布(先下降,后上升),且均在 3 年半这一时间点达到最低值,之后又呈上升趋势。但是在中国达到四年半以上时间的留学生对中国的喜欢程度总体上比刚来的时期要正面一些, 这说明在中国生活的时

---

① 2012 年 6 月 13 日对韩国留学生的访谈,受访人:女,本科,教育学专业,来中国 3 年。

间达到了较长一段时期后，确实对留学生的中国情感归属产生了较为积极的影响。

时间的推移对留学生对中国国民素质的认知也具有微弱影响(图10.1)，主要表现在对中国人文明素质的评价上，随着时间的增长，留学生对中国人文明素质的评价呈 W 形上下波动，且对应顶点的取值越来越低，这一定程度上可能是审美周期变化的心理效应，另一方面也应引起我们的重视，将提高中国人文明素质提上日程。

五、调查年份

本研究分五年进行，从 2012 年延续到 2016 年。研究发现，不同调查年份对留学生的中国观也存在一定影响，调查年份对留学生对中国国家形象、中国情感归属的评价均存在显著影响。尤其表现在对中国内政、中国和平外交、中国对亚非拉国家的援助、想留在中国工作的程度、中国情感的影响上。

如表 10.5，对不同年份被调查的留学生的以上五个指标的值取平均数，可发现，在 2013 年接受调查的留学生的所有指标均值均为最低。2013 年是中日钓鱼岛争端升级的一年，中国对钓鱼岛首次全面巡视从主岛巡航转为全面维权，对此事件了解不多的留学生很可能因此而对中国和平外交产生质疑，同时因为中国境内的反日游行而对中国产生意见。

表 10.5：受调查年份不同的留学生对中国相关评价的平均值

	2012 年	2013 年	2014 年	2015 年	2016 年
中国内政	0.62	0.43	0.52	0.48	0.52
中国和平外交	0.72	0.56	0.63	0.66	0.68
中国对亚非拉国家的援助	1.07	0.29	0.44	0.63	0.92
想留在中国工作	2.81	2.69	2.99	2.84	2.88
中国情感	0.84	0.65	0.72	0.77	0.74

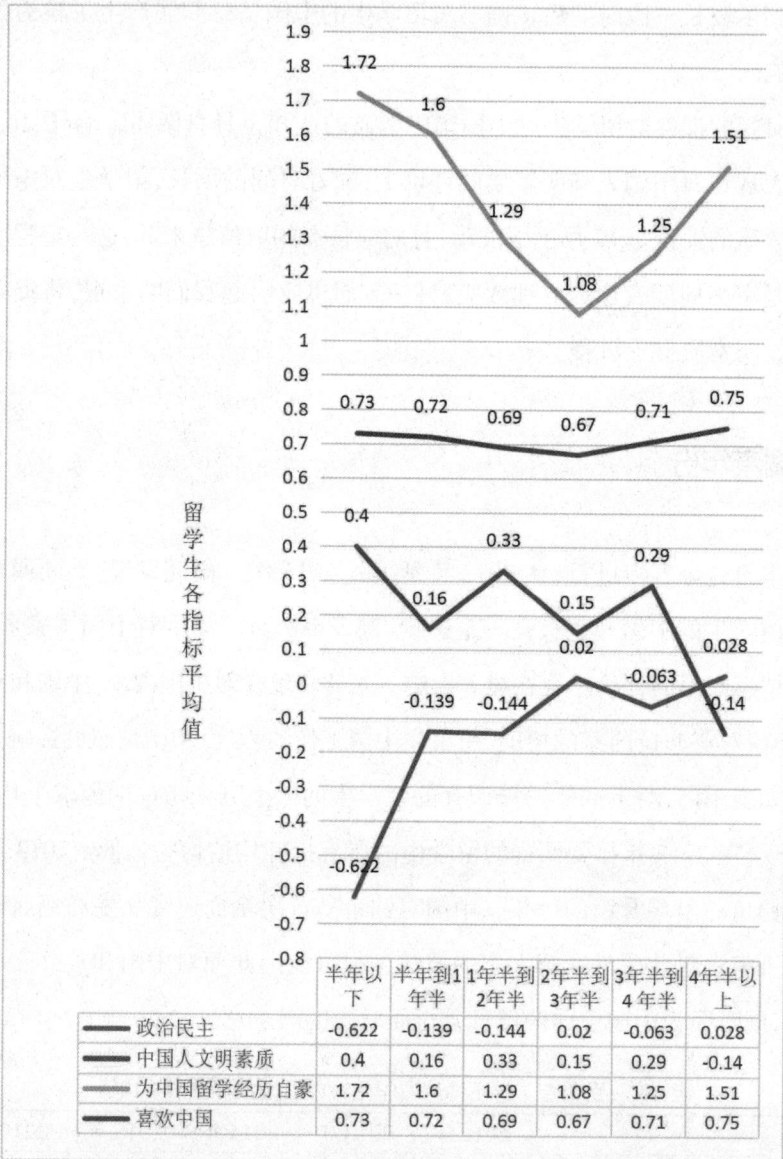

留学生各指标平均值

	半年以下	半年到1年半	1年半到2年半	2年半到3年半	3年半到4年半	4年半以上
政治民主	-0.622	-0.139	-0.144	0.02	-0.063	0.028
中国人文明素质	0.4	0.16	0.33	0.15	0.29	-0.14
为中国留学经历自豪	1.72	1.6	1.29	1.08	1.25	1.51
喜欢中国	0.73	0.72	0.69	0.67	0.71	0.75

图 10.1：在中国生活时间长短不同的留学生对中国相关指标评价的均值①

---

① 这里使用了统计学中的 ANOVAF test 检验。从统计学意义上看，如果 p<0.1，可以说在中国生活时间长短不同间的差异是显著的；如果 p<0.05，则在中国生活时间长短不同间的差异更为显著。经过 ANOVA 检验，在中国生活时间长短不同的留学生对中国政治是否民主以及是否喜欢中国这两个指标的 p 值均为 0.064 和 0.014，存在显著性差异。

六、来华经费来源

中国实行奖学金计划,希望可以吸引更多的留学生来中国。奖学金有中国政府奖学金、国家奖学金、地方政府专项奖学金、孔子学院奖学金、高校奖学金的类型。2011 年至 2016 年,享受中国政府奖学金的来华留学人数,大约为 10%。2018 年,获得中国政府奖学金留学生占来华生总数的 12.81%。[①]本研究发现,来华经费来源确实与留学生对中国国家形象、中国国民素质以及中国情感归属的评价具有较显著关系, 主要表现在对留学生对中国内政的评价、对中国对外援助的评价、对在中国办事走关系的评价、对中国是否平等对待外国人的评价、为在中国留学的经历感到自豪的程度、中国情感这六个变量的影响。2010 年,中国政府奖学金投入年均保持在 11% 左右,2015 年留学生奖学金资助标准、生活费提高近一倍。[②]

国家出国留学政策主要包括五个方面,即申请困难程度、是否获得奖学金、校际合作、学费支出和生活条件。47% 的学生认为在云南申请学校比较困难,一些学生认为在云南申请学校比较容易。在是否获得奖学金方面,分别有 28.8% 和 25.6% 的学生选择了"相对一致"和"非常一致"。大多数学生去云南学习是因为他们获得了全额或部分奖学金,包括中国政府奖学金和云南人民政府奖学金。47% 的学生表示其母国学校与云南学校有合作交流,部分学生的选择表明其母国学校目前尚未与云南学校建立合作交流。45.6% 的学生认为云南的学费不高,水平适中,23.3% 的学生认为云南的学费低。44.7%的受访者认为云南留学生的学习和生活条件总体较好,27.4% 的受访者认为

---

① 参见《2018 年来华留学统计》,教育部网站,http://www.moe.gov.cn/jyb_xwfb/gzdt_gzdt/s5987/201904/t20190412_377692.html。

② 参见《郝平同志在全国来华留学管理工作会议上的讲话》,《世界教育信息》,2016 年第 24 期。

云南留学生的学习和生活条件较好。

那么奖学金制度是否有助于提升留学生对于中国的认知呢？拿到中国奖学金的留学生是否比拿其母国奖学金或自费的学生对中国的看法更为正面呢？如表10.6,对来华经费来源不同的留学生对以上6个指标的值取平均数,可发现拿中国奖学金的学生对中国的评价均处于中间水平,并没有因为奖学金而呈现明显高于其他学生的现象。由此看来,实行奖学金制度对于提升留学生的中国观并无显著效果。

如果大部分拿到中国奖学金的是非洲、亚洲等本来对中国印象比较好的国家的留学生,则更说明了奖学金制度对于改善留学生中国观效果的不显著性。因此,有必要检视拿到中国奖学金的主要是哪些国家的留学生。在所有的留学生中,获得中国奖学金的占比为35.8%。从各国或地区拿中国奖学金的比例来看,美国占34.2%,欧洲34.5%,非洲58.3%,日本26.1%,越南52.8%,韩国10.9%,中亚52.2%,中东56.7%,拉美53.7%,其他亚洲国家41.5%。其中,非洲、越南、中亚、中东、拉美国家获得中国奖学金的比率均高于平均35.8%的比例,也就是说,确实更多的是那些本来对中国印象较好的国家的留学生获得了中国的奖学金。

为了进一步排除国别因素的干扰,本研究进一步锁定非洲留学生,检测拿中国奖学金的学生是否比其他人群具有更好的中国形象,也同样发现拿中国奖学金的非洲同学确实在某些方面,比没有拿到中国奖学金的评价更正面,但在某些方面也存在评价更为负面的情况。总体上,奖学金等利益因素,对于提升留学生的中国观,有微弱但不显著的效果。

这说明,物质利益因素对于主观层面的中国观的提升并没有什么效果。获得中国的奖学金,有助于提升留学生融入中国社会的信心,使他们具有更好的社会适应能力。但是另一方面,中国提供的经济支持,可能使他们产生"知恩图报""经济收买"等警惕性心理,在面对中国人与自己同胞时,都可能具有一定的心理压力感,从而产生一定的心理抗拒。特别在西方话语霸权面前,他们可能更有意识地去区隔自己与中国的情感关系。也有的留学生可能是因为某些特定的原因来到中国,因此奖学金对其并无什么影响,如一位留学生就指出:"我来中国是因为喜欢中国文化,不管是不是能拿到奖学金,我都会来。是否有奖学金,对我对中国的看法并没有太大的影响。"①

表 10.6:来华经费来源不同的留学生对中国的相关评价

	中国奖学金	母国奖学金	自费	其他
中国内政	0.49	0.47	0.49	0.52
对外援助	0.63	0.09	0.57	0.71
办事走关系	1.19	1.12	1.55	1.61
平等对待外国人	−0.07	0.06	0.06	−0.31
为在中国留学的经历感到自豪	1.41	1.37	1.47	1.59
中国情感	0.72	0.70	0.72	0.75

留学生的中国观是一种基于客观物质实在性基础上的主观认知和感受。中国取得的物质文明成就为留学生中国观的形成奠定了物质基础。中国经济的快速发展带来了无限商机,成为吸引留学生来华的重要因素。但因为中国经济发展好而来中国的学生除了更愿意留在中国工作外,其中国观与其他留学生并无显著差别。

因此,坚实的物质力量不一定可以转化成良好的主观认知和情感,这里面还存在一个价值观的中间变量。来自西方国家的留学生对中国的政治体制的认同度低,对中国评价较为负面,也较为缺乏亲近感。对中国政治体制较为认同的非洲、中亚、拉美、东南亚等国的留学生则对中国看法较为乐观。

同样,提供奖学金可以吸引一些留学生来华留学,但是物质利益的给予并不能有效地改变他们对中国的固有看法和情感。他们的中国观仍然主要

① 2012 年 5 月 28 日对一位法国留学生的访谈,受访人:男,本科,经济管理专业,来中国 2 年。

受制于自身的价值取向以及对中国政治经济制度、社会公平与正义、中国人文明素质的感知。

七、修读专业、课程与学位

不同的专业背景会影响到人的思维方式，从而影响人的认知。本研究发现，专业背景对留学生的中国观具有显著性影响，在教育类留学生和其他人文学科类留学生身上体现得最为显著。表现为对中国国家形象、中国国民素质、中国情感归属的评价均处于较高水平。

如表 10.7，教育类专业的留学生的中国观最为正面。在对中国国家形象的评价上，他们比其他专业的学生更认为中国言论自由、政治民主、社会稳定，更认为中国是负责任大国、中国是和平发展的国家、中国文化是和文化、中国对亚非拉国家的援助是无私帮助。在对中国国民素质的评价上，他们比其他专业的学生更认为中国人平等对待外国人。教育类专业留学生对中国的情感归属比其他专业更强，在谈论中国时，教育类专业留学生的态度最为正面，在是否为中国留学经历而自豪这一项上，教育类专业留学生的平均值高达 1.98，在是否喜欢中国这一项上的平均值也高达 1.85。教育一直主张"人的可教化性"，这种积极理念可能对教育类专业留学生良好的中国观起到了正面推动作用。

政治类与语言类专业的留学生对中国的言论自由、政治民主、贫富差距等的评价都较低，这可能与现实主义对"人性恶"的假设以及对政治权力斗争的批判性思维有关。而学习语言的人经常接触倾向于报道负面新闻的媒体，也养成一种批判性思维。理工与医学背景的留学生关注技术问题，较为缺乏对社会现象的批判性思维，总体上对中国形象的看法较为正面。而经济管理类学生主要关注利益，发展的中国可以带来更多的经济发展机遇，有助于他们提升对中国的正面认知,但另一方面,他们也关注经济发展中的问题,因此他们对中国的总体评价虽然高于政治、语言类学生,却又低于教育、理工医学类的留学生。

表 10.7:不同专业的留学生对中国的相关评价

专业分类	政治类	经济管理类	语言类	理工或医学类	教育类	其他人文社科
中国的言论自由	−0.23	−0.04	−0.33	0.01	0.4	0.45
中国的政治民主	−0.34	−0.23	−0.4	−0.12	0.39	0.26
中国的社会稳定	0.55	0.72	0.16	0.95	1.13	0.72
中国贫富差距	−1.11	−1.02	−1.15	−0.89	−0.89	−0.59
在中国办事一定要找关系	1.26	1.6	0.94	1.31	1.61	1.75
中国人平等对待外国人	−0.09	−0.41	0	0.13	0.43	0.34
中国人的文明素质	0.45	−0.13	−0.05	0.52	0.36	0.45
中国是负责任大国	0.75	0.78	0.36	1.08	0.9	0.99
中国是和平发展的国家	0.65	0.9	0.36	1.2	1.22	1.09
中国对亚非拉国家的援助	0.21	0.58	0.21	0.83	0.83	0.74
来中国后对中国印象	0.97	1.37	0.75	1.17	1.2	1.5
谈中国时的态度	1.09	1.22	0.74	1.16	1.41	1.37
为在中国留学的经历自豪	1.32	1.5	1.11	1.47	1.98	1.68
喜欢中国	1.46	1.61	1.19	1.56	1.85	1.87
中国文化是和文化	0.94	0.98	0.6	1.12	1.12	1.08

修读课程对留学生的中国观也有影响,主要表现在对留学生对中国知晓程度的影响上。研究发现,在 48 名访谈对象中,有 35.4% 的留学生在中国修读了政治类课程。在这些课程中,他们接触到了更多的中国外交话语,并且形成自己对中国外交的看法。访谈显示,修读过政治类课程的同学,所听说过的中国外交话语的数量(平均为 6.47 个话语),要显著高于没有修读过政治类课程的同学(平均为 4.60 个话语)。在 1008 个有效问卷中,政治类专业的学生,所听闻的中国外交话语的数量(平均为 5.29 个话语)也显著高于其他专业的学生(表 10.8)。

政治课程的任课老师经常会在授课过程中加入自己的看法，他们的看法通常通俗易懂，对留学生的中国观也起到重要影响作用。一位政治学系的学生说，他们修读过马克思主义政治经济学、邓小平理论等课程，从中了解中国外交话语。一些政治课的老师在讲课的过程中，对其母国的内政、外交进行批判性反思，这让他们觉得更加容易接受中国老师的观点，从而影响他们对中国的看法。老师还会经常询问他们对中国问题的看法，并且向他们推荐合适的报纸、学术刊物，促使他们加深对中国的了解。

也有的学生表示，在汉语教学的课堂中，老师会组织大家用中文针对中国问题进行讨论，其中会涉及"和平发展""和谐世界"等主题。讨论的目的并非为了了解中国的"和平发展"理念，而是为了学习汉语。这样的方式，比政治类课程的传播方式更为间接、隐蔽，可对留学生认识中国起到更大的作用。

表 10.8：不同专业留学生对中国外交话语的知晓个数

	平均数	最小值	最大值	标准差
政治类	5.29	0	16	4.14
经济管理类	3.85	0	16	3.21
语言类	3.21	0	13	2.63
理工或医学类	4.14	0	16	3.07
教育类	4.31	0	16	3.54
其他人文社科	3.27	0	16	3.11

但值得注意的是，据留学生反馈，在一些与中国社会以及中国国情相关的课程上，教师才会有意识地将中国社会历史文化情况交予学生讨论，影响学生对于中国的认知与了解。参与访谈的留学生中，部分来自政治学、法律学或汉语言文学，他们本身的专业课程是与中国社会历史国情息息相关的，在课堂上受到教师关于中国认知观的影响也较多。上海纽约大学的一名国际交换生表示，自己在短期的中文语言修学中，在中文语言课堂上教师会经常提起中国社会历史国情，并将课程聚焦在中国问题上，这对她形成中国观

起到了重要作用。①而另一部分来自国际贸易专业、心理学专业等与中国社会历史国情并无大关联的专业留学生则指出，他们很少在专业课课堂上获取关于中国的理念与观点。这表明，要提升留学生的中国观，可以更多地引导留学生群体选读中国政治类或者中国问题研究类课程。在汉语教学的过程中，也可引导同学更多针对中国问题的讨论。

　　研究同时也发现，在中国所修读项目对留学生的中国观并无显著影响，但所修读为本科与留学生的中国观关系较为显著，可能是因为在华修读本科需要较久的时间，而这段时间能使留学生对中国有较全面的了解，从而影响其中国观。

---

　　① 2014 年 3 月 29 日对一位美国留学生的访谈,受访人:女,本科,人体生物学专业,短期交流学生,来中国 1 个半月。

第四部分

总结策略篇

第四部分

岩浆矿床篇

第十一章 留学生教育存在的问题

大力发展留学生教育有助于推进我国高校建设成为世界一流大学。来华留学作为"引进来"与出国留学作为"走出去"这两种方式均对中国建设文化强国发挥着重要作用。作为一个人口大国，中国拥有非常丰富的国内生源，有极为优秀的高中生与本科生。长期以来，中国最为优秀的本科毕业生赴欧美国家留学，学成毕业之后，还有部分留在当地国家工作。中国一流大学被称为"留美预备校"，中国也成为优秀留学生净出口国。当前中国不但面临着吸引外出的留学生学成回国、为国效力的问题，也面临着如何加强对外国留学生来华留学生的吸引力问题。2016年《推进共建"一带一路"教育行动》提出了实施"丝绸之路"留学推进计划。近年来留学生增长速度很快，从2009年238184名留学生增长到2018年492185名，增长了107%。①

当前国际人才竞争更为激烈，特朗普推行对华贸易脱钩、科技脱钩，限制中美在高科技领域的交流合作。美国通过限制签证的方式阻挠中国军工产业、高科技产业学者赴美访学。这为中国需要迅速提升国际人才培养的能

---

① 参见《2018年来华留学统计》，教育部网站，http://www.moe.gov.cn/jyb_xwfb/gzdt_gzdt/s5987/201904/t20190412_377692.html。

力提出了更大的挑战。当前中国的留学生教育虽然取得较大的成绩，但是一些教育主管部门以及高校习惯于从自身组织机构角度来制定留学生政策，对于留学生教育重要战略意义的认识不足，在留学生教学质量、课堂教学、管理机制方面均存在较多问题，这造成中国的留学吸引力不足以及在华留学生构成不合理等方面的问题，亟需引起重视。

一、留学吸引力方面的问题

中国经济的快速增长与悠久的历史文化成为吸引外国留学生的重要因素。尤其是北京、上海、广州等经济文化比较发达的城市，越来越多的跨国公司在此落户，吸引了大量的来华留学生。但是我们对国际性人才的吸引力仍然不足，对留学生人才的培养还跟不上当前国家建设的总体需求。总的来说，中国留学吸引力不足主要表现为制度与文化吸引力、教育质量吸引力以及奖学金制度吸引力不足等问题。

（一）制度与文化吸引力不足

中国政治经济体制、政府办事效率、社会核心价值观、经济与文化活力、产业发展的程度、社会包容程度、高科技水平以及教育国际化水平等均是吸引留学生来华留学的重要影响因素。当前中国对留学生的吸引力更多体现为经济吸引力，很多留学生希望到中国留学获得更好的职业发展机会。我们对发展中国家留学生的制度吸引力、文化吸引力有所上升，但对西方发达国家留学生的制度吸引力与文化吸引力则相对不足。中国大学在世界高等教育市场中的学术声誉也是一个挑战，舆论讨论最多的话题是中国院校缺乏学术自由与诚信。①中国对欧美国家留学生的制度与文化吸引力不足与他们对中国的刻板印象、价值观差异以及跨文化差异均存在很大的关系,而这一点并不容易得到改变。随着当前中美竞争与冲突的加剧,美国公众的中国认知出现更加负面化的倾向,会在一定程度上影响他们留学中国的选择。

(二)教学质量吸引力不足

高等教育质量是世界大国吸引外国留学生的重要因素。发达国家除了提供优质的高等教育之外,还非常重视对高等教育的质量控制、质量评估与质量监控。英国政府制定《教育改革法》《高等教育:新框架》《继续和高等教育法》等系列文件,②德国《高等教育结构法》也对高等教育质量做出了明确规定,并形成一套完善的高校专业设置的认证体系。③日本则重视从入学、考试等环节抓好外国留学生的教育教学质量。

中国对留学生吸引力不足在很大程度上归因于中国高等教育的国际化程度和教学质量与欧美发达国家相比还存在较大的差距。中国学位证书的含金量与主要发达国家相比还存在较大的距离。中国的国际教育和学历认证还没有获得一些主要发达国家的认可。因此,欧美国家仍然是外国留学生留学的首选国。从笔者访谈来看,不少非洲国家的留学生也表示更倾向于留学欧美。来自欧美国家留学生多为短期交换生,较少为攻读硕士、学士学位的学生,他们留学中国更多是为了满足自己对中国文化、社会的兴趣。

(三)奖学金吸引力不足

欧美国家用高额奖学金吸引优秀外国留学生,积极推动校企合作,与跨

---

① See Ma Jiani,Zhao Kai,"International student education in China:characteristics,challenges, and future trends",*Higher education*,Vol.76,No.4,2018,pp.735-751.

② 刘巍:《高等教育国际化发展的动因思考》,《学理论》,2010年第9期。

③ 王玉霞、刘巍:《西方发达国家高等教育国际化研究》,《当代世界》,2010年第1期。

国公司、非政府组织等机构合作,为留学生提供实验室、科研基地或奖学金。此外,西方发达国家还大量吸引自费留学生,作为创汇的重要手段。近年来,中国政府奖学金从每月 1800 元提升至 3000 元,可以为留学生提供优越的经济生活条件,增加了留学中国的经济吸引力。留学生在中国拥有更多的实习与就职机会,并能获得中国政府提供的奖学金,使留学中国具有了较强的经济吸引力。但是与西方国家相比,中国奖学金覆盖面也相对较低。2018 年,获得中国政府奖学金的留学生比例为 12.81%。

与美欧等国提供的奖学金相比,中国的奖学金并不具有竞争力,但是中国给留学生提供的奖学金已经高于国内学生。中国奖学金对于发展中国家留学生具有诱惑力,但是对于欧美国家留学生而言并不具有吸引力。总得来说,中国来华留学生教育投入机制市场化程度不高,投资渠道单一。留学生奖学金大多来自国家留学基金委以及省市政府,对企业资金以及社会团体资金的运用不足。

此外,中国留学生教育吸引力不足在某种程度上也归因于留学生教育的对外宣传力度不足。欧美国家在吸引留学生的政策宣传上不遗余力,每年有大量的外国教育机构在中国城市巡展,吸引中国留学生,但当前中国吸引外国留学生的宣传渠道较窄,这是亟待得以提升的问题。

二、留学生构成方面的问题

留学生的构成涉及留学生的整体质量问题。当前,来华留学生所占比例较小,在学历结构、来源国分布、专业结构等方面均存在不均衡现象。这集中表现在高学历层次的留学生比重较低,留学生大多来自于中国周边国家,而来自欧美发达国家的比例较低。从专业结构上看,留学生主要以学习汉语和中医为主,文理各个专业留学生分布不均衡。

（一）来华留学教育所占比重偏低

当前中国提出建设教育强国，加大高等教育国际化的步伐，中国留学生教育规模不断扩大。来华留学生在校人数已由 2004 年的 64107 人增加到 2018 年的 492185 人，增长速度较快。但是中国的社会经济发展水平比较落后，地区发展也不平衡，从根本上制约了留学生教育的发展。中国来华留学生所占大学生总体人数的比重依然偏低，中国学生出国学习的人数高于留学生来中国的人数。2016 年，中国留学生在全国高校生中所占比例为 0.9%，相比英国的 21.1%、加拿大的 12.9%、美国的 5.2%仍然有较大差距。[1]中国要建设世界"双一流"大学，迫切需要大力发展留学生教育，提升留学生人数的总体比例。

（二）留学生教育结构不合理，教学层次不高

留学生教育结构不合理首先体现在学历生的比例有待进一步提高。2009 年教育部印发的《留学中国计划》指出，到 2020 年中国要成为亚洲最大的留学目的地国家，全年来华留学生达到 50 万人次，其中学历生要达到 15 万人。[2]根据这一目标，学历生必须达到留学生总人数的 30%。美日等发达国家留学生的主体主要是包括研究生、本科生在内的学位生。但是留学中国的学历生比例相对较低。根据 2009—2014 年的留学生数据，非学历的进修生占总人数的 56%；学历教育即占到中国获取学位学生的数量不足一半，其中，学历教育仍以本科生为主，占所有来华留学人数的 31%，研究生和博士生占

---

① See Ma Jiani, Zhao Kai, "International student education in China: characteristics, challenges, and future trends", *Higher education*, Vol.76, No.4, 2018, pp.735-751.

② 参见《中国提出到 2020 年成为亚洲最大留学目的地国家》，2010 年 9 月 29 日，http://www.chinanews.com/edu/2010/09-28/2561503.shtml.

13%。①近年来学历教育留学生的比例有所上升。2018 年数据按学生类别统计，接受学历教育的外国留学生总计 258122 人，占来华生总数的 52.44%，比 2017 年增加 6.86%；硕士和博士研究生共计 85062 人，比 2017 年增加 12.28%；非学历生留学生 234063 人。②但是与西方发达教育强国相比，中国在高层次、高学历的留学生教育上仍有较明显的差距。

留学生教育结构不合理还体现在专业结构分布不平衡，专业特色不够明显。从来华留学生的学科分布情况来看，学习汉语专业的学生仍占大部分，约占总人数的 52%，其次为西医。③2010 年，全国 13 个招收留学生的专业大类中，学习汉语专业的留学生有 146149 人，超过其他 12 个专业人数的总和 118941 人，报考非汉语类专业的则相对集中在医学和经济管理类专业，而理工科专业则相对冷淡。④2014 年，获得中国政府奖学金的来华留学生中，学习理工科的学生首次超过了学习汉语和对外贸易的学生。⑤在 2015 年，有超过一半的学生学习汉语言专业，而自然科学、工程学等学科的学生，中国和发达国家相比还有差距。⑥

（三）留学生生源地分布不均衡

根据历年数据的统计显示，全国学历留学生中亚洲学生占到绝大多数，北京部分高校中韩国留学生占到绝大多数。2009 至 2014 年，来华留学学生

---

① 参见《2018 年来华留学统计》，教育部网站，http://www.moe.gov.cn/jyb_xwfb/gzdt_gzdt/s5987/201904/t20190412_377692.html。

② 参见《促进国际学生双向流动 提高来华留学教育质量——在"中澳跨境教育与学生流动论坛"上的发言》，https://max.book118.com/html/2017/0710/121555661.shtm。

③ 参见《促进国际学生双向流动 提高来华留学教育质量——在"中澳跨境教育与学生流动论坛"上的发言》，http://xuewen.cnki.net/CMFD-1012027138.nh.html。

④⑤ 参见《2013 年国内（中国内地）来华留学生简明统计》，http://xuewen.cnki.net/CMFD-101202 7138.nh.html。

⑥ See Ma Jiani，Zhao Kai，"International student education in China：characteristics，challenges，and future trends"，*Higher education*，Vol.76，No.4，2018，pp.735-751。

最主要的生源国家为韩国、美国、泰国、俄罗斯、日本和印度尼西亚。[①] 2018年,59.95%的留学生来自亚洲,从国别看,留学生人数最多的分别为韩国、泰国、巴基斯坦、印度、美国、俄罗斯、印度尼西亚、老挝、日本、哈萨克斯坦、越南、孟加拉国、法国、蒙古国。从增长趋势看,近年来韩国、日本增长趋势逐渐放缓,泰国、印尼和俄罗斯呈稳定增长趋势。其中,美国来华留学人数增长明显,主要原因是中国和美国合作实施了"十万强计划",即在 4 年内向中国输送 10 万美国学生到中国留学。与此同时,中方也给予美国学生 10000 个中美人文交流专项奖学金的资助。[②]虽然美国留学生增速较快,但是大多是以学习汉语为主的短期交流生,学生比例非常小,而来自欧洲国家的留学生比例就更小了。

三、留学生教学方面的问题

中国高校的留学生课堂主要分为两类:一类是以短期交换生为对象、以中国语言和文化为内容的中国特色文化课程;而另一类则是以所有学生为对象的普通专业教育课程。在以中国特色文化课程为主的留学生课程中,通过给留学生设立特色课程,帮助留学生了解中国、认识中国。在留学生专业教育的课程中,他们在课堂上遇到的教学问题较多,留学生或多或少会因为语言问题和专业知识不足影响学习效果。在教学方法上,与发达国家相比,中国教学方法还是传统的课堂教学,缺少师生互动和案例讲学,形式缺乏多样性和生动性,不少留学生都较难适应。[③]

第一,上课的形式比较传统,以教师讲授为主。调查显示,教师为留学生

---

① ②　参见《促进国际学生双向流动 提高来华留学教育质量——在"中澳跨境教育与学生流动论坛"上的发言》,https://max.book118.com/html/2017/0710/121555661.shtm。

③　关于留学生教学方面的问题主要来自于杨海兰的调研。

讲授中国类课程时,上课形式大多比较传统,以教师讲解为主,容易枯燥,不利于进一步吸引留学生。教师"满堂灌"方式的讲解也不利于学生充分发挥自己的主观能动性与积极思考探究的精神,容易导致留学生形成被动学习的习惯。绝大部分接受关于留学生课程学习访谈的被访者都提出了中国课堂沉闷和缺乏互动的现状,例如一位来自德国的留学生在访谈中提出中国的大学课堂缺乏创新能力的培养,教师备课不认真,课堂氛围不够自由,课堂使用的教材质量参差不齐,有些知识点讲解不规范,存在任意拼凑等问题。①一位来自日本的留学生提到,在国外高校课堂中相当流行的一种以座谈会为形式的互动课堂教学模式却鲜少出现在中国课堂上,学生很少能真正参与到课堂的教学和讨论中。②

第二,过于注重知识点讲解,不结合或很少结合实际。在访谈中,有部分留学生认为讲授中国类课程的老师上课非常注重知识点的讲解,经常要划书记重点,有的甚至要他们背下来,但是他们并不是非常理解,因此他们希望老师在上课的时候,能更多地结合实际生活,可以让他们多一些体验和操练的机会。

第三,部分课程较难,缺少书本和练习,不易掌握和理解。由于存在跨文化的差异、语言表达的不同,对于一个没有接触过中文的留学生而言,有的课程相对较难。调查发现,一些留学生反映一些关于中国议题的课程没有任何的资料和课本,也没有练习巩固。一名学习中国文学的留学生提到,虽然她对中国文学非常感兴趣,但是要理解真的很难,比如一些唐诗宋词押韵,写得很美,但是她不能很好地理解,而且也没有相关的书本可以看,老师也没有设计相应的练习。一些课程是全中文授课,对于中文基础比较薄弱的留学生而言,课堂上的知识比较难理解。课堂讲授缺乏相应的书本和练习配

---

① 2014年4月2日对一位德国留学生的访谈,受访人:男,本科,公共关系学专业,来中国3年半。
② 2014年4月13日对一位日本留学生的访谈,受访人:男,本科,法律学专业,来中国2年。

套,这也导致留学生学习效果不佳。

第四,上课学生太多,听课效果不佳。大课堂在中国高校非常普遍,一般的课堂也有五六十人,多一些的会有一两百人,甚至还有好几百人大课。留学生反映:"大课的听课效果不太好,因为学生在后面常常听不清楚老师讲的是什么内容,下面的同学也会比较吵,自己做自己的事情,玩手机、睡觉、聊天都会有,学生和老师也不能很好地互动,彼此之间交流不多。"在国外很多课堂大多都是小班教学,课堂的主角是学生而不是教师,他们可以充分发挥自己的主观能动性与创造力。因此,一些留学生来到中国,开始还不是很适应中国大学的大课堂上课,他们希望学生人数可以少一些,老师多一些,这样才能更好地学到东西,效率会更高。

四、留学生管理方面的问题

随着来华留学生人数的增加,对于高校的教学质量与管理机制提出了更高的要求。这需要相关教育部门与高校加强对留学生教育战略意义的认识,加强对留学生教育的领导、组织、管理与协调。但是当前留学生教育管理还存在诸多问题,这主要表现在管理体制滞后与管理人员整体素质不高等问题上。

(一)留学生管理理念较为滞后

国际化已成为中国高校发展的重要战略任务,但是当前高校对留学管理重要性的认识不足,缺乏清晰的战略定位与规划。在留学生管理中有时存在顾此失彼的现象,有的高校过于强调招收欧美发达国家留学生,忽视对发展中国家留学生的招收与培养,有的管理部门对留学生教育的管理更多停留在语言文化培训上,在专业特色的建设上存在较大的不足。有的管理部门强调留学生数量,对留学生的层次、专业等结构性的指标以及教育质量的指标重视不够。

(二)存在管理缺位以及"分离式管理"现象

中国高校在留学生管理中存在"管理缺失""管理缺位""分离式管理"等问题。与国内普通学生相比,留学生生源质量并不高。有的留学生学习主动性不高,缺课、逃课现象比较普遍,甚至要求特殊待遇,对课程作业以及论文采取应付的态度,需要老师不断督促。部分留学生不能准时毕业,甚至最后放弃学位,这在某种程度上也会影响到指导教师的考核绩效。中国老师与外国留学生在学习、生活沟通上存在一定的困难,沟通与指导成本较高,留学生也比较难参与导师的科研计划。对于一些教师而言,他们愿意招收国内学生,并不那么愿意招收外国留学生。来自美国的一位留学生坦言,来到中国后学校方面缺少专门为留学生的生活提供帮助的组织和老师,在适应留学中国的过程中遇到诸多生活和学习上的困难却没有相应的渠道来解决和完善,一些基本的生活服务也无人问津。[1]

一些高校为了方便管理,对留学生与国内学生采取"分离式"管理模式,这并不利于留学生更好地融入中国社会。如一位留学生所指出,在中国高校,留学生往往享有"特权",他们与普通中国学生待遇不平等,住宿分离减少了留学生与普通中国学生的交流机会,从而导致留学生难以融入中国学生学习和生活的氛围中。[2]

---

① 2014 年 3 月 29 日对一位美国留学生的访谈,受访人:女,本科,人体生物学专业,短期交流学生,来中国 1 个半月。

② 2014 年 4 月 21 日对一位澳门特别行政区(葡萄牙籍)留学生的访谈,受访人:女,本科,公共关系专业,在大陆 3 年。

（三）留学生管理协调不畅，管理人员的管理水平不足

当前留学生管理人员结构、行政隶属关系等较为复杂，在多部门之间存在沟通不畅问题，出现"踢皮球"现象，导致一些问题无法得到有效解决。留学生管理中组织架构不太合理，管理人员有时多于普通办事人员。因为管理中的激励机制不足，留学生管理人员缺乏主动性和创造性。

留学生管理中，一个非常重要的问题是对留学生的社会和文化适应的管理。根据一项社会调查显示，留学生的跨文化适应性问题包括语言适应、群体适应以及跨文化心理适应问题。这需要相关管理部门为留学生提供个性化、系统化、长期化的汉语言学习课程，邀请他们参与各种汉语言交流项目，夯实汉语言文化基础。①但是当前留学生行政管理人员整体素质不高，相关工作人员的英文表达能力、组织协调能力还存在较大不足，尤其是他们跨文化管理的意识相对比较薄弱，对外国留学生在价值观、时间观和思维方式上与中国人存在的文化差异缺乏认识，这容易导致留学生管理问题中的文化冲突。总体上看，留学生管理的专门化、专业化和现代化水平较低。

---

① 李萍：《留学生跨文化适应现状与管理对策研究》，《浙江社会科学》，2009 年 5 月。

第十二章　加强文化软实力与留学生教育的策略

中国稳定的政治环境、快速发展的经济、良好的社会治安是吸引留学生的重要因素。根据中国教育国际交流协会对近两万名网民的调查显示，50.1% 的留学生认为"留学国家政治稳定"是其选择留学目的国的首要考虑因素。[①] 良好的政治、经济与文化环境是推动留学生教育发展的前提条件。

本次调查显示，留学生的中国观呈现正负面看法并存，又主要以正面看法为主的多元化观点。留学生中国留学的经历，确实有助于改变他们对中国的刻板印象，有助于提升中国文化软实力，实现建设文化强国的目标。加强留学生教育，改善留学生中国观，需要从战略层面统筹留学生教育问题，优化吸引留学生的政策，强化对留学生联动管理，提升留学生教学质量。

一、全面提升国家文化软实力

中国文化软实力的提升主要依靠政府驱动，缺乏民间的参与；更多注重

---

① 参见《调查显示：选择留学生的国家政治稳定最关键》，《中国青年报》，2007 年 7 月 11 日。

文化的宣传,而缺乏核心价值的提炼;更多注重外交理念的提出,而缺乏国民心态的自我反思。进一步提升中国文化软实力,需要加强以下四点:

第一,重视保留与发扬中华传统文化。我们对传统文化精华的保留与提高的工作做得相当不够。例如,现在中国的大学对中医研究重视不足,即使中医专业,也鲜有学校开设有《皇帝内经》这样的经典课程。很多医生只懂西医,不懂中医,优秀的中医就更难找到。在西医不断出现创新发明的时候,中医停滞不前,甚至不能保有原来的最高水平。藏族、维吾尔族、蒙古族等少数民族语言和文化遗产也是中华文化的重要组成部分,需要得到更好的保护和继承。我们经常强调发扬中国的传统文化,提升软实力。文化的核心在于价值理念,但是我们对于核心价值理念的强调不够。在儒家经典中,孔子和孟子有很多即使在今天仍具有重要意义的核心价值,如反省、学习、宽恕、仁爱的思想,需要我们加以提炼和继承。中国要更加具有吸引世界的能力,需要有谦虚好学的开放心态,培育国民终生学习的精神。

第二,加强对其他国家的理解与尊重。政府、企业和个人在对外交往中需要有不卑不亢的心态,这需要有强大的自信心。因为中国近现代以来遭受西方列强入侵,又遭遇日本侵略,中国人的集体潜意识中较为容易存在一定的"受害者心态",在面对与美日的一些冲突时,容易出现民族主义情绪,不能理性客观地看待问题。面对外界正常的批评声音,国民较为容易反应过度,觉得是外界对中国的恶意指责。在面对欧美日等国家留学生时,需要更好地保持不卑不亢、平等待人的心态。对于比自己弱小的国家,则需要克服可能存在的"自大"心理。中国在古代朝贡体系中是周边不少政权的宗主国,有一定的"中央帝国"心态和优越感。随着现在中国逐渐走向强大,中国对亚非拉国家进行经济投资、援助,吸引他们的留学生来华留学时,较为容易产生一种潜在的优越感意识,这些留学生也可能觉得没有足够被重视与尊重。来自东南亚国家的留学生在和中国相处的过程中,存在一定的历史伤痕,需要我们对此更加敏感,让他们感受到更多的理解和尊重。

第三,全面提升国民素质。提升中国文化软实力需要国民素质的全面提高,这需要每一个人的努力。[1]一个国家文化软实力的展示并非靠政府或者媒体宣传,而是靠每一个国民的行动。例如,一些外国媒体报道一些人不排队,在与外宾交往过程中存在不诚实的行为,这都影响中国对外国人的吸引力。我们需要抱着谦虚的反省态度,承认不足,接纳自身的缺点,建立信心,并加以改进。真正地提升国人的文明素养,需要几代人的长期不懈的努力。

第四,加强对中国文化软实力提升效果的研究。我们特别需要加强对文化软实力战略实施的效果进行评估,并提出改进意见。中国政府这几年采取了很多提升国家文化软实力的措施,例如在开办孔子学院,举办中国文化年,设立奖学金吸引留学生来华留学。这些措施已经实施了多年,需要考察孔子学院是否真的增加了学习者对中国文化的景仰,来中国留学是否有助于他们更喜欢中国,这些都需要认真地做调查研究,评估政策实施的效果,并进而提出改进的方案。

二、从战略层面提升国家形象

留学生培养对于提升国家软实力、推动公共外交意义重大。当前,一批已毕业回国的留学生已经成长为政治、经济精英,在推动母国与中国的政治经济文化交流方面起到重要作用。国家需要充分认识到留学生人才资源的重大政治意义,从人才储备、人才培养、资源运用等角度加强留学生培养与管理,加强与留学生的情感联系,并采取切实可行的措施,将留学生人才资源转化为中国公共外交实践的动力。

---

① 参见吴建民:《文化软实力与民族复兴》,《科学中国人》,2010 年第 1 期。

第一,需要把吸引与培养外国留学生置于国家文化软实力提升的战略高度。塑造中国良好的国家形象已经成为中国自身发展的内在要求。经过四十多年改革开放,中国经济快速崛起,已经成为世界第二大经济体。作为大国,中国不但有维持经济发展与捍卫国家安全的物质需要,也存在得到国家社会尊重、实现自我创造力等精神层面的需求。当物质需求在一定程度上得到满足后,中国必然要追求更高层次的受尊重的精神需求。但是在西方的观念结构中,中国的国家形象经常出现被歪曲、被妖魔化的状态,陷入西方话语霸权中。这已经成为中国文化与文明崛起的巨大障碍,是中国不得不面对的一个"崛起困境"。

塑造中国良好的国家形象也是中国与国际社会构建新型互动关系的题中之义。在经济相互依赖时代与国际社会进化趋势的大背景下,国家间的竞争转向更高层面的国家形象竞争、合法性竞争。在新时期,需要把中国国家形象的塑造置于国家战略发展的高度,以凝聚共识,实现对各相关部门与各项具体工作的统筹协调。

第二,提升留学生中国观的前提在于继续大力推进国内现代化建设。国家经济的快速发展与强大实力是塑造良好的国家形象的物质基础与基本前提。日本历史上对中国的仰视、俯视、蔑视等态度的变化,是以中国国力强弱变化为风向标的。西方开始对中国遍地黄金的赞叹,乃至后来认为中国是一个"停滞帝国",也是以中国经济的发展为标尺。

留学生眼中的中国观以西方现代性为标尺,他们对中国取得的经济现代化的成就表示欣赏与赞叹,中国经济发展的机遇也是吸引他们来华留学的重要原因。因此,要塑造与改善中国的国家形象,必须继续大力推进国内经济现代化建设,缩小中西部差距、城乡差距、贫富差距,提高中国产品质量,加强环境保护,实现经济与自然的协调发展。

第三,塑造良好国家形象的核心在于加强中国社会主义核心价值观理论体系的建设。要塑造与改善外国人眼中的中国形象,关键在于中国如何构建具有强大逻辑说服力的核心价值观理论体系。留学生对中国的负面印象主要来自于可能存在劣质产品、造假、人际间冷漠、文明意识缺乏等问题。在中国社会转型期中,旧有价值体系被打破,而新的价值体系尚未建立起来,有的民众面临信仰真空与价值失范。这迫切需要中国加强社会主义核心价值观建设。

从对留学生的调研中可以看出,中国传统文化的精髓对于他们相当具有吸引力。中国加强核心价值观建设,需要创造性发展传统文化思想,古为今用。西方现代性已经成为外国人看中国的一大标尺,这也需要中国吸收西方现代文化的合理成分,寻求中国传统文化与西方文明的共通价值观。

第四,塑造良好国家形象的渠道在于大力加强公共外交。中国需要扩宽渠道,大力加强公共外交,以提升中国国家形象。本研究表明,留学生对中国的印象普遍变好,这说明近距离接触中国,在一定程度上有利于改变镜像中国的歪曲与失真状况。虽然留学生对中国政治民主、言论自由出现一定程度的负面评价,但是对于中国和平、负责任的国家形象、中国人的文明素质、平等待人意识等均有着积极正面的评价。

加强公共外交,需要中国吸引与培养更多的外国留学生,吸引外国人来华旅游、工作。除此,还需要中国加快发展对外媒体,以有效提高中国声音的"分贝"。

第五,塑造良好国家形象的动力来自于加强国家自觉、反思与学习意识。国家形象涉及主体间主观性看法,是国际社会的中国想象的构建物。塑造良好国家形象是一个中外互动进程,这需要中国加强主体自觉、反思与学习意识。中国需要开放性地了解其他国家的文化特点、思维习惯。对于国际社会针对中国的指责批评,要采取换位思考,肯定对方合理成分,反思自身不足,加强学习,以提高自己。

三、优化吸引留学生的政策

留学生生源通常向教育更为发达的国家流动。一个国家的经济发展水平、完善的留学生教育政策是构成留学教育发展的重要因素。在优化吸引留学生的政策上，需要完善制度法规、提升教学质量、拓展投资办学渠道。

第一，创设名牌专业，发挥特色，以吸引更多留学生。教育质量涉及留学生教育的核心竞争力。中国要建设世界一流大学，需要挖掘特色专业，提高科研国际化水平。伴随中国经济的快速增长，来华学习汉语的留学生将越来越多，这需要高校发挥汉语教学优势。针灸、推拿等中医学是吸引外国留学生的热门专业，需要进一步打造中医专业特色。中国还需要充分挖掘中国文化等相关学科的特色，吸引外国留学生修读。此外，经济、法律、管理这些经贸领域实务性课程，也将成为留学生所青睐的课程。中国高校要积极提升留学生科研能力和创新精神的培养，涌现创新型研究人才，这样中国的高等教育质量和研究水平才能更具有国际影响力，能够吸引更多高层次的留学生来华。

第二，提高办学层次，改善师资队伍，提高国际竞争力。为建设世界一流大学，需要进一步加强国际教育合作，建立海外分校，加强高校特色专业的发展。为提高办学层次，要创造更好的科研条件，提供具有竞争力的奖学金制度，吸引留学生攻读硕士、博士等高层次学位。中国需要加强国际化师资队伍建设，积极培养具有国际化视野，拥有跨文化交流知识的高素质师资队伍。

第三，拓展投资与办学渠道，进一步完善留学生奖助学金制度。当前留学生教育资金过于依赖政府投资，对于其他投资渠道的运用不足，这需要得以改善。拓展投资与办学渠道，首先需要合理利用外资，推进中外合作办学。

高校要充分运用国内与国际资源,推动与国外大学进行联合办学或者设立留学生交流项目。2008 年 12 月,中国有 24 所高等学校共设立海外分校或举办境外办学项目达 42 个。①上海纽约大学为华东师范大学与美国纽约大学合办的大学,便是中外合作办学的一个成功案例。其次,拓展投资还需要鼓励非政府资本投入。政府应加大留学生奖学金投入,增加奖学金与助学金的数额和种类,鼓励企业、民间团体、工商界人士等各种社会资源出资设立专项资金。②政府与高校要为留学生勤工助学提供更多的机会与保障。最后,还需要建立有弹性的留学生奖助学金制度。美国奖学金只给予最优秀的学生,但是获取中国政府奖学金的门槛较低。每月给予留学生的奖学金额度超过中国学生所领取的奖助学金。从本次调研的情况看,获得中国政府奖学金的留学生的中国观并没有好于自费学生。这需要政府进一步调整奖学金制度,可以采用全奖与半奖等形式资助留学生。

第四,加强留学生工作的对外宣传。欧美等国家的留学生来源都主要以周边地区和国家为主。③中国的留学生也主要来自于亚洲等周边国家。在继续加强吸引周边国家留学生的基础上,还需要相关部门加强宣传,更多吸引欧美学历生,改变欧美生偏少的状况,实现来源国别与地区的均衡化发展。加强留学生教育的宣传,首先需要树立教育全球化,教育国际化的理念。大学要开通英文信息网站,可以使国外申请者更好地了解中国大学的信息。相关大学可以通过举办国际教育展,在其他国家和地区建立教育中心、设立代理机构等形式更好地发布留学信息,并充分运用海外华人华侨的作用,开展

---

① 参见《改革开放 30 年来我国教育服务贸易的发展状况及政策探讨》,http://www.shandong-business.gov.cn/public/html/news/201709/92496.html。

② 参见杨军:《海南高校留学生教育发展战略选择及对策》,《海南师范大学学报(社会科学版)》,2012 年第 5 期。

③ 参见郑向荣:《论我国发展来华留学生教育的优势——兼论发展来华留学生教育的意义》,《现代教育论丛》,2005 年第 2 期。

留学生教育展与招生说明会等活动。

四、强化对留学生的联动管理

加强留学生教育和管理,需要高校、政府和社会三者联动,共同努力为留学生创建更为良好的留学学习和生活环境。

第一,教育部门、高校外办需要加强对高校留学生工作者和教师的专业化培训。强化留学生工作者和教师的责任感,加强师生互动,有效提升课堂教学质量。对留学生学习与生活管理要宽严相济,减少留学生"混"学位和老师"放水"现象。针对留学生存在社会融入方面的困难,如语言障碍、文化隔阂、交友困难等,高校要为留学生与中国老师、学生互动创造更多机会,可以建立中国学生与留学生"一对一"或"多对一"的互助体系,安排留学生与中国家庭增加接触机会,以帮助他们更好地融入中国社会。

第二,建立外国留学生教育工作者沟通平台与留学生信息管理系统,建立留学生微信公众号或手机应用程序,为留学生提供针对性服务。留学生教育工作者沟通平台或联系会议有助于及时发现留学生培养中出现的问题以提出有效解决方案。通过留学生信息管理系统、公众号或手机应用程序,就可以及时了解留学生学习生活各方面动态。

第三,深入了解留学生需求,优化留学生学习政策。来华留学生的教育管理应该更具中国特色,为留学生创设更多学习和掌握汉语言和文化的机会。要鼓励留学生进行科研项目、学术交流、文化活动,鼓励留学生毕业留华工作,与留学生生源国展开留学生合作。来自不同地区和国家的留学生有不同需要,在实际工作中,有针对性地提出适合留学生的个性化政策,关心留学生的课余生活,帮助其更好地融入中国的社会生活和社会交往中。这要求各学校和地方政府能尽早摒弃中国学生和外国留学生异质化管理,让留学生能真正融入中国的学习和生活，让留学生拥有更多与中国学生交流的机会，了解一个客观真实的中国社会。

第四，加强与留学生文化沟通，帮助适应中国留学生活。中国高校要推动实行中外学生管理、学习一体化政策，让留学生与中国学生充分融入中国学生的学习、生活和工作。高校还需要加强对留学生的个性化管理，更多关心留学生的成长和生活，给他们创造更多了解中国文化和社会的机会。学校应该建立起系统有效的留学生培训机制，与各国使馆联动，让留学生参与到中外文化的友好交流中，将积极正面的中国国家形象寓于潜移默化的交流活动中，也可以定期展开交流活动指导留学生解决实际问题，为他们提供帮助。此外，高校应该注重留学生组织的建设与发展，完善的留学生组织可以凝聚留学生力量，帮助留学生更好地融入在华的学习和生活。

五、完善教学体系，提升教学质量

完善教育体系，提升教学质量，需要对留学生加强管理、严格要求，目前学校老师对留学生过于优待，反而存在负效果。当前留学生上课方式过于传统，以讲授为主，缺乏互动，较少联系实际，这需要得以改善提高，除此还需要加强留学生与中国老师、同学的互动，推动他们更加深入地了解中国。[①]

第一，根据各高校特点设置带有中国文化特点的专业课程，完善课程设置。各高校应该根据本学校的办学特色和理念，设置带有中国文化特色的专业课程供留学生选修。例如，华东师范大学发挥师范大学对外汉语专业优势，招收更多学习语言的留学生；上海中医药大学可以发挥中医、中药学的学科优势，吸纳更多的留学生学习中国医药文化；上海财经大学亦可就经贸

---

① 关于提升教学质量的建议来自杨海兰的调研。

领域的专业见长为留学生设置完善的课程。

第二,增强课堂的开放性、灵活性、趣味性。针对比较传统的课堂,留学生表示希望课堂教学能够更开放、更灵活、更有趣。增强课堂的开放性,不仅指整个班级、课堂的开放性,也包括学生思维的开放性、问题的开放性、答案的开放性。一个班级的留学生来自各个国家,需要教师在教学过程中有一颗包容、开放的心。教师和学生之间、学生和学生之间都需要保持开放,才能使课堂真正活跃起来。教师授课与考核的方式可以多样化,设计题目需要灵活化,尽可能避免死记硬背,增加学生讨论与上讲台做 PPT 展示等课堂互动形式。对于留学生课堂内容的选取,要与学生的需求相适应,不能太难,也不能毫无挑战性,更不能枯燥乏味。关于课堂的形式,可以采用戏剧表演、角色扮演等方式,适当结合音乐、视频,以增加课堂趣味性,更好吸引外国留学生。

第三,结合实际,让学生走出课堂、走进生活。通过调查,许多留学生强调,希望教师授课能够迁移到课堂之外,走进生活,多参加实践活动。尤其是涉及中国议题的相关课程,更应该多一些政治、经济与文化的实地考察,可以带领留学生多参观一些中国建筑、中国特色服饰展览等活动,让他们亲身感受中国的文化习俗、舞蹈音乐、中国美食。

第四,配备相关教材,辅之以适当的练习。针对部分课程较难,留学生不易理解的问题,有留学生建议能给他们推荐一些相关书籍,教师可以在比较难的学科上设计一些典型的习题让他们练习巩固。课程较难,一方面可能是教师和学生的因素;另一方面,也可能是课程内容过难,针对性不强,导致学生不能很好地理解。授课教师需要注意语言简洁,放慢上课速度,结合辅助资料与视频,帮助学生去消化吸收知识,这需要教师对学生具有更大的耐心,激发学生的学习热情和动力。

第五,减少大课,实现小班教学。从留学生的适应性方面来说,他们大多从小在其母国接受小班教学,来到中国后,对大课教学不太适应。大课教学因学生人数较多,教师可能存在顾此失彼现象。小班教学有利于师生沟通,推动学生的自主探索,因此需要尽量减少留学生课程的大课安排,最大限度地实现小班教学。

当前,中国高等教育的规模居世界第一。当前在中国的外国留学生比例占全部在校大学生比例还很低,离国际化大学的外国留学生 10%~20% 比例标准还很远。[1]因此,中国发展外国留学生教育的潜力很大。中国需要抓住这一契机,从国家战略的高度统筹留学生教育,建立完善的留学生管理体系,优化吸引留学生政策,提升高等教育质量,建设世界一流大学、一流学科,打造文化强国,全面提升国家文化软实力。

---

① 参见郑向荣:《当前我国发展来华留学生教育的意义与优势分析》,《高教探索》,2010 年第 5 期。

第五部分

主题论文篇

留学生对"中美新型大国关系"的话语认知

中美关系是当今世界上最为重要的一组关系，对世界格局的变化具有战略性的影响作用。中美战略关系定位话语大多由美国提出。20世纪90年代以来，中国与美国开始确立"建设性战略伙伴关系"与"建设性合作关系"，双方在战略关系定位上取得一致。这两个概念均为美方倡议，并得到中国认同。2012年2月，习近平提出建设中美新型大国关系，打破守成大国与发展大国之间对抗冲突的历史逻辑，表明中国外交话语构建能力的提升。奥巴马政府基本接受这一概念后又立场后退。特朗普就任美国总统后，"中美新型大国关系"面临着很大的不确定性。

关注不同国家的来华留学生如何看待中美关系，有助于了解他们对中美关系的看法与判断，对于全面了解与比较中美文化软实力也具有重要的意义。作为社会精英，留学生群体学成回国后大多成为国家政治经济的中流砥柱，他们比普通公众在处理与美国关系上可以发挥更重要、更具有影响力的作用。选择在沪留学生群体对"中美新型大国关系"的话语认知作为研究对象的优点还在于它不但包括了美国留学生，还包括了来自欧洲、东南亚、俄罗斯、日本等地的留学生，这使得对比美国公众与第三方国家公众对"新型大国关系"话语认知的异同成为可能。

外国留学生在中国学习,他们对"中美新型大国关系"的认知可能比其母国普通公众更为正面乐观一些。为更全面反映外国普通公众的看法,本研究将结合其他民意调查进行讨论。虽然留学生的认知可能更加正面,但是对比不同国家留学生认知的差异,还是可以较为全面地反映不同国家公众对"中美新型大国关系"认知差异的。

一、研究设计

本研究以复旦大学、上海交通大学、华东师范大学等接收外国留学生的上海高校为代表,从 2014 年 10 月开始,采用分层抽样与滚雪球抽样相结合的方法,陆续发放调查问卷,对外国留学生进行关于"'中美新型大国关系'话语认知"的问卷调查。到目前为止,研究共收回有效问卷 300 份。根据统计结果,样本的性别、国籍、专业和在中国的时间等变量的分布,较为符合留学生实际的比例情况,因此样本具有较强的代表性。

在接受问卷调查的 300 人中, 男女性别分布均匀, 男性为 160 人,占 53.3%,女性为 140 人,占 46.7%。目前,美国、韩国、日本是中国接收留学生最多的三个国家。在此次调研中,来自美国的人数最多,占 10.3%;其次为韩国,占 10.0%;日本则占 5.0%。来自其他国家的留学生则相对较少,为统计方便,本研究把来自欧洲、非洲、中亚、中东和拉美不同地区的留学生进行统一计算,分别占比 29.3%、10.7%、4.0%、4.7%和 2.3%。最后,还有 19.7%的留学生来自除韩日越以外的其他亚洲国家(见表 1)。

表 1　留学生的来源国别分布(%)(有效值 300,缺失值 0)

国别	美国	欧洲	非洲	日本	越南	韩国	中亚	中东	拉美	其他亚洲国家
比例	10.3	29.3	10.7	5.0	4.0	10.0	4.0	4.7	2.3	19.7

在 300 个样本中,除 13.0%的留学生为短期交流生外,其余的均为学位生,其中本科学位最多,占 45.3%,其次是硕士学位,占 32.7%,博士学位占 7.0%,专科学位则占 1.7%(见表 2)。

表 2　留学生攻读项目分布(%)(有效值 299,缺失值 1)

项目	专科	本科	硕士	博士	短期交流
比例	1.7	45.3	32.7	7.0	13.0

在受访者所学的专业上,经济管理类专业的留学生最多,占 32.3%;其次为理工或医学类学生,占 30.0%;语言类、政治或国际关系类、教育类和其他人文社会科学类学生分别占 10.3%、9.7%、3.3%和 13.3%(见表 3)。

表 3　留学生专业分布(%)(有效值 297,缺失值 3)

专业	政治或国际关系	经济管理	语言	教育	理工或医学	其他人文社科
比例	9.7	32.3	10.3	3.3	30.0	13.3

样本中,留学生在中国的时间长短不一,39.0%的留学生在中国生活半年以下,15.7%生活了半年到 1 年半,13.3%生活了 1 年半到 2 年半,11.7%生活了 2 年半到 3 年半,6.3%生活了 3 年半到 4 年半,12.0%生活时间在 4 年半以上(见表 4)。

表 4　留学生来华时间分布(%)(有效值 294,缺失值 6)

时间	半年以下	半年到 1 年半	1 年半到 2 年半	2 年半到 3 年半	3 年半到 4 年半	4 年半以上
比例	39.0	15.7	13.3	11.7	6.3	12.0

在此次调研的留学生中,获得中国政府奖学金的留学生占比达到 26.3%,还有 20.0%的留学生获得其母国奖学金。自费来中国的留学生比例最高,达到 48.0%(见表 5)。

表5　留学生来中国的费用来源(%)(有效值297,缺失值3)

费用来源	中国奖学金	母国奖学金	自费	其他
比例	26.3	20.0	48.0	4.3

在样本中,近一半的留学生来中国是因为中国经济发展机会好,占比46.7%,也有很大一部分留学生来中国是出于对中国的喜欢,占比38.8%,而只有12.7%的留学生是因为家庭因素而来到中国(见表6)。而对于有中国亲戚的留学生进行统计,发现13.0%的人拥有中国亲戚。

表6　留学生来中国的原因(%)(有效值291,缺失值9)

原因	经济发展机会好	家庭	喜欢中国	其他
比例	46.7	12.7	38.8	24.7

为检测样本的可信度,本研究设置了"中美关系类型是伙伴还是对手"以及"中美关系的本质偏向于合作和竞争"两个问题,统计数据显示,认为中美关系类型偏向于伙伴的留学生更倾向于认为中美本质偏向于合作,两者显著相关,相关系数为0.22,这表明本研究具备一定的信度。

二、留学生对"中美新型大国关系"话语的知晓率

一直以来,美国在中美关系定位的议程设置上占据优势。"中美是利益攸关者""两国集团""中美国"等概念均为美国官员或学者所提出,而"中美战略合作伙伴关系"则是中美共同倡导的关系定位话语——由美国提出进而得到中国认同。"中美新型大国关系"是由中国首次提出的关于中美战略关系定位的话语。本研究询问留学生是否听说过"中美战略合作伙伴关系""中美新型大国关系""两国集团""中美国""中美是利益攸关者"和"美国亚太再平衡战略"等概念,发现全部留学生中听说过"中美新型大国关系"的比例为26.7%,接近三分之一。

第一，美国在中美战略关系定位话语上具有比中国更强的议题设置力。在所有关于中美战略关系定位的概念中，中美共同倡导的"中美战略合作伙伴关系"具有最强的议题设置力，58.1%的美国留学生听说过这一话语，高于听说过"中美新型大国关系"41.9%的比例。在所有留学生中，听说过"中美战略合作伙伴关系"的留学生比例也最高，为36.0%，其次是"中美新型大国关系"，为26.7%。美国提出的"利益攸关者""亚太再平衡战略""两国集团""中美国"在所有留学生中的知晓率分别为25.3%、22.7%、22.0%、13.0%(见表7)。

表 7　留学生对相关概念的知晓率(%)

	美国	欧洲	非洲	日本	越南	韩国	中亚	中东	拉美	其他亚洲国家	总计
中美战略合作伙伴关系	58.1	25.0	53.1	33.3	25.0	33.3	33.3	35.7	57.1	33.9	36.0
中美新型大国关系	41.9	26.1	25.0	13.3	33.3	33.3	16.7	50.0	0	18.6	26.7
两国集团	45.2	22.7	25.0	13.3	25.0	26.7	16.7	7.1	14.3	11.9	22.0
中美国	12.9	11.4	9.4	13.3	16.7	30.0	8.3	7.1	14.3	10.2	13.0
中美是利益攸关者	38.7	29.5	12.5	33.3	8.3	20.0	16.7	21.4	28.6	25.4	25.3
美国亚太再平衡战略	41.9	20.5	6.3	26.7	25.0	26.7	8.3	14.3	42.9	23.7	22.7
总知晓程度	2.39	1.35	1.31	1.33	1.33	1.70	1.08	1.36	1.57	1.24	1.46

第二，美国留学生比其他国家留学生更熟悉中美关系定位的相关概念。调查数据显示，在所有的中美关系定位话语中，美国留学生都具有比他国留学生更高的知晓率。在6个中美关系定位的概念中，美国留学生听说过的概念平均有2.39个，显著高于韩国、欧洲、日本等其他国家。

第三，美国设置的关于中美关系定位的话语在美国的盟国中具有更强的议题设置力。对比欧洲国家、非洲国家、日本、越南、韩国等主要地区和国家，发现欧洲国家、日本、韩国等美国的盟国对美国提出的"利益攸关者""两国集团"等概念的知晓率更高一些。

第四，大部分留学生误认为"中美新型大国关系"是由美方提出，表明美国在中美关系定位话语的议题设置中具有主动地位。"中美新型大国关系"

由中国率先提出,提出后得到美国的响应。但调查结果显示,对于"中美新型大国关系"的提出方,超过半数的留学生存在错误认知,认为"中美新型大国关系"这一概念由美国率先提出,占比54.5%,而在美国留学生中这一比例高于其他任何国家和地区,高达66.7%。只有日本和拉美地区的留学生中多认为"中美新型大国关系"由中国率先提出(见表8)。

表8 留学生对"中美新型大国关系"的认知(%)

	美国	欧洲	非洲	日本	越南	韩国	中亚	中东	拉美	其他亚洲国家	总计
中美新型大国关系由美国提出	66.7	55.0	61.5	35.7	50.0	53.8	50.0	54.5	33.3	52.5	54.5
中美新型大国关系由中国提出	33.3	45.0	38.5	64.3	50.0	46.2	50.0	45.5	66.7	47.5	45.5
中美新型大国关系是新型军事关系	22.6	23.9	12.5	13.3	25.0	20.0	33.3	7.1	14.3	20.3	20.3
中美新型大国关系是新型经济关系	83.9	62.5	65.6	66.7	66.7	60.0	75.0	42.9	71.4	67.8	66.0
中美新型大国关系是新型政治关系	45.2	36.4	31.3	33.3	33.3	33.3	25.0	21.4	42.9	42.4	36.3

三、留学生对"新型大国关系"概念内涵的认知

中国提倡与美国建立"不冲突不对抗,相互尊重,合作共赢"的"中美新型大国关系",意味着中国将中美关系定位为"合作伙伴"而不是"敌人""对手",强调对"核心利益"的尊重。为了解留学生对"新型大国关系"概念内涵的认知,调查问卷中设置了"美国是否将被中国赶超""中国是否是潜在的超级大国"和"中美关系的本质是竞争关系还是合作关系"等问题,发现留学生对中美关系的认知具有以下特征:

第一,留学生倾向把"中美新型大国关系"解读为"新型经济关系"。"中美新型大国关系"不仅是一种新型经济关系,也是一种新型政治关系,而在

2013年6月习近平与奥巴马的庄园会晤中更进一步提出致力于建立新型军事关系。对于"中美新型大国关系"的性质,留学生更关注其经济层面,66.0%的留学生认为其是新型经济关系;其次是政治层面,36.3%的留学生认为其是新型政治关系;而留学生对"中美新型大国关系"的军事层面关注较少,只有20.3%的留学生认为其是新型军事关系。

第二,留学生对中美关系存在多元复合看法,认为中美两国合作与竞争并存,"既是伙伴也是对手",总体上略微倾向认为是竞争关系。本研究询问留学生中美关系的本质更多是合作还是竞争关系(−3表示竞争关系,+3表示合作关系),留学生评价的均值为−0.24,略微倾向竞争关系。除了韩国和中亚对此评价的均值为正数外,包括美国在内的其余国家和地区评价均略倾向竞争关系(见表13)。当询问留学生中美关系的类型是朋友、伙伴、对手、敌人时,大部分留学生认为中美两国"既是伙伴也是对手",比例高达51.8%,7.6%的留学生认为中美两国是"朋友",18.5%的留学生认为中美两国是"伙伴",15.9%的留学生认为中美两国是"对手",认为中美两国是"敌人"的比例最小,仅为6.2%(见表9)。

表9　留学生对中美关系类型的评价(单位:%)

	美国	欧洲	非洲	日本	越南	韩国	中亚	中东	拉美	其他亚洲国家	总计
朋友	9.7	3.7	18.5	13.3	0.0	3.6	0.0	8.3	0.0	12.0	7.6
伙伴	22.6	14.6	18.5	13.3	16.7	25.0	25.0	25.0	42.9	14.0	18.5
对手	6.5	15.9	3.7	13.3	16.7	17.9	33.3	16.7	0.0	26.0	15.9
敌人	3.2	4.9	7.4	6.7	33.3	10.7	0	8.3	14.3	0	6.2
既是伙伴也是对手	58.1	61.0	51.9	53.3	33.3	42.9	41.7	41.7	42.9	48.0	51.8

第三,留学生对于中国核心利益比较敏感,对于中美能否相互尊重核心利益偏中立但略正面。构建"中美新型大国关系"要求中美两国互相尊重彼此核心利益。中国台湾、西藏、新疆等议题涉及中国核心利益,南海、钓鱼岛

也是中国重大利益。留学生对中国核心利益较为敏感,48.7%的留学生认为台湾是中国核心利益,但是只有12.7%的留学生认为新疆是中国核心利益(见表10)。对于南海、钓鱼岛等中国重大利益,不少留学生也把之归入核心利益行列。美国留学生对中国各项核心利益的认知程度均更加敏感一些,其中认为西藏是中国核心利益的美国留学生占比高达58.1%,认为钓鱼岛是中国核心利益的美国留学生也高达45.2%。对于南海与钓鱼岛是"中国核心利益"的问题,相关利益攸关方对此更加敏感一些。例如美国留学生对于"钓鱼岛是中国核心利益"、欧洲留学生对于"南海是中国核心利益"的选择比例要明显高于其他国家。相互尊重核心利益是中美构建新型大国关系中分歧最大的议题,也是最难达成一致的问题。调查问卷询问了留学生认为中美能否相互尊重核心利益,在-3到+3的评价刻度中,留学生评价的平均值为0.11,美国留学生的评价值还略高一些,为0.29(见表10)。

表10　留学生对中国核心利益的认知(单位:%)

	美国	欧洲	非洲	日本	越南	韩国	中亚	中东	拉美	其他亚洲国家	总计
台湾是中国核心利益	64.5	48.9	37.5	53.3	33.3	50.0	66.7	21.4	71.4	47.5	48.7
西藏是中国核心利益	58.1	46.6	28.1	46.7	50.0	33.3	50.0	50.0	57.1	27.1	41.3
新疆是中国核心利益	16.1	6.8	6.3	33.3	16.7	10.0	16.7	14.3	42.9	13.6	12.7
南海是中国核心利益	45.2	48.9	31.3	33.3	33.3	40.0	25.0	42.9	42.9	35.6	40.3
钓鱼岛是中国核心利益	45.2	23.9	15.6	40.0	25.0	16.7	25.0	14.3	28.6	30.5	26.3

四、留学生对"中美新型大国关系"前景的认知

"中美新型大国关系"自提出以来已经取得了一些成果,但也存在一些阻碍因素,如中美双方对彼此核心利益的界定仍存在分歧。中国始终认为,在中美两国的共同努力下,"中美新型大国关系"一定能够实现,并对此进行

了诸多论证与阐述,而通过对留学生的调查,发现其对"中美新型大国关系"前景存在以下看法。

第一,留学生更倾向认为"中美新型大国关系"是一种长期战略,而非是暂时口号。对于中国提出新型大国关系的意图是暂时口号(−3)还是长期战略(+3),留学生选择的均值为0.97,除拉美以外,包括美国在内的其他国家均偏向于认为中国提出"新型大国关系"是一种长期战略(见表11)。

表11　留学生对中国提出"新型大国关系"前景的看法①

	美国	欧洲	非洲	日本	越南	韩国	中亚	中东	拉美	其他亚洲国家	总计
提出新型大国关系的意图	0.77	0.96	0.96	0.93	0.27	0.89	1.10	1.44	−0.14	1.34	0.97
新型大国关系是否可以实现	0.93	0.23	0.29	0.40	0.83	0.66	0.64	0.00	0.57	0.31	0.43
中美能否相互尊重核心利益	0.29	−0.01	−0.20	−0.33	−0.27	0.55	−0.20	−0.67	0.00	0.53	0.11

第二,留学生倾向于认为中国会挑战美国霸权地位。长期以来,西方社会鼓吹"中国威胁论",认为随着中国经济的高速发展,中国将挑战美国主导的国际秩序,威胁到其他国家的安全与稳定。中国政府一直强调中国是世界和平和稳定的忠实维护者,提出"中美新型大国关系"这一外交话语也是为了表明中国"永不称霸"的决心。统计结果显示,只有8%的留学生认为中国将永不称霸(见表12)。对于"中国是否会挑战美国的霸权地位",留学生评价的平均值为1.00(−3表示完全不会,+3表示完全会),偏向于认为中国会挑战美国的霸权地位(见表13)。但是留学生对于中美实力对比以及权力转移趋势的判断较为客观。47.2%的留学生认为中国是潜在的超级大国,只有26.1%的留学生认为美国将被中国赶超,无论哪个国家或地区的留学生,认

①　对于"提出新型大国关系的意图",−3表示"暂时口号",+3表示"长期战略";对于"新型大国关系是否可以实现"以及"中美能否尊重核心利益",−3表示"完全不能",+3表示"完全可以"。

为美国将被中国赶超的都占少数(表12)。

表 12 留学生对中美权力转移的认知(单位:%)

	美国	欧洲	非洲	日本	越南	韩国	中亚	中东	拉美	其他亚洲国家	总计
中国永不称霸	16.1	9.1	0.0	20.0	8.3	3.3	0.0	0.0	14.3	8.5	8.0
美国将被中国赶超	22.6	34.1	31.3	13.3	41.7	16.7	27.3	21.4	14.3	20.3	26.1
中国是潜在的超级大国	54.8	52.3	46.9	26.7	16.7	50.0	36.4	57.1	71.4	42.4	47.2

第三,留学生基本认同构建"中美新型大国关系"对美国有利。对"中美新型大国关系对美国是否有利",留学生评价的均值为0.83(-3 表示非常不利,3 表示非常有利,见表13),即更偏向于认为美国能从"中美新型大国关系"中获利。其中,美国留学生评价的均值最高,为1.23,即在所有国家或地区中,美国留学生最看好"中美新型大国关系"给美国带来的利益。

第四,留学生对实现"新型大国关系"的前景相对乐观。调查数据显示,留学生对于"中美新型大国关系是否可以实现"这一问题评价的均值为0.43(-3 表示完全不能,3 表示完全可以),且所有国家和地区均为正值,说明留学生认为"新型大国关系"是具备一定实现可能性的。其中,美国留学生最为乐观,均值达到0.93(见表11)。留学生对"中美新型大国关系"是否能够实现的看法和对中美是否能够尊重彼此核心利益的看法呈显著正相关,相关系数高达0.44,越认为中美能够尊重彼此核心利益的留学生越认为"中美新型大国关系"能够实现。

表13　留学生对中美竞合关系的认知①

	美国	欧洲	非洲	日本	越南	韩国	中亚	中东	拉美	其他亚洲国家	总计
中美新型大国关系对美国是否有利	1.23	0.56	0.70	1.07	0.73	0.48	1.10	0.67	0.86	1.22	0.83
中国是否会挑战美国的霸权地位	0.68	0.89	1.09	0.40	0.82	0.72	1.22	1.56	0.71	1.59	1.00
中美关系的本质	−0.03	−0.41	−0.13	0.00	−0.64	0.10	0.10	−1.56	−0.43	−0.12	−0.24

第五，留学生对南海争端的责任方认知存在较大偏差。南海争端是五国六方问题，涉及中国、菲律宾、越南、马来西亚、印尼等国。虽然美国并非南海问题的直接争端国，但却是影响南海争端的极为重要的因素。舆论通常更倾向视南海问题是中美之间的问题。因此，对于谁应该为南海争端负责，绝大部分的留学生认为中国是南海争端的主要责任方，比例高达42.7%，认为主要责任国是美国的留学生为30.0%，14.0%的留学生认为东盟是主要责任方，而认为菲律宾、越南为主要责任方的人较少，仅占比例13.7%和11.3%，其中，在拉美地区和美国的留学生中，将南海争端的责任归于中国的人数所占比例最高，分别为71.4%和64.5%（见表14）。越南一直希望推动南海问题国际化，在多边主义框架中解决南海问题，他们寄希望于东盟发挥更大作用，在此次调查中，越南留学生对于东盟是南海争端责任方的比例显著高于其他国家。他们认为南海争端责任方依次排序为中国（41.7%）、东盟（33.3%）、美国（33.3%）、菲律宾（16.7%）、越南（8.3%）。

① 对于"中美新型大国关系对美国是否有利"，−3表示非常不利，+3表示非常有利；对于"中国是否会挑战美国的霸权地位"，−3表示肯定不会，+3表示肯定会；对于"中美关系的本质是合作还是冲突"，−3表示竞争，+3表示合作。

表14　不同国家或地区留学生对南海争端责任方的认知(单位:%)

责任方	留学生来源 美国	欧洲	非洲	日本	越南	韩国	中亚	中东	拉美	其他亚洲国家	总计
美国	35.5	26.1	40.6	40.0	33.3	26.7	33.3	50.0	14.3	22.0	30.0
中国	64.5	47.7	37.5	26.7	41.7	46.7	41.7	14.3	71.4	32.2	42.7
越南	16.1	9.1	12.5	6.7	8.3	16.7	25.0	0.0	0.0	11.9	11.3
菲律宾	12.9	12.5	9.4	20.0	16.7	16.7	25.0	0.0	14.3	15.3	13.7
东盟	19.4	13.6	3.1	20.0	33.3	13.3	8.3	14.3	0.0	15.3	14.0
其他	3.2	5.7	6.3	13.3	0.0	20.0	25.0	7.1	0.0	18.6	10.3

五、美国留学生比第三方国家对"新型大国关系"的认知更乐观

　　包括美国在内的各国留学生对中美关系的本质是冲突还是合作、对手还是伙伴这种实然问题的看法均略偏冲突或对手的一面。但是他们对于中美新型大国关系的互利共赢、相互尊重、实现前景的这一类应然问题的看法则略微偏正面乐观一些。

　　外国留学生对构建"中美新型大国关系"的认知具有较强的复合型、多元性的观点,正反意见并存,但总体上他们对于中美是否可以相互尊重以及新型大国关系是否可以实现等问题的看法略偏乐观。同样,前面章节探讨的各国官方、学界以及媒介对"中美新型大国关系"也呈现正反两方面意见,悲观与乐观并存。与他们的认知相比,留学生群体的观点更多代表了公众的声音,更多体现为感受层面。他们的认知偏向碎片化,而缺乏系统性和理论性。因为留学中国的经历,留学生对中国更加了解,在态度和情感上与中国更为亲近, 他们对中美新型大国关系的认知可能比他们所在国的普通公众要更为乐观一些。中国外交话语的对外传播,需要更好地发挥这一在华群体的作用,使他们成为国内外知识交流、情感沟通的桥梁中介。

　　不少民调显示,美国公众对于中国的看法并没有我们想象得那么差,这

一点在此次调查中也得到证实。美国留学生比第三方国家留学生对于"中美新型大国关系"的看法更为正面乐观，第三方国家留学生反而更多使用竞争性视角来看待中美关系。例如，美国留学生认为"中国永不称霸"的比例为16.1%，高于全体留学生8%的比例；美国留学生对于中国核心利益比其他国家留学生更加敏感；关于"中美新型大国关系"对美国是否有利，美国留学生评价均值为1.23，高于全体留学生评价均值0.83；对于"中国是否会挑战美国的霸权地位"，美国留学生评价均值最低为0.68，低于全体留学生均值1.0；对于中美关系的本质是冲突还是合作，美国留学生评价的均值为-0.03，也高于全体留学生-0.24的均值；对于"新型大国关系是否可以实现"，美国留学生的评价均值为0.93，高于全体留学生评价均值0.43；对于"中美能否相互尊重核心利益"，美国留学生评价均值为0.29，高于全体留学生均值0.11。这折射出美国人对于美国世界领导地位的自信。第三方国家对于中美关系通常具有复杂心态，既希望中美和平合作，又担心自己被边缘化。此次调研中他们比美国留学生更多使用冲突性视角也是这种第三方心态的一种折射。

　　在包括欧洲、非洲、日本、越南、韩国、中亚、中东、拉美等第三方国家中，有两类国家值得注意：一类是美国的盟友，如欧洲、日本、韩国，还有一类是与中国存在争端的国家，如日本、越南。笔者假设这两类国家在对中美关系的理解上会更加倾向美国，或强调冲突的一面。数据统计显示，这两类国家的留学生在实然的层面上认为中美之间是对手和敌人的比例要高于其他国家（见表9），但是在其他问题上与其他国家间并没有显著差异。

　　日本是一个比较特殊的第三方国家，本次调查数据显示，20%的日本留学生认同"中国永不称霸"，为所有国家中认同比例最高。对于中国是否会挑战美国的霸权地位，日本留学生评价均值为0.40，为所有国家评价均值的最低。对于中美关系的本质是冲突还是合作，日本留学生的评价均值为0，高于大多数国家。这反映了日本留学生比其他国家留学生更愿意用和平视角来看待中美关系,这与我们基于刻板印象上的假设有很大不同。但是对于"新型大国关系是否可以实现"以及"中美是否能够相互尊重核心利益"这两个问题,日本留学生的态度则比其他国家留学生略微悲观一些。

有意思的是,非洲留学生比其他国家留学生更期盼中美权力转移的到来,并更多使用冲突视角。本次调查数据显示,没有非洲留学生认为"中国永不称霸",根据笔者的访谈,事实上他们希望中国超越美国,34.1%的非洲留学生认为"美国将被中国赶超",高于其他国家比例。对于"中国是否会挑战美国的霸权地位",非洲留学生评价均值为1.09,与全体留学生1.0的均值相比,并没有明显差别。

留学生对中国文化软实力的评估①

当前国际社会文化产业以及文化软实力的竞争越来越激烈。美国在1953年成立了新闻署,积极开展公共外交工作,最后在赢得冷战胜利中发挥了重大作用。"9·11事件"后,美国重新加强一度陷入低谷的公共外交,建立了一支由国务院公共外交和公共事务副国务卿领导的公共外交运作团队。20世纪90年代,日本、韩国先后提出"文化立国"战略,带动"日流""韩流"的迅速发展。

伴随中国经济硬实力的增长,中国文化软实力的发展相对滞后,但中国和平发展、负责任大国形象的构建又需要强大的文化软实力的支撑。因此,2007年中共十七大提出"文化软实力是综合国力的重要组成部分",2012年中共十八大进一步提出"文化强国"战略。

提升文化软实力关乎中国"和平发展""文化强国"战略目标的实现,这涉及社会主义核心价值观的建设、传统文化的推陈出新、文化体制的改革、文化设施的改善等问题。中国开始提出文化软实力建设已有十余年,如何客

---

① 本文为国家社科基金项目"中国文化软实力评估与增进方略研究"(项目编号:14BKS064)阶段性成果。

观评估文化软实力建设的成果,对于进一步加强"文化强国"战略具有重要的意义。已有一些学者曾对中国文化软实力进行评估,但大多从国内视角出发,对文化吸引力、生产力、竞争力等指标进行定量测量,这有助于客观把握中国文化软实力的发展。但是文化软实力的评估需要置于一种中外互动的情境中,可以更多反映他者的视角。外国留学生是中国公共外交、文化外交的重要桥梁,是中国文化软实力的重要传播者,因此探讨他们对中国文化软实力的认知显得尤为重要。本文将以上海外国留学生为研究对象,评估他们对中国文化软实力的认知。

一、文化软实力的概念界定与测量

约瑟夫·奈把"软实力"定义为"通过吸引力,而非强迫或交换,得到自己所想东西的能力"[1],他所定义的软实力包含来自文化、制度和外交政策三大方面的吸引力和同化力。中国更为强调软实力的文化层面,并使用"文化软实力"概念,认为这更加贴近中国"和谐共处"的含义。[2]约瑟夫·奈的软实力概念主要是作为一种国际战略、国际权谋的思想,而中国并没有把其仅仅看成是国际政治博弈的手段,而是着眼于国家综合国力的提升。[3]"文化软实力"概念被学界普遍采用表现为对文化属于"资源力"的一致认同,重点在"文化"和"力"上,"文化"是资源,"力"是资源能量由内而外的表现。[4]

对于文化软实力的构成,学界普遍认为其应该包含文化制度、传统文化

---

① Joseph Nye, *Soft Power: the Means to Success in World Politics*, New York: Public Affairs, 2004, p.5.

② 参见孙亮:《"文化软实力"指标体系的建构原则与构成要素》,《理论月刊》,2009 年第 5 期。

③ 参见张娜、杨亚萌:《我国文化软实力研究述评》,《河北大学学报(哲学社会科学版)》,2013 年第 38 卷第 2 期。

④ 参见杨淳伟:《中国"文化软实力"研究现状综述》,《中国文化研究》,2011 年第 2 期。

以及核心价值观。习近平在论述文化软实力时曾指出："中华文化是我们提高国家文化软实力最深厚的源泉,是我们提高国家文化软实力的重要途径"[①];"核心价值观是文化软实力的灵魂、文化软实力建设的重点"[②]。"文化设施""文化媒介""文化产业"等作为软实力资源的外在表现形式,并非约瑟夫·奈概念中的软实力本身,但是约瑟夫·奈自己也认为通过量化软实力资源来衡量软实力"是非常可能的"[③]。

　　近年来,不少国内学者构建评估指标对中国文化软实力进行定量研究。周国富等从文化传统、文化活动、文化素质、文化吸引、文化体制及政策五个维度进行评估。[④]熊正德等从文化价值吸引力、文化知识生产力、文化体制引导力以及文化产业竞争力五大方面对中国文化软实力进行评估。[⑤]罗能生、郭更臣和谢里则从文化生产力、文化传播力、文化影响力、文化保障力、文化创新力和文化核心力六个方面构建了区域文化软实力评价体系。[⑥]林丹和洪晓楠从文化凝聚力、文化吸引力、文化创新力、文化整合力和文化辐射力五个方面构建了文化软实力综合评价体系的理论模型。[⑦]清华大学学者阎学通、徐进曾设计了一个包括国际吸引力、国际动员力和国内动员力在内的指标,定量衡量了中美两国的软实力。[⑧]

---

① 习近平于 2013 年 12 月 30 日在十八届中央政治局第十二次集体学习时的讲话。

② 习近平于 2014 年 2 月 24 日在十八届中央政治局第十三次集体学习时的讲话。

③ Josph Nye: "Think Again: Soft Power", *Foreign Policy*, Feb 23, 2006, http://foreignpolicy.com/2006/02/23/think-again-soft-power/.

④ 参见周国富、吴丹丹:《各省区文化软实力的比较研究》,《统计研究》,2010 年第 2 期。

⑤ 参见熊正德、郭荣凤:《国家文化软实力评价及提升路径研究》,《中国工业经济》,2011 年第 9 期。

⑥ 参见罗能生、郭更臣、谢里:《我国区域文化软实力评价研究》,《经济地理》,2010 年第 9 期。

⑦ 参见林丹、洪晓楠:《中国文化软实力综合评价体系研究》,《大连理工大学学报(社会科学版)》,2010 年第 12 期。

⑧ 参见阎学通、徐进:《中美软实力比较》,《现代国际关系》,2008 年第 1 期。

在总体上,评估中国文化软实力,需要区分文化软实力的工具性表现与价值性表现、外在表现与内在核心。笔者把文化软实力分解为外层、中层与内层三大层次,包含文化设施、文化媒介、文化制度、精神价值四个二级指标(见表15)。

当前对中国文化软实力的评估更多体现为国内单向视角,对于外国人视域下的中国文化软实力的评估的相关研究并不多见。西方学界有一个关于软实力的调研为2008年美国芝加哥委员会(the Chicago Council)的调研。他们在中国、美国、日本、韩国、印尼和越南六国以问卷调查形式访问了六千人,通过收集的数据形成一个包含文化、政治、外交、经济和人力资源五个方面的综合软实力指数。[1]中国外文局每年也会对国外公众进行关于中国形象方面的调研。但是专门针对外国人对中国文化软实力认知方面的调研确实存在较大不足。因此,本研究选取上海外国留学生作为调查对象,就他们对中国文化软实力的认知进行定量评估。上海是仅次于北京接受外国留学生的第二多的城市。留学生相对于国外普通公众,对中国政治经济文化更为了解,他们对中国文化软实力的评估更多只代表这一在华留学生群体。然而这一群体在中国文化外交、公共外交中扮演了非常重要的桥梁作用,研究他们对中国文化软实力的评估,对于探索提升中国文化软实力的策略具有重要的意义。留学生来自世界各国,对他们的调研还有助于全面分析外国人对中国文化软实力评估的国别差异。

---

[1] See Christopher B. Whitney, David Shambaugh, "Soft Power in Asia: Results of a 2008 Multinational Survey of Public Opinion", The Chicago Council on Global Affairs, 2008, https://www.brookings.edu/wp-content/uploads/ 2012/04/0617_east_asia_report.pdf.

表 15　中国文化软实力评估指标

一级指标	二级指标	三级指标
外层	文化设施	博物馆、科技馆、图书馆、影剧院、体育馆、高等院校、科研机构、孔子学院、宽带网络
	文化媒介	报纸、图书、电影、电视、戏曲
中层	文化制度	知识产权保护、市场化程度、文化企业自主性、政府办事效率、政府廉洁度、传统文化保护、社会福利、人文发展、
内层	精神价值	志愿者精神、慈善精神、文化包容人民生活幸福度、言论自由、政治民主、法制精神、国家认同、平等对待外国人、和文化、负责任大国、文明素质

表 16　外国留学生的基本特征

	选项	百分比		选项	百分比
性别	男	52.15	学科	政治或国际关系	4.94
	女	47.85		经济管理	44.64
国别	美国	5.21		语言	18.88
	欧洲	15.83		理工或医学	20.60
	非洲	17.29		教育	2.58
	日本	7.92		其他人文学科	8.37
	越南	2.29	项目	短期交流	16.90
	韩国	16.67		专科	2.16
	中亚	4.58		本科	47.15
	中东	1.04		硕士	29.47
	拉美	6.25		博士	4.32
	其他亚洲国家	22.92	费用	中国奖学金	44.00
中国亲戚	有	14.53		母国奖学金	6.80
	没有	85.47		自费	44.60
来华原因	经济机会好	44.25		其他	4.60
	家庭	15.98	调查年份	2014 年	46.00
	喜欢中国文化	26.51		2015 年	25.93
	其他	27.49		2016 年	28.07

为此，笔者在 2014—2016 年间连续 3 年对留学生最多的复旦大学、上海交通大学、华东师范大学等几所上海高校的外国留学生进行调研，共收集问卷 513 份，其中 2014 年 236 份，2015 年 133 份，2016 年 144 份。本研究主

要采用分层抽样,体现"最大化差异"原则,兼顾留学生性别、国别、学科等的差异,并辅之以滚雪球抽样法。调查问卷主要在三所高校的留学生宿舍发放,其优点在于可以更好涵盖不同专业、国别的留学生。从最后回收的样本来看,被调查对象的性别、国别、学科等指标的分布与现实情况较为接近。

本研究把留学生的性别、国别、攻读学科、攻读项目、来华费用、来华原因、是否有中国亲戚等变量设置为自变量。从性别分布上看,男生占52.15%,女生为47.85%(见表16)。从国别上看,韩国留学生最多,占比为16.67%,其次为非洲留学生占17.29%,来自欧洲的占15.83%,日本的为7.92%,来自美国的为5.21%,拉美的为6.25%,中亚的为4.58%,越南的为2.29%,中东1.04%,还有22.92%来自其他亚洲国家。从学科分布上看,来自经济管理专业最多占44.64%,理工或医学的为20.60%,语言的为18.88%,政治或国际关系的为4.94%,教育的为2.58%,其他人文学科占8.37%。从攻读的学位项目看,16.90%的留学生为短期交流,47.15%为攻读本科学位,29.47%为攻读硕士学位,4.32%为攻读博士学位。从学费来源看,44.6%为自费,44%的留学生获得中国政府奖学金,6.8%的留学生获得其母国奖学金。在来华原因中,44.25%的留学生因为中国经济发展机会好来中国,15.98%因为家庭原因而来,26.51%因为喜欢中国文化来华。这些留学生中,有14.53%有中国亲戚。

二、留学生对中国文化的认知

中国文化在多大程度上吸引外国人、为他们所喜欢,是中国衡量文化软实力的重要指标。北京大学学者关世杰于2011年对美国人进行了1175份问卷调查,显示86%受访者对中国文化表现某一种或多种形式的喜欢,最感兴趣的前五位是:中餐64.94%、中国历史42.98%、功夫32.9%、中国名胜古迹 32.85%、中医 29.36%。①另一项于 2012 年在德国的调查显示,53% 的人对中餐感兴趣,对中医感兴趣的比例为 35.6%,对中国名胜古迹感兴趣的比例为 28.4%,对功夫的兴趣比例为 21.4%。②

为考察留学生对中国文化的熟知度,本研究设置了关于中国传统文化、地理名胜以及产品品牌共 3 组各 6 个问题,询问他们是否知晓。数据分析结果显示,留学生对中国文化的认知较好,在 18 个有关中国文化的名词中,他们平均知晓的有 10.74 个。留学生对中国传统文化最为了解,在 6 个指标中,知晓的平均值为 3.94;其次为地理名胜,6 个指标中知晓的平均值为 3.71;最后为中国产品品牌,知晓的平均值也达到了 3.09(见表 17)。

不少留学生受中国传统文化的吸引来到中国,他们对于武术、京剧、剪纸等传统文化也存在浓厚的兴趣。在 6 个关于传统文化的指标中,留学生最为熟悉的是京剧,高达 78.8% 的留学生知晓京剧;其次为中医,知晓率为 78.4;再次为儒家文化的鼻祖的孔子,知晓率为 76.2%。但是留学生对于中华民族的祖先黄帝的知晓率却不高,仅有 42.3% 的留学生知晓(见表 18)。

地理名胜是中国文化的重要载体,也是留学生认识中国的重要途径。本研究询问了留学生是否知晓故宫、长城、颐和园、桂林、长江、黄河,高达 86.2% 的留学生知道作为世界奇迹的长城,对于中国的母亲河黄河,有高达 71.2% 的留学生知晓。对于故宫、颐和园等皇家园林,也分别有 54.4%、46.6% 的留学生知晓(见表 18)。

产品品牌是当前中国文化软实力的重要组成部分。在中国外文局对外传播研究中心主持的《中国国家形象全球调查报告 2016—2017》中,海外受访者最为熟悉的中国品牌依次为联想、华为、阿里巴巴、中国国际航空公司

---

① 参见关世杰:《中国文化软实力:在美国的现状与思考》,《国外社会科学》,2012 年第 5 期。

② 参见王异虹、龙新蔚、汪晓川:《中国文化软实力在德国的认知及接受度分析》,《国外社会科学》,2012 年第 5 期。

和中国银行。与 2015 年相比,中国银行、比亚迪汽车等传统行业品牌的熟悉度排名有较大幅度的上升。发展中国家认为中国品牌知名度不高的人群比例明显高于发达国家。发达国家则有更多的受访者认为中国品牌的售后服务不够好。相比较而言,海外年轻群体更加相信中国品牌,他们对中国品牌在质量和售后服务上的顾虑明显小于年长群体。①本次调查数据显示,留学生对于中央电视台的知晓率最高,为 76.2%,其次为中国的高科技品牌,分别有 72.3%、65.1% 的留学生知道华为和联想,对于中国的家电品牌,留学生的知晓率稍低一些,但也有分别 45.2%、20.7% 的人听说过海尔、TCL(见表 18)。

表 17　留学生知晓各项中国文化的平均值

变量	案例	平均值	标准差	最小值	最大值
传统文化	513	3.94	1.83	0	6
地理名胜	513	3.71	2.05	0	6
产品品牌	513	3.09	1.87	0	6
总分	513	10.74	5.09	0	18

表 18　留学生知晓各项中国文化的比例

指标		百分比	指标		百分比	指标		百分比
传统文化	黄帝	42.3	地理名胜	故宫	54.4	产品品牌	TCL	20.7
	孔子	76.2		长城	86.2		中石油	29.4
	武术	72.5		颐和园	46.6		海尔	45.2
	京剧	78.8		桂林	58.3		联想	65.1
	剪纸	46.0		长江	54.2		华为	72.3
	中医	78.4		黄河	71.2		中央电视台	76.2

---

① 《中国国家形象全球调查报告 2016—2017》,中国外文局对外传播研究中心网站,http://www.chinacics.org/achievement/201801/P020180124575867951495.pdf,第 19 页。

三、对中国文化软实力的评价

衡量外国人对中国文化软实力的评估需要置于国际比较的视野中,与文化产业发展成熟度较高的美日等国相比,中国的文化软实力发展还有一定的差距。在一项于 2011 年对 629 个东盟留学生进行的调研发现,东盟留学生来华后对中国政府行政效率、廉洁程度、人权状况、人道主义的援助、产品质量、企业家精神、国民素质等本文也涉及的文化软实力相关指标的评价大多处于 6.5~7.5 之间(在 0~10 的刻度中,对中国的评价普遍高于对印度相关指标的评价,但低于对美国、日本的相应评价。他们对中国的企业家精神为 7.1、人道主义援助为 7.08、政府行政效率为 6.99 的评价较高,但是对于中国人权状况为 6.6、产品质量为 6.41、国民素质为 6.68 的评价略低)。[①]而关世杰 2011 年对美国人的调查则显示,在他们最喜欢的国家中,首选中国的占总人数的 30.21%,在中德日印俄五国中位居第一,其余依次为德国(29.87%)、日本(28.09%)、印度(7.49%)、俄罗斯(4.34%)。[②]在中国外文局的 2016—2017 年调查中,对中国形象评价最为集中的三个维度为历史悠久、充满魅力的东方大国、全球发展的贡献者以及积极参与全球治理的负责任大国。勤劳敬业是最突出的中国国民形象。[③]

约瑟夫·奈认为,软实力"往往与无形资产有关,如一个有吸引力的个性、文化、政治价值观和制度,以及被视为合法或有道德权威的政策"[④]。他还

① 参见邓禹:《广西东盟留学生对中国形象的认知与启示》,《东南亚研究》,2013 年第 3 期。

② 参见关世杰:《中国文化软实力:在美国的现状与思考》,《国外社会科学》,2012 年第 5 期。

③ 参见《中国国家形象全球调查报告 2016—2017》,中国外文局对外传播研究中心网站,http://www.chinacics.org/achievement/201801/P020180124575867951495.pdf,第 8 页。

④ Joseph Nye, "The Benefits of Soft Power", https://hbswk.hbs.edu/archive/the-benefits-of-soft-power。

提出潜在的软实力资源概念,包含经济实力、科技发展、文化作品等。严格意义上,软实力资源往往表现为有形物质,是作为无形资产的软实力的载体。在测量文化软实力的过程中,往往把软实力资源也涵盖在内。在 –3、–2、–1、0、1、2、3 共 7 个刻度中,留学生对文化软实力的评价的均值为 1.21,这呈现比较正面积极的评价。总体上,留学生对文化软实力的物质外层的评价较高,其次为制度层面评价居中,最后为精神价值层面的评价最低。

表 19　留学生对中国文化软实力各项指标的评价均值表

	评估指标	案例	平均值		评估指标	案例	平均值
文化设施	博物馆	480	1.71	文化制度	传统文化保护	497	1.55
	科技馆	471	1.60		社会福利	492	0.58
	图书馆	484	1.63		人文发展	497	0.81
	影剧院	457	1.21	精神价值			
	体育馆	460	1.31		志愿者精神	498	0.91
	高等院校	492	1.71		慈善精神	496	0.64
	科研机构	454	1.29		文化包容	488	0.87
	孔子学院	469	1.37		人民生活幸福度	496	0.68
	宽带网络	504	0.25		言论自由	485	–0.80
文化媒介	报纸	466	0.69		政治民主	488	–0.11
	图书	466	1.08		法治精神	478	0.85
	电影	480	0.98		国家认同	484	1.36
	电视	477	0.77		平等对待外国人	495	–0.23
	戏曲	467	1.14		和文化	497	1.37
文化制度	知识产权保护	481	0.27		负责任大国	489	0.95
	市场化程度	485	1.18		文明素质	497	0.02
	文化企业自主性	475	0.97	文化软实力		477	1.21
	政府办事效率	484	1.14				
	政府廉洁度	481	0.63				

在文化设施层面,留学生评价最高的为博物馆、高等院校,评价均值均达到 1.71;其次为图书馆、科技馆,分别为 1.63、1.60;再次为体育馆、科研机

构、影剧院,分别为 1.31、1.29、1.21(见表 19)。总体上,留学生对于中国高校、科研机构的认同度还是比较高的。一个值得注意的现象是,留学生对孔子学院的评价较高,均值达到 1.37,这说明孔子学院的文化传播效果还是比较积极正面的,并没有我们媒体报道的那么悲观。但是留学生对于宽带网络的评价均值最低,仅为 0.25,这个评价偏低主要不是因为硬件、速度等技术方面的原因,而在于不能随意登录外国网站方面的制度性原因。

在文化媒介层面,留学生对中国戏曲、图书的评价均值分别为 1.14、1.08,但对于电影、电视、报纸的评价略低,分别为 0.98、0.77、0.69(见表 19)。这也表明,当前中国电影、电视"走出去",打造对外媒体,还存在较大的成长空间。

文化制度体现了文化软实力的制度层面内容,也为文化软实力提供了制度保障。留学生对于传统文化保护的认同度最高,平均值达到 1.55(见表 19)。他们对于中国政府办事效率与市场化程度的评价较高,平均值分别达到 1.14、1.18。留学生对于文化企业自主性、人文发展的评价均值也有 0.97、0.81,表现出较好的认同感。但是他们对于中国政府廉洁度、社会福利、知识产权保护的评价平均值则较低,分别为 0.63、0.58、0.27,虽然数值偏低,但仍是正面评价。

精神价值是文化软实力的内核,是文化吸引力的源泉。在所有关于精神价值方面的指标中,留学生对中国和文化、中国人的国家认同的评价最高,分别为 1.37、1.36(见表 19)。对于中国负责任大国、志愿者精神、文化包容、法治精神的评价居中,分别为 0.95、0.91、0.87、0.85。留学生对于人民生活幸福度以及慈善精神的评价倾向正面,分别为 0.68 和 0.64。他们对于中国人的文明素质的评价居于正负面之间,仅为 0.02,而对于言论自由、政治民主、平等对待外国人的评价则呈现负面态势,分别为 −0.80、−0.11、−0.23。

四、影响留学生对中国文化软实力评估的因素

本研究把留学生的性别、来源国家、来华时间、攻读学科、攻读项目、来华费用、是否有中国亲戚等变量设置为自变量，以考察它们是否影响留学生对中国文化软实力的评估。数据分析结果显示，来源国家、来华时间、是否获得中国政府奖学金、是否有中国亲戚这四大因素是影响留学生对中国文化软实力评估的主要变量。

（一）来源国家

来源国家是影响留学生对中国文化软实力认知与评价的主要变量。邓禹于 2011 年对 629 个东盟留学生进行调研发现，国籍是影响留学生中国形象认知的重要因素，来华前通过大众传媒了解中国的留学生在来华后的评价要高于来华前，而通过当地中国移民、游客了解中国的留学生来华后的评价则低于来华前。[1]姚君喜于 2014 年对 150 名外籍留学生进行问卷调查，发现来自东西方不同文化背景的外籍留学生对中国人形象的评价差异显著。以前是否来过中国的外籍留学生、有无宗教信仰的外籍留学生对中国人形象的评价均未见显著差异。[2]

本次调查数据显示，在对中国传统文化、地理名胜的知识上，美国与欧洲以及亚洲国家并没有显著性差别，但是非洲留学生的相关知识要显著低于美国留学生（p<0.01）。尽管如此，非洲留学生在对中国产品品牌的知识上与美欧国家差异并不显著，反而日本、拉美等国要显著低于美欧国家（见表20）。

有关中国文化软实力的评价方面，在控制了调查年份、留学资金来源以

---

① 参见邓禹：《广西东盟留学生对中国形象的认知与启示》，《东南亚研究》，2013 年第 3 期。

② 参见姚君喜：《外籍留学生对中国人形象认知的实证研究》，《当代传播》，2015 年第 4 期。

及是否有中国亲戚的变量外,以美国为对照组,发现在很多指标上国家间的评价都存在显著性差异。其中非洲、越南、中亚以及除日韩外的亚洲国家对中国文化软实力相关指标的评价与美国相比都存在显著性差异,并远高于美国(见表21至表23)。非洲国家在所有评估指标上都显著高于美国,在模型4至模型15共12个模型中,评价差异最大的依次为知识产权(高2.571)、宽带网络(高2.404)、政府效率(高1.624)、法治精神(高1.751)、言论自由(高1.455)、政治民主(高1.441)、文化包容(高1.396)。而对于高等院校、孔子学院、中国电影、生活幸福度等的评估,非洲留学生虽然显著高于美国留学生,但差异值并没有那么高,普遍在0.6~0.9之间。

越南与中国同属于社会主义国家,越南对中国知识产权、宽带网络、政治民主、法治精神、言论自由的评价最为积极,在p<0.01的水平上要分别显著高于美国2.916、2.355、2.127、2.095、2.012(见表21至表23)。在有关对中国高等院校、政府效率、孔子学院、中国电影、文化包容、文化软实力等指标的评价上,也要显著高于美国1.4~1.9之间。

中亚国家在对中国法治精神(高2.112)、知识产权(高2.173)、言论自由(高2.046)、政府效率(高1.797)、政治民主(高1.516)、文化包容(高1.546)、宽带网络(高1.502)的评价要显著高于美国(见表21至表23)。在对中国高等院校、孔子学院、中国电影、生活幸福度以及文化软实力的评估上,高于美国的值大多落在0.6~1.2之间。

其他亚洲国家在各项指标的评价上也显著高于美国,突出体现在宽带网络(高2.002)、知识产权(高1.658)、言论自由(高1.476)、政治民主(高1.312)、法治精神(高1.308)、文化包容(高1.070)等指标上(详见表21至表23)。

欧洲在各项指标的评价普遍好于美国,其中在对中国知识产权、政府效率、文化包容、法治精神以及文化软实力的评价上,与美国相比具有显著性差异。日韩留学生在对中国文化软实力各项指标的评价上要略好于美国,但大多在统计学意义上并不显著(详见表 7 至表 9)。其中,日本在对中国宽带网络、知识产权两个指标的评价上分别显著高于美国各 1.073、0.965,但在对中国高等院校的评价上则显著低于美国 0.970(p<0.01)。韩国对中国知识产权、政府效率、言论自由三项指标的评价上要分别显著高于美国 1.269、0.623、0.906(p<0.01)。

(二)在华时间与调查时间

在被调查的留学生中,他们在中国生活的时间平均为 2.87 年,最长为 21 年。其中,有 34.75%的留学生在中国生活时间在 1 年以内,23.43%生活时间为 1~2 年,11.31%生活时间为 2~3 年,7.47%为 3~4 年,8.69%为 4~5 年,5.05%为 5~6 年,2.42%为 6~7 年,6.87%为 7 年以上。

在中国生活时间的长短是影响留学生对中国文化软实力的知识程度的显著变量(详见表 6 模型 1 至 3)。本研究数据显示,两者之间呈现显著的正相关关系。在 p<0.01 的水平上,留学生对中国传统文化、地理名胜、产品品牌的熟知度与在中国生活时间长短的相关系数分别为 0.119、0.107、0.129。但是留学生在中国生活时间的长短与他们对中国文化软实力的评估却不存在显著的相关性。

那么留学时间长短对留学生对中国文化软实力的评价是否产生影响呢?跨文化适应理论认为,跨文化群体存在"文化震荡"与"文化适应"过程,伴随时间推移,跨文化适应存在一个 U 形或 W 形曲线,呈现上下波动态势。[①]不少相关调查显示,留学生刚到中国对中国的评价有一个非常短暂的上升,而后出现下跌趋势,大约经历 1~2 年时间,又开始出现上升趋势。[②]此次调研

[①] 陈晓萍:《跨文化管理》,清华大学出版社,2009 年,第 302~304 页。

[②] 参见邓禹:《广西东盟留学生对中国形象的认知与启示》,《东南亚研究》,2013 年第 3 期;叶淑兰:《镜像中国:上海外国留学生的中国形象认知》,《社会科学》,2013 年第 9 期。

留学生对中国的文化软实力的评价也可以发现存在类似的 U 形曲线，但这个差异在统计学意义上并不显著，因此并未纳入模型分析中。

本研究为 2014—2016 年连续三年的调查，三年期间留学生对中国文化软实力是否出现了显著变化是一个值得关注的问题。本研究以 2014 年为对照组，发现衡量留学生对中国传统文化、地理名胜、产品品牌的知晓程度的指标在 2015 年有显著的下降，而 2016 年又存在显著上升趋势（见表 20）。在控制了留学生来源国别、奖学金来源、是否有中国亲戚三个变量的基础上，留学生对于中国的知识产权、政府效率、电影、言论自由、文化软实力等指标的评价存在逐年上升的趋势（见表 21 至表 23）。其他一些变量则表现为2015 年有所下降，但 2016 年普遍比 2014 年有所上升。例如，在知识产权问题上，留学生在 2015 年的评价值比 2014 年显著上升了 0.436，而 2016 年则比2014 年显著上升了 0.584（p<0.01）。留学生对于孔子学院的评价，2016 年比 2014 年显著上升了 0.574（p<0.01）。对于中国的言论自由、政治民主、法治精神、文化软实力指标的评估，2016 年比 2014 年分别显著上升了 0.495、0.527、0.521、0.477（p<0.01）。这说明伴随中国文化软实力的发展，留学生对它的评价也有所提升，尤其体现在对精神价值层面上的言论自由、政治民主、法治精神、制度层面上知识产权以及物质设施层面上的孔子学院等长期以来中外一直比较具有争议性的指标上。

（三）奖学金来源

对外援助是一种外交手段，国家实行对外援助往往有助于增强自身的政治影响力。用奖学金吸引留学生来华留学是中国公共外交的重要内容。获得中国政府奖学金是否影响到留学生对中国文化软实力的评估，对于中国制定奖学金政策具有启示性作用。在本研究纳入模型分析的指标中，发现获得中国政府奖学金的留学生对于中国传统文化、地理名胜、产品品牌的相关知识要显著高于拿到其母国政府奖学金、自费或其他经费来源的留学生（详见表6），例如，拿其母国政府奖学金的留学生对中国传统文化、地理名胜和产品品牌的知识要分别显著低于拿中国政府奖学金的留学生0.902、0.807、1.154（p<0.01）。是否获得中国政府奖学金对于留学生对中国文化软实力的评价则影响没有那么大，那些拥有中国奖学金的留学生比未拥有的留学生对中国的文化软实力、宽带网络、知识产权、政府效率、孔子学院、生活幸福度、法治精神的评价要稍好一些，但大部分指标的差异在统计学意义上并不显著。其中少数几个具有统计学显著差异的指标在于，获得中国政府奖学金的留学生在文化软实力、政府效率、孔子学院三个评价指标上要分别显著高于自费留学生0.583、0.532、0.294（p<0.01见表21至表23）。

（四）是否有中国亲戚

根据笔者先前关于外国留学生中国观的研究，与中国具有亲缘关系的留学生对中国文化更为了解，具有更好的社会适应能力，但是他们对于中国的整体评价甚至比其他与中国没有血缘关系的留学生相比更差一些，虽然并不具有统计学意义的显著性。[1]本次研究数据显示，有中国亲戚的留学生比没有的留学生在对中国文化软实力各项指标的评价中都呈现更好的水平，虽然在某些指标上差异并不具有统计学显著性（详见表7至表9）。其中，在p<0.01水平上具有统计学显著差异的指标主要有对高等院校（高0.310）、知识产权（高0.470）、孔子学院（高0.487）、中国电影（高0.450）、文化包容（高0.409）、生活幸福度（高0.426）、言论自由（0.614）、文化软实力（高0.326）。

① 叶淑兰：《镜像中国：上海外国留学生的中国形象认知》，《社会科学》，2013年第9期。

表 20　留学生对中国文化知识的模型

变量	模型 1 传统文化	模型 2 名胜古迹	模型 3 产品品牌
在中国时间	0.119***	0.107***	0.129***
男生	0.101	−0.012	0.470***
欧洲	0.223	−0.101	−0.285
非洲	−0.712*	−1.401***	−0.521
日本	−0.218	0.141	−0.951*
越南	0.607	0.868	−0.393
韩国	−0.183	0.127	−0.695
中亚	−0.374	−0.849	−0.523
中东	−0.838	−0.345	−1.121
拉美	−0.282	−0.691	−1.017**
其他亚洲国家	−0.069	−0.301	−0.256
2015 年	−0.417**	−0.559**	−0.112
2016 年	0.729***	0.582**	0.679***
母国政府奖学金	−0.902**	−0.807**	−1.154***
自费	−0.508**	−0.341	−0.189
其他经费来源	−0.482	−0.472	0.292
经济管理类	−0.020	−0.286	0.051
语言类	−0.240	−0.441	−0.883**
理工或医学类	−0.422	−0.868*	−0.670
教育类	1.478**	0.677	−0.509
其他人文社科	−0.600	−0.884*	−1.027**
常量	4.150***	4.503***	3.453***
Observations	411	411	411
R−squared	0.239	0.251	0.237

Standard errors in parentheses
*** $p<0.01$, ** $p<0.05$, * $p<0.1$

以上性别的对照组为女生,国家对照组为美国,年份对照组为 2014 年,经费来源对照组为中国奖学金,专业对照组为政治或国际关系。

表21 留学生对中国文化软实力相关指标的评价模型(1)

变量	模型4 高等院校	模型5 宽带网络	模型6 知识产权	模型7 政府效率
欧洲	0.135	0.423	0.858*	0.729**
非洲	0.875***	2.404***	2.571***	1.624***
日本	−0.970**	1.073*	0.965*	−0.432
越南	1.468***	2.355***	2.916***	1.586***
韩国	0.126	0.627	1.269***	0.623*
中亚	1.223***	1.502**	2.173***	1.797***
中东	0.432	1.203	−0.162	0.544
拉美	0.524	0.896	1.136**	0.358
其他亚洲国家	0.799***	2.002***	1.658***	0.954***
2015年	−0.294**	0.361	0.436**	−0.239
2016年	0.250	0.134	0.584**	0.001
母国政府奖学金	0.041	−0.605	−0.048	−0.425
自费	−0.055	−0.238	−0.327	−0.532***
其他经费来源	−0.511*	−0.567	−0.423	−0.545*
有中国亲戚	0.310*	0.197	0.470*	0.121
常量	1.269***	−1.125**	−1.395***	0.607*
Observations	411	420	406	409
R−squared	0.173	0.182	0.181	0.205

Standard errors in parentheses
*** p<0.01, ** p<0.05, * p<0.1

以上国家对照组为美国,年份对照组为2014年,经费来源对照组为中国奖学金,是否有中国亲戚对照组为无。

表 22　留学生对中国文化软实力相关指标的评价模型(2)

变量	模型 8 孔子学院	模型 9 中国电影	模型 10 文化包容	模型 11 幸福度
欧洲	0.296	−0.309	0.874**	0.133
非洲	0.821**	0.810**	1.396***	0.993**
日本	−0.399	0.232	0.645	0.020
越南	1.784***	1.769***	1.853***	1.024*
韩国	0.152	−0.027	0.583	−0.058
中亚	0.979**	0.642	1.546***	0.847*
中东	0.769	−0.690	−0.255	−0.703
拉美	0.035	0.179	0.392	0.030
其他亚洲国家	0.451	0.530	1.070***	0.465
2015 年	0.045	0.082	−0.166	−0.110
2016 年	0.574***	0.307	0.274	0.277
母国政府奖学金	−0.212	0.121	0.067	−0.334
自费	−0.294*	−0.119	−0.073	−0.220
其他经费来源	−0.323	0.177	−0.241	−0.033
有中国亲戚	0.487**	0.450**	0.409*	0.426*
常量	0.902***	0.546	−0.105	0.340
Observations	395	406	410	415
R−squared	0.130	0.102	0.079	0.085

Standard errors in parentheses
*** $p<0.01$, ** $p<0.05$, * $p<0.1$

　　以上国家对照组为美国,年份对照组为 2014 年,经费来源对照组为中国奖学金,是否有中国亲戚对照组为无。

表23　留学生对中国文化软实力相关指标的评价模型(3)

变量	模型 12 言论自由	模型 13 政治民主	模型 14 法治精神	模型 15 文化软实力
欧洲	0.450	0.182	0.768*	0.641*
非洲	1.455***	1.441***	1.751***	0.668**
日本	0.776	0.086	0.065	0.189
越南	2.012***	2.127***	2.095***	1.712***
韩国	0.906*	0.427	0.112	0.330
中亚	2.046***	1.516***	2.112***	0.761*
中东	0.484	0.517	0.493	0.156
拉美	1.038*	0.572	0.920*	0.404
其他亚洲国家	1.476***	1.312***	1.308***	0.575*
2015 年	0.116	−0.024	−0.008	0.129
2016 年	0.495**	0.527**	0.521**	0.477***
母国政府奖学金	0.669*	0.368	−0.057	−0.397
自费	−0.082	0.086	−0.153	−0.583***
其他经费来源	−0.126	0.397	0.340	−0.161
有中国亲戚	0.614**	0.251	0.358	0.326*
常量	−1.430***	−1.176***	−0.297	0.770**
Observations	408	409	401	403
R−squared	0.095	0.114	0.156	0.114

Standard errors in parentheses
*** p<0.01, ** p<0.05, * p<0.1

以上国家对照组为美国,年份对照组为 2014 年,经费来源对照组为中国奖学金,是否有中国亲戚对照组为无。

五、结论

外国留学生对中国传统文化、地理名胜、产品品牌具有良好的熟知度,他们对中国整体文化软实力的评价较为正面,尤其表现在对中国文化设施、传统文化保护、政府办事效率等指标上。但是他们对中国言论自由、政治民主、平等对待外国人的评价略呈现负面态势。中国在文化设施、文化媒介的建设上较为成功，在文化制度、精神价值的建设影响力上还有待进一步加强。未来要进一步提升国家文化软实力，需要着力提升文化制度层面的知识产品保护、社会福利、政府廉洁度、人文发展，尤其需要提升精神价值层面的言论自由、政治民主、平等精神，以及国民的文明素质。

中国的文化软实力在非洲、中亚、越南等东南亚国家具有较好的影响力，但是在美、日、韩等国的影响力则较为不足，这主要受到不同国家意识形态因素的影响。提升中国文化软实力的国际影响力，需要扬长避短，进一步提升中国文化产业对于发展中国家的影响力，积极开拓西方发达国家市场。针对 2014 至 2016 年连续三年的问卷调查，外国留学生对中国文化软实力的评估整体上有所上升。根据中国外文局对中国国际形象的历年调查，也可以发现 2013 至 2017 年，发达国家对中国形象的打分（总分为 10）从 4.9 逐年上升到 5.6，而发展中国家的打分从 5.8 逐年上升到 6.9。[1]伴随中国崛起，中国文化软实力的国际影响力将逐渐增强。

奖学金政策对于提升留学生眼中的中国文化软实力具有一定的作用，但是效果并不十分显著。中国对留学生推行奖学金制度需要量力而行，在当前奖学金额度较高的情况，不宜进一步提高额度，但可以进一步扩大奖学金覆盖面。有中国亲戚的留学生对中国文化软实力的评价高于其他留学生，这表明可以充分发挥华人华侨力量，使之更好发挥提升中国文化软实力的桥梁作用。

在提升文化软实力的过程中，立法机构应该有步骤、有计划地制定文化资源保护、保障出版管理，新闻管理等法律法规，引导文化资源的发掘，文化产品的形成，文化产业合法发展，形成有中国特色的文化市场。[2]

---

①　参见《中国国家形象全球调查报告 2016—2017》，中国外文局对外传播研究中心网站，http://www.chinacics.org/achievement/201801/P020180124575867951495.pdf，第 4 页。

②　参见陈宇翔、张武：《提升文化软实力的法治思考》，《求索》，2010 年第 9 期。

涉外国际青年人才发展及其引导措施

一、当前吸引与培养国际性人才面临的新态势

当前涉外国际青年人才的竞争愈来愈激烈,美国、日本、英国、德国、法国、韩国都制定了很完备的国际人才战略。《中国区域国际人才竞争力报告(2017)》蓝皮书显示,中国国际人才竞争力总体水平不高,上海超过北京位居榜首。[①]伴随"一带一路"建设以及美国"印太战略"的调整,我国在吸引与培养国际性人才方面出现新机遇、新挑战,表现出以下三方面的新态势:

第一,吸引国际性人才事关全面建设社会主义现代化强国目标的实现,关系到中华民族的伟大复兴。我国涉外国际人才主要包含两大类:①外企、国际组织以及涉外社会组织中的中国籍人才;②在中国学习与工作的外籍人才,包含引进的海外高层次人才、创新型科技领军人才、千人计划、首席技师千人计划、国际金融人才、国际航运人才、国际贸易人才开发计划等。"一带

---

① 王辉耀主编:《中国区域国际人才竞争力报告(2017)》,社会科学文献出版社,2017年,第15页。

一路"建设对拥有健全的人格、国际化视野与理念、良好的跨文化知识与能力、复合型知识与能力、丰富的区域国别知识的国际性人才提出了新要求。在 2015 年教育部推出的《2015—2017 年留学工作行动计划》中,把培养拔尖创新人才、非通用语种人才、国际组织人才、国别和区域研究人才、来华杰出人才作为五大重点发展的人才。①

第二,特朗普上台后对中国的国际性人才频频出招,给我国造成很大的压力。当前涉外国际青年人才的竞争愈来愈激烈,美国、日本、英国、德国、法国、韩国都制定了很完备的国际人才战略。美国的成功与 20 世纪 40 年代和 60 年代实施的曼哈顿计划与阿波罗计划中外国优秀人才的贡献密不可分。特朗普曾扬言,在美国大学留学的几乎每一个中国学生都是"间谍"。美国对中国的一批军工企业、大学、研究机构实施禁运,对中国的超算产业实施禁运,还以国家紧急状态全面制裁华为,在全球打压中兴、华为等科技企业,绞杀中国 5G 技术,企图阻止"中国制造 2025"实施。2018 年美国联邦调查局以技术泄密为由逮捕好几位华人专家,特朗普政府收紧留学生签证,吊销中国学者的访学、工作签证,限制参加千人计划项目的学者。这给中国吸引国际性人才造成了很大的国际压力。

第三,我国存在东强西弱的人才格局以及竞价挖人等不良现象。随着北上广深生活成本的上升,杭州、成都、武汉和重庆等城市成为吸引世界 500 强企业、中国 500 强企业、高科技创新企业以及国际性人才的新兴城市。为了避免人才恶性竞争、防止竞价挖人,2019 年 6 月中央办公厅、国办发文提要出优化人才计划,避免相同层次的人才计划对同一人员的重复支持,支持中西部地区稳定人才队伍,规定发达地区不能通过高薪从中西部挖人才。

---

① 《教育部等五部门关于印发〈2015—2017 年留学工作行动计划〉的通知》,http://gjc.cpu.edu.cn/2a/0a/c1020a10762/page.htm。

二、涉外国际青年人才的界定与素质要求

涉外国际青年人才需要具备以下素质：

第一，拥有健全的人格。我们培养的中国籍涉外国际青年人才需要具有良好的道德水准、国家情怀和社会责任感。他们需要具有过硬的政治素养，对其母国的历史文化有充分的了解，有强大的文化自信。他们在对外交往过程中，有良好的言行举止，能够讲好中国故事，以理服人、以情动人，做到不卑不亢，展现良好的国民形象和国家形象。

第二，拥有国际化视野与理念。涉外国际青年人才需要熟悉国际交流的基本理论与规则，以恰当的言行开展相应的国际交流事务。他们拥有开放的视野，面向世界，知己知彼，能够自由游走于中外文化语境当中。

第三，拥有良好的跨文化知识与能力。涉外国际青年人才的跨文化理解与交流能力的提升相当重要，他们需要具有较为厚实的跨文化交流理论基础，有丰富的中国传统文化知识，能够善于处理跨文化冲突事件，妥善回应不同文化背景下外国人对中国文化的质疑，他们的言行要能够体现中国传统文化精神和中国国民良好的文化素质。

第四，拥有复合型知识与能力。复合型人才不但需要有良好的语言能力、跨文化沟通能力，还需要有良好的企业管理水平、项目实施能力以及对当地国家法律法规的掌握能力。他们熟悉相关行业，具有广泛的国际人脉。中国籍涉外国际人才的言行举止可以很好体现中国传统文化精神，善于处理跨文化沟通问题。涉外国际人才的语言能力不单包括英文能力，还包括小语种语言的能力。当前"一带一路"建设涉及六十多个国家，涉及很多小语种国家，但是我们小语种人才相当缺乏，这需要加强对小语种人才的培养。

第五，拥有丰富的区域国别知识。当前中国籍涉外国际青年人才对美欧

日等大国了解较多,对于中小国家的了解相对较少。要提升国际交流沟通能力,需要他们具备丰富的关于所在国家的政治、经济、法律、文化、宗教知识。

三、涉外国际青年人才缺口:以上海为例

上海要提升城市能级和核心竞争力,建设国际经济中心、国际金融中心、国际贸易中心、国际航运中心、国际科技创新中心,非常需要国际航运、国际贸易、国际金融、人工智能高科技等领域的专业人才。上海是"一带一路"建设的桥头堡,国际化程度高,其涉外国际青年人才的发展具有鲜明的上海特色。

上海在吸引国际化青年人才上具有优势。根据上海社会调查研究中心华师大分中心于 2014 年对 1411 名留学归国人员的调查显示, 有 94.81% 的留学人员归国时首选上海,76.1% 的归国科技人才对上海创业、生活状况较为认可。①据《上海市人才发展"十三五"规划》中的数据显示,目前引进海外高层次创新创业人才达 2000 人,常住上海的境外人才达到 18 万人,留学归国人才达到 17 万人,重点领域本土人才国际化培训累计达到 5 万人,人才国际化水平显著提升。到 2018 年 3 月底,上海外资累计已经超过 2200 亿美元,累计引进外资项目超过了 2.9 万个,在上海落户的跨国公司、地区总部达到 634 家。②但是上海人才发展依然存在不平衡现象和不合理格局等问题,高层次创新创业人才数量相对不足、能级相对较低。上海国际青年人才的缺口主要体现在以下三方面:

---

① 参见《(七)上海归国科技创新人才调查》,http://www.shtong.gov.cn/dfz_web/DFZ/Info?idnode=89042&tableName=userobject1a&id=139909。

② 参见《市委办公厅、市政府办公厅印发〈上海市人才发展"十三五"规划〉》,http://www.shang-hai.gov.cn/nw2/nw2314/nw41452/nw42257/nw42259/nw42282/u26aw50149.html。

第一，高技能人才和复合型高端人才缺口较大。当前涉外国际青年人才知识结构较为单一，缺乏高端人才、复合人才、文理交叉人才以及大数据人才。一些理工科出身的涉外从业人员的人文与社会科学知识显得不足，对于国际组织、国际法、国际经济贸易投资等方面的知识也相对匮乏。而人文社科出身的涉外人才又存在科技知识、大数据知识不足等问题。上海缺口较大的高端人才具体有：以战略科学家、卓越工程师、能工巧匠为代表的科技高层次人才；熟悉国际金融运作、具有战略眼光、拥有原创能力的国际金融高层次人才；通晓航运金融、海商海事、航运保险、航运交易、航运咨询、航运经纪等领域的复合型国际航运高层次人才；熟悉贸易投资规则的战略性国际贸易高层次人才；熟悉大飞机、航空发动机、燃气轮机、集成电路、高端医疗装备等战略性新兴产业重点领域的高端人才；在文化艺术和人文社科领域具有国际影响力和知名度的名家大师、具有引领带动效应的高层次文化创意产业人才；以东方学者、名校长、名教师为代表的具有国际竞争力的教育高层次人才；应亚洲医学中心城市要求的国内领先、国际知名、特色鲜明的卫生高层次人才；适应亚太知识产权中心城市要求的复合型知识产权高层次人才。[1]

第二，金融领域国际化人才缺口最为突出。上海虽然是全球主要的金融中心之一，但距离真正的国际金融中心尚有较大距离。2018年，上海金融从业人员超过36万，约占全市从业人员总数的3%，这一数据对比新加坡5%、中国香港5%、美国纽约10%、英国伦敦25%四个城市的从业人员占比，可以判断其显然不能满足上海金融业快速发展的需求。[2]在人才结构方面，上海

---

[1] 参见《市委办公厅、市政府办公厅印发〈上海市人才发展"十三五"规划〉》，http://www.shanghai.gov.cn/nw2/nw2314/nw41452/nw42257/nw42259/nw42282/u26aw50149.html。

[2] 参见《加速推进国际金融中心建设　上海亟待补齐人才"短板"》，http://www.shfinancialnews.com/xww/2009jrb/node5019/node5036/node5049/u1ai208758.html。

传统金融类从业人员占比较高,创业投资、科技金融、互联网金融人才数量不足,金融高级管理人才和专业领军人才更是紧缺。从具备国际竞争力的人才储备看,上海缺乏具有国际视野和背景、通晓国际法律和会计制度的国际化金融人才。当前,在上海金融人才体系中,拥有海外学历的人才占比不足10%。[1]这种国际化人才缺乏的"短板",在短期内难以缓解,若没有系统的解决措施,将会影响上海作为国际金融中心的竞争力。

第三,国际公务员人才缺口明显。吸引国际组织入驻上海,是加强上海国际竞争力和影响力、推动上海转型升级、驱动上海经济发展的重要途径。上海的经济影响力、城市基础设施、政府管理能力、人文环境,为吸引国际组织总部的落户提供了有利条件。但是当前入驻上海的国际组织还较少,作为首家总部设在上海的政府间国际组织,金砖国家新开发银行于2015年7月正式启动运营,全球中央对手方协会总部也于2017年初落户上海。在全球治理层面上,向国际组织培育和输送代表中国参与全球治理与全球化竞争的高端人才、参与国际规则的制订尤为必要。联合国等国际组织以及国际性社会组织秘书长等高端人才的培养是中国迫切需要实现的目标。当前我们对于国际组织的人才培养往往局限于语言类人才,而对技能型人才的培养不足,语言类人才更多体现为我们是参与者或执行者,而不是规则的制定者。

四、涉外国际青年人才发展存在的主要问题

伴随中国全方位"走出去"战略的实施,国际化人才紧缺是一个亟待解决的问题,上海非常需要航运、金融、高科技等领域的专业人才。作为"一带一路"建设的桥头堡,上海对国际青年人才的需求逐年增加,但是上海国际

---

[1]　参见《加速推进国际金融中心建设　上海亟待补齐人才"短板"》,http://www.shfinancialnews.com/xww/2009jrb/node5019/node5036/node5049/u1ai208758.html。

青年人才发展依然存在较大问题。

第一，吸引与培育涉外国际青年人才缺乏统筹规划。伴随改革开放"引进来"与"一带一路""走出去"，我们对国际性人才的需求量不断上升，但是我们涉外国际人才培养的前瞻性不足，缺乏调查研究与统筹规划。中国籍青年人才归国创业通常面临着税率较高、融资困难、薪酬分配不合理、科研经费使用限制太严、归国手续烦琐、学历学位认证麻烦、子女教育适应困难等问题，而外籍专家则存在没有资格申请项目、奖项等问题。当前上海缺乏高层次创新人才，尤其是高科技人才。"一带一路"建设需要大量的涉外人才，对人才培养理念与专业培训提出了新的需求，需要从整体角度与战略高度来加强统筹规划。

第二，涉外国际青年人才流动性大。中国培养的涉外国际青年人才的外流现象比较突出，留学生学成并未归国，造成一定的人才流失。东西部地区以及各大城市存在较强的人才竞争，甚至出现恶性竞争现象。国际组织、外企、央企对于吸引涉外国际青年人才存在一定的竞争关系。当前上海外企在吸引人才、保留人才方面压力较大，人才流动率较高。外企以前是不少优秀的青年人才的首选，但是近年来吸引力下降，不少外企涉外青年人才流向国企、民企、或者转向高新技术产业，甚至于自己创业。

第三，涉外国际青年人才的跨文化能力有待提高。国外媒体经常出现各种有关中国留学生或者中国"走出去"的商人、游客的负面报道。一些中国企业在国外的投资经营活动也常常遭遇很多跨文化问题。"一带一路"共建国家中涉及伊斯兰教文化、基督教文化、佛教文化国家，在与这些国家交流过程中存在一些宗教文化禁忌，如果处理不好，很容易影响感情并造成冲突。涉外青年存在跨文化理解、交流与沟通能力不足的问题，例如，外籍人才鲜有途径接触中国文化，本籍人才自身对中国传统文化也不够了解，因此有时不能很好回应外籍青年人才的疑问。

第四，涉外国际青年人才存在身份认同问题。一些在美国、欧洲留学的人士拿到了国外绿卡，成为美国等国家公民，然后回流中国，存在一个身份认同的问题。包括一些青年人才的孩子在国外出生，回流国内后孩子面临上学、就医等问题，会影响到他们的认同感。受到国外价值观影响，有的青年人才的政治信仰不够坚定，面对外界对中国的政治制度、和平发展道路等质疑，不能很好地回应。他们的个人成长诉求、社会环境诉求较多，需要得到更多的关注。

五、涉外国际青年人才发展的引导措施

加强涉外国际性青年人才的工作，一方面需要吸引国外高端人才，尤其需要引进人工智能等高科技的领军人物；另一方面则需要加强涉外国际性人才的本土培养模式。上海作为国际化大都市，在充分吸引高端技术人才、培养本土人才、吸引留学归国人才、运用外国留学生群体服务上海"五个中心"建设等方面，是具有独特优势的。

第一，实施更有效的青年人才引进与管理政策，切实解决涉外国际青年人才发展的核心诉求。实施并完善海外人才居住证制度，使国际性人才更好享有参加社会保险、子女教育、缴存和使用住房公积金等优惠待遇；在人工智能等高科技领域，中国在提供与整合海量数据方面比欧美国家具有优势，我们要充分运用优秀人才在国内更具有广阔的发展空间的优势，通过高薪、个人减税与购房优惠、配备职位与团队等政策吸引领军人才；采用直通车方式对高层次人才职称进行认定；开通绿色服务通道，完善人才保障服务体系；相关部门加强合作，在已有的青年人才信息平台基础上，建设"互联网+国际青年人才信息库"；加强调查研究，定期开展座谈会，追踪青年人才思想动态与发展诉求，针对他们住房、退税、子女入学等生活议题，提出相关资政

议案。

第二,设立涉外国际性青年人才工作组,建立国际青年人才的工作联动机制。当前国际青年人才需求与计划大多为中组部、人事部、宣传部、各省市人力资源社会局、省市教委、金融办等部门所提出,建议中组部牵头,与相关部门建立日常事务沟通与协调机制,设立涉外国际性青年人才工作组;发挥团中央作用,招募一批优秀的团员志愿者;中组部与团委需要加强对涉外国际性青年人才中党团员的管理,发挥党团员引领青年思想、推动青年发展的作用;党团委网站与相关政府部门、国际人才中心网站可以相互设置快速通道和链接,以更好实现信息共享。

第三,服务涉外国际性人才,培育与扶持社交组织活动。可以进一步把吸引国际性青年人才与日常的对外青年交流活动密切结合起来,在各类对外交流活动中,推介引进海外人才的宣传册,制作与播放宣传片;组织部、人事部、团委等相关部门的网站、微博、手机应用程序可以设置"国际青年人才"专栏,提供国际人才行业需求信息、人才签证、落户、就医、子女入学等手续办理流程信息服务;围绕世界技能大赛、世界青年技能日、"五一"国际劳动节、职业教育宣传周、国际高技能人才评选表彰等重要时间节点,组织世界技能大赛选手、技能大师等优秀的国际人才进学校、进企业、进园区、进社区;系列报道国际性青年人才发展状况;设立国际学术交流基金,选派青年人才到海外学习,加强与知名跨国公司的合作;进一步推动国际组织高层次人才、国际金融贸易人才、国际航运人才等各领域青年人才自发形成社交组织。

第四,整合青年、统战、团校培训力量,搭建"互联网+小语种+跨文化"综合学习平台。伴随"一带一路"倡议的发展,涉外国际人才培养的要求发生了很大变化,国际化人才需要"专业精、外语强、懂管理、通商务、善交流",而我国人才培养方式比较单一。需要进一步拓展国际青年人才小语种、跨文化与国际法培训,充分吸收业界人士参与培训工作。党团系统可以联合外国语大学举办跨文化能力大赛等活动。国际化青年人才培养需要"走出去""引进来",还需要加强"本地化"建设,建立国际化人才课程体系,搭建"互联网+小语种+跨文化"综合学习平台。

"一带一路"中国形象塑造:探索与反思①

　　"一带一路"倡议是中国推动国内外经济联动发展的重大倡议,对于塑造和平、负责任的中国形象具有重要的价值功能。"一带一路"倡议实施以来,已有四十多个国家和国际组织同中国签署合作协议,中国企业对沿线国家投资达到五百多亿美元。②"一带一路"广泛的国内外经济互动关系为中国形象塑造提供了广阔的真实空间,使中国形象塑造从虚拟性的大众媒体构建更迅速地走向人际与组织间的在场互动感知。

　　"一带一路"倡议给中国形象塑造创造了更多频繁互动机会,有助于消除长期存在的关于中国形象的负面刻板印象,形象塑造生动的、真实的、富有活力的中国形象。然而真实互动也可能带来更多的价值观冲突与融合,将对中国企业形象、品牌形象、工程质量、国民素质提出更高的要求。我们需要对国家形象塑造依赖于宣传正面形象为主的传统路径加以深刻反思,探索互动场景中真实形象构建面临的新机遇与新挑战,将国家形象塑造的着眼点从外在正面形象宣传更多地转向对自我价值观与行为模式的"内观"以及

---

　　①　本文发展于《"一带一路"民心相通报告》,人民出版社,2017 年。
　　②　该数据适用于 2017 年文章出版时的情况。

对中外互动模式的省察上来。

一、"一带一路"倡议中中国形象塑造的价值功能

"一带一路"倡议首先是一个内外经济联动发展的倡议,旨在通过共商、共建、共享,推动中国经济与区域经济的联动发展。"一带一路"建设产生的经济影响力的提升必然伴随"树大招风"的舆论环境,中国的意图、形象容易受到国际社会的质疑。

当前,中外存在对"一带一路"倡议中中国形象话语权之争。一些美国舆论把"一带一路"倡议视为中国版本的"马歇尔计划",认为"一带一路"倡议具有帝国主义色彩,北京希望借"一带一路"倡议达到扩大中国国际影响力、成为"超级大国"的目的。[①]还有观点认为,中国实施"一带一路",是为了对冲美国"亚太再平衡"战略,采取"声东击西"策略。[②]美国《纽约时报》称,中国"'一带一路'战略"引发地缘政治紧张,一些国家担心会变得过度依赖中国。[③]中国在"一带一路"沿线国家的项目投资,是为了提升中国软实力,来修复近年来因为南海、东海等问题所造成的与邻国的紧张关系。[④]美国还有学者认为,中国实行"一带一路"是为了缩小中西部差距,实现地区经济平衡,转移过剩产能,带动经济结构升级。一些西方的观点认为,"一带一路"更多是一个口号,而非是付诸行动的现实,是中国实行的一种新怀柔政策,通过经济

---

① See Shannon Tiezzi, "The New Silk Road:China's Marshall Plan?", *The Diplomat*, November 06,2014. http://thediplomat.com/2014/11/the-new-silk-road-chinas-marshall-plan/。

② See Wendell Minnick, "China's 'One Belt,One Road' Strategy", April 11,2015. http://www.defensenews.com/story/defense/2015/04/11/taiwan-china-one-belt-one-road-strategy/25353561/。

③ 参见《外交部发言人陆慷答记者问》(2015.12.30),http://www.fmprc.gov.cn/ce/cebe/chn/zclc/t1328757.htm。

④ See Wendell Minnick, "China's 'One Belt,One Road' Strategy", April 11,2015. http://www.de-fensenews.com/story/defense/2015/04/11/taiwan-china-one-belt-one-road-strategy/25353561/。

援助,扩大中国在沿线国家影响力。这些负面舆论对"一带一路"实施构成一定的阻力,这需要在"一带一路"设计中对良好国家形象构建与文化软实力提升主动进行前瞻性思考,化解"一带一路"倡议推进过程中可能产生的负面舆论,为更好实现推动内外经济联动发展目标提供软实力支撑。

"一带一路"倡议担负着促进民心相通、提升国家形象的现实使命。"一带一路"倡议向世界传递中国和平发展、开放包容、和他国互利共赢的价值理念,因此也是一个构建国家形象的过程"。①中国政府在塑造"一带一路"中国形象的过程中,主要着眼于以下三点:第一,强调"一带一路"顺应世界和平与发展的潮流,符合地区国家发展合作的现实需求和共同利益;第二,强调"一带一路"是一个开放、包容的倡议,沿线各国都发挥作用,享有应有的地位和利益,并不是地缘政治工具,中国也没有谋求势力范围的地缘战略意图;②第三,中国一直强调共商、共建、共享原则,实实在在造福各国人民。这很好地回应了国际社会对"一带一路"倡议的负面解读。

中国通过"一带一路"建设,希望更好地造福各国人民,通过共商、共建、共享,共筑包容、均衡、互惠的合作平台,为实现世界和区域经济联动式发展提供中国方案,来建构良好的中国形象。具体而言,"一带一路"倡议塑造中国形象的方式主要有:第一,中国通过"一带一路"外交活动,对外传播国家治理理念、发展模式,贡献中国方案;第二,通过经济贸易投资活动构建经济现代化形象,通过亚洲基础设施投资银行、丝路基金,加强对沿线国家的基础设施项目投资,支持地区互联互通产能合作项目,带动各国经济发展,创造就业机会,造福各国人民;第三,通过中外人员流动、人际交往,让世界认识中国国民形象,通过"一带一路"文化交流活动,推进人文教育领域交流合

① 参见张鑫:《"一带一路"彰显中国国家新形象》,《中国社会科学报》,2016 年 2 月 16 日。
② 参见《外交部发言人陆慷答记者问》(2015.12.30),中华人民共和国驻欧盟使团,http://www.fmprc.gov.cn/ce/cebe/chn/zclc/t1328757.htm。

作,加强文明对话,传递友好精神,深化传统友谊,传播中华文化,提升国家文化软实力。

良好的国家形象能够带来政治、经济、文化和社会多重效益。伴随中国硬实力的提升,"一带一路"建设有着国家形象塑造的内在需求。通过"一带一路"建设,中国对外传播中国发展模式,推动本国经济"走出去",增强中国文化吸引力,有助于提升"一带一路"倡议的顺利实施,并提升"一带一路"倡议的国际社会认同度。

二、"一带一路"倡议中中国形象塑造的"微化"转向

长期以来,相关部门习惯于采用一种整体主义或集体主义的"宏视角"来看待中国形象, 极为强调大众传播在形象塑造中的作用。这种以整体主义、静态主义以及大众传播为主要特征的中国形象可被视之为一种"宏形象"。随中国企业、商人"走出去"的步伐以及社交媒体、微传播技术的变革,极需要以敏锐的感知力洞察到中国形象传播出现的"微化"转向现象,认真探讨一种以个体主义、动态主义和微传播为特征的"微形象"。中国形象的"微化"转向表现在其传播的目标、主体、客体、渠道和内容均存在"微化"的趋势上。

(一)目标微化:传播真实、成长中的国家形象

良好的国家形象可以为"一带一路"建设带来正能量的舆论环境,为中国"走出去"战略的顺利实施提供充分的软实力支撑。传播良好的中国形象很自然地成为了政府和媒体所追求的目标。尤其是在中国和平发展形象、良好的产品质量形象和国民形象未能得到"一带一路"沿线国家有效认同的情况下,中国要传播完美正面形象的内在心理需求将更为强烈。结果是沿线国

家对中国所谓的"暴发户""土豪"形象批评越盛,中国传播正面国家形象的动力就越强烈。中国媒体习惯于"报喜不报忧",塑造的中国形象日趋完美化、公式化和刻板化,而容易使之失去真实性和生动性。在此背景下,沿线国家具有"妖魔化"中国形象的集体心理动因就更为强烈。这使得中国形象的传播陷入中国越以良好完美形象为目标,则在他国眼中的形象就越难以完美的恶性循环之中。

要走出这样的恶性循环,需要重新思考传播中国形象的目标问题。中国固然要传播良好的国家形象,但不应以完美的中国形象为目标,要顺应自然,有所为而有所不为,不强求良好的中国形象,要将"以正面报道为主"的指导思想改变成"以正面效果为主"。①长期以来,中国在追求良好国家形象时,具有一种静态思维与面子意识,陷入到一个重宏大目标但轻细微过程、重他人评价但轻自我反思的误区中。这导致中国形象传播"欲速而不达",迫切需要对其传播的目标进行"微化"。

传播目标的"微化"体现在不应以一个静态的、简单的、抽象的、宏大的良好国家形象为目标,而应该以传播一个动态的、真实的、具象的、细微的、具有反思精神和成长能力的国家形象为目标。良好国家形象是一个长期的动态进程,绝不是一蹴而就的。良好的形象需要走下完美的"神坛",不害怕中外形象互动中的差异与冲突,不回避展现其缺点、问题与不足。因此,不必在意这个中国形象是否完美,而应在重视它的个性、真实性、丰富性的同时,追求它的品格性、成长性和进步性。良好形象必须具有很强的反思精神与纠错能力,在矛盾冲突中不断进步成熟。

中国形象传播目标的"微化"需要体现在塑造政府、企业和公民的形象目标中。中国形象的抽象概念必然要以具象的中国政府、中国企业、中国国

---

① 参见周伟明等:《对外传播中的国家形象设计》,外文出版社,2012年,第259页。

民、中国产品来体现。国家形象与政府形象、企业形象、公民形象和产品形象紧密相连。尤其在当今出现劣质产品形象与"土豪"公民形象的背景中,需要我们全方位进行反思以打造良好的国民形象。

传播目标的"微化"还体现在以外国人评价为目标转向具体的"走出去"的企业和公民由内向外的自我约束。当前我们过于关注别人眼中的国家形象,面对负面形象容易出现过激心理反应,陷入被动应对的境况。我们传播的目标要进行内向性探索,建立自身的价值体系,以内在标准为准绳。

(二)主体微化:"走出去"的企业与个体

影响国家影响的因子是具体的、细微的,每个人都是国家的"形象大使"。①改革开放经过了"引进来"的发展阶段,现在中国产品、资本与人才大量"走出去"。"一带一路"倡议是一个内外经济联动发展的顶层设计,中国出资 400 亿美元设立丝路基金,倡导成立 1000 亿美元的亚投行。2015 年一季度,我国与"一带一路"沿线国家双边贸易额 2360 亿美元,占全国进出口总额的 26%。在"一带一路"沿线国家共有 70 多个在建合作区项目,建区企业基础设施投资超过 80 亿美元,带动入区企业投资近 100 亿美元,预计年产值超过 200 亿美元,可为当地创造 20 万个就业机会。②截至 2014 年底,已有 80 多家中央企业在"一带一路"沿线国家设立分支机构,承担大量"一带一路"战略通道和战略支点项目的建设和推进工作,具体包括中俄、中哈、中缅原油管道,中俄、中亚、中缅天然气管道,俄罗斯等周边国家的 10 条互联互通输电线路以及中缅、中泰、中老铁路,中巴喀喇昆仑公路,斯里兰卡汉班托塔港等项目。③据国家旅游局预计,"十三五"时期,中国将为"一带一路"沿线

---

①　参见周伟明等:《对外传播中的国家形象设计》,外文出版社,2012 年,第 21 页。

②　参见徐念沙:《"一带一路"战略下中国企业走出去的思考》,《经济科学》,2015 年第 3 期。

③　参见《国资委发布央企"一带一路"中国企业路线图》,http://www.cfi.net.cn/p20150714001260.html。

国家输送 1.5 亿人次中国游客、2000 亿美元中国游客旅游消费。[①]"走出去"的中国企业和公民成倍数增长,他们必然成为中国形象的具象代表。

在一个中外直接交流较为匮乏的年代,外国人眼中的中国形象主要来自所在国的书本介绍与大众媒体的传播。在国际大众媒体"西强我弱"以及中国对外媒体发展滞后的情况下,国外大众媒体(尤其是西方媒体)是中国形象传播的主体。大众媒体对西方人对中国形象认知具有重要的"把关"作用,他们根据自身的意识形态、利益取向对中国报道进行过滤,给公众造成一个中国形象的"拟态环境"。西方媒体依靠强大的传播力,成为国际舆论的风向标。

为扭转西方媒体的负面化中国形象,中国政府努力打造中国对外媒体,以争取中国形象话语权。我们习惯于走大众传播的主体路线,来中和西方大众媒体的不良影响,但却未能取得良好的效果。其一,中国现在的大众媒体还远远落后于西方,无论在经济实力还是传播技巧上都无法与西方抗衡;其二,中国的大众媒体大多具有很深的政府背景,西方公众对政府宣传具有天然的不信任。

在"一带一路"建设背景下,中国形象传播主体将出现从大众媒体发展到"走出去"企业和个体的"微化"。这样的思路转换具有重要意义。其一,企业和个体为主体的中国形象传播可以有效改变外国公众来自大众媒体的中国刻板印象,使想象的中国形象和不实形象走向真实形象;其二,"走出去"企业和个体的中国形象传播符合当今"人被大写"的时代潮流,也符合西方个体主义文化价值取向,可以很好地消除政府主导的色彩,更容易获得国外公众的认同;其三,以企业和个体为主体的形象传播具有平等性、社会性、互动性,可以有效改变中国形象传播长期以来重认识性和评价性而忽视情感

---

① 参见《"一带一路"的旅游愿景如何实现》,http://travel.news.cn/2015-04/01/c_127647089.htm。

性的一面,有助于使中国形象从抽象走向具象。

这要求相关部门重新审视如何更好发挥中国形象传播主体作用的问题,要在加强对外大众媒体建设的同时,更加重视"走出去"的企业、社会团体和商人作为传播主体的作用。然而来自真实场景互动中的中国形象传播将对企业与个体的内在品质、价值精神提出更高的要求。从想象走向真实的过程中,并不一定可以带来更好的形象,这主要取决于互动中的团体与个体的整体素质。从笔者对来华留学生的调查中可以看到,留学经历有效改善了他们眼中的中国整体形象,但是他们对于中国产品质量、环境污染、公共精神不足等却有了更深切的体会。

因此,中国形象传播是一个由内而外的过程。中国形象取决于每一个中国企业与公民的个体形象。良好形象本质上不能依靠塑造与传播技巧,而有赖于企业精神和公民素质的整体提升。互动中的中国形象来不得半点伪装,是一个直指人心的问题。这不但关乎中国核心价值观建设的根本性问题,还涉及企业与个体的文明素养和跨文化理解、沟通能力的培育。

当前中国海外企业和公民形象均欠佳,海外媒体经常指责中国企业海外"倾销"、生产劣质产品、带来环境污染、不遵守当地法规等。走出去的企业需要完成从经济属性到社会属性的延展,克服"义利失衡"的倾向,增强企业社会责任感。中国"走出去"的富人存在极端的消费模式,容易导致"暴发户"形象,这需要他们培养健康消费的心态、增强慈善精神。①

(三)客体微化:小众与分众的个性化传播

"一带一路"共建国家涉及东北亚、东南亚、南亚、中亚、西亚、北非、独联体、中东欧地区。中国企业和公民为主体的组织传播和人际传播具有很强的

---

① 任晶晶:《当代中国富人的国际形象—— 一种公共外交视角的解读》,载韩方明主编:《中国人的国际新形象》,新华出版社,2012 年,第 63~67 页。

社交性和针对性,其传播客体不同于大众传播的大众群体和模糊化群体,而是指向小众群体、分众群体和精准群体。

对精准的小众群体的直接传播具有方便性、快捷性和互动性的优势,但是,也对我们认知与理解传播客体的宗教文化心理习惯的能力提出了挑战。如梁永佳所指出,西方是法制社会,我们是政府社会,但"一带一路"共建国家中很多是以宗教为主导的碎片化社会。[1]在这个"宗教的路带"上,有印尼、巴基斯坦、印度和孟加拉国等信仰伊斯兰教的国家,还有老挝、缅甸、柬埔寨和泰国等小乘佛教主导的国家。这要求传播主体要加强宗教意识,敏锐地觉察到传播客体的宗教信仰、宗教禁忌。

组织与人际传播是客体规模一定的小范围传播,大多是点对点、面对面的传播。直接传播现场感强,主客体可以轻易转换,可以使意见得到充分表达。但是直接互动可能会带来更多的冲突,甚至会产生强烈的情感互动。主客体之间的传播冲突是一个彼此进行文化与情感探索的契机,如果处理得当,将会有助于构建更好的情感与命运共同体意识。是否可以把潜在的差异与冲突转化为融合的契机,在很大程度上取决于传播主体的换位意识和跨文化感知力。

为了加强对传播客体的了解,需要对受众进行有针对性的跨文化调研,建立"一带一路"沿线国家跨文化案例库。研究者可以分国别收录中国与沿线国家存在的主要的跨文化差异问题,分析中外价值文化、制度文化和行为文化等方面的差异性,尤其需要加强对曾经发生过的跨文化冲突案例的研究。

（四）渠道微化：微传播的挖掘

唐宋时期的中国形象主要依靠于产品传播和人际传播,但只限于少数

---

① 参见梁永佳:《实施"一带一路"战略要有宗教考量》,民族宗教网,http://www.mzb.com.cn/html/report/150520578-1.htm。

的精英阶层，大量的公众并没有直接接触中国的渠道。当今互联网创造了一种任何人在任何地点、任何时间、与其他任何人进行任何形式的信息交流形式。①在网络化时代，跨国的人际传播从精英走向大众。与人际传播和组织传播相适应的是以手机为介质、以微博客、微信为媒介的微传播的兴起。信息技术革命使传播渠道从单向的大众传播走向交互式的微传播。大众传播容易流于自上而下的宣教式传播，微传播则带来了双向流动的平民化传播变革，这使得传播具有很强的草根性。

英美等国非常重视运用微传播开展对华外交，塑造良好国家形象。自从微博最初运营之始，就有外国政府机构来此开设中文账号，如英国驻华使馆开通新浪微博官方账户，积极展开对华民众的微外交和微传播。②此外，美国驻华使馆、韩国旅游发展局等政府机构以及拉加德（国际货币基金组织总裁）、范龙佩（欧洲理事会主席）、罗培雨（美国驻伊斯兰堡使馆副发言人）和史哲明（英国文化协会南美地区主任）等均运用微传播对华开展"微外交"。③

中国形象微传播一方面需要有效运用"一带一路"沿线国家的微传播工具，例如欧美的 WhatApp、Facebook Messenger，日韩的 Line、Kakao Talk 等类微信产品。更为重要的，中国对外微传播需要依靠微信国际化市场的开拓。"一带一路"建设对微信的国际化提供了更强的发展动力。2013 年 11 月微信上线两年，就覆盖全球二百多个国家，发布了二十多种语言版本。④其中，微信取得了不少"一带一路"沿线国家，如泰国、菲律宾、印度尼西亚、日本、韩国、越南、葡萄牙等的合作。微信还启动了英文版软件的设计，在东南亚、美国等地区设立办公室，在印尼推广时邀请梅西作为全球形象代言人。微信已

①　参见杨伯淑：《互联网与社会》，华中科技大学出版社，2002 年，第 240 页。

②　宫承波、张凌宵：《从英国对华微传播实践看新媒体时代国家形象建构》，《新闻研究导刊》，2015 年第 16 期。

③　王国华、杨腾飞：《在华"微传播"研究——以新浪微博为例》，《情报杂志》，2013 年第 6 期。

④　王喆：《微信：劲敌环伺，背水一战——微信国际化发展路线和策略》，《传媒评论》，2014 年第 3 期。

经在印度、印尼和马来西亚等地占据了较大的市场份额,注册用户数和客户端下载量连续攀升。微信也成为阿根廷、巴西、意大利、墨西哥、菲律宾、新加坡、南非、泰国和土耳其等国家苹果应用商店(APP Store)和安卓应用市场(Google Play)上下载量最高的社交类应用程序。①需要指出的是,国外使用微信的主要群体还是华侨华人与中国海外公民。但是微信的"群"功能和"朋友圈"可以很好地带动国外公众的使用。微信国际化需要与"一带一路"倡议相联系,赋予其传播中国微形象,推动中外文化交流的历史使命。

在"微传播"环境下,"人人都是麦克风"。因为网络的虚拟性,可能会导致一些非理性的极端性言论,出现"人肉搜索""网络暴民"。在挖掘运用微传播的时候,要求加强公民的媒介素养:一是提升公民接触、分析和传播信息的能力;二是培养公民自由的负责的表达个人意见的能力、面对冲突的协调能力和解决问题的能力;三是促进公民对主动获取不同信息来源的兴趣和对不同意见的包容的能力。②

(五)内容微化:"微形象"的塑造

长期以来,中国传播的国家形象体现的是一种千人一面的整体主义"宏形象"。西方具有很强的个体主义倾向,其媒体刻画的中国形象具有"微化"特征,突出中国海外公民、游客以及中国产品的负面形象,这一倾向应该引起足够重视。要有良好的中国形象,必须要有好的中国微形象。在"一带一路"建设中,必须高度重视以"走出去"的企业、个体与产品的"微形象"内容的设计。

网络时代带来了海量内容,要吸引受众的注意力,必须对冗长的内容进行"微化","微内容"通常描述小段包含元数据的文本、图像、视频等信息内

---

① 参见罗中书:《微信的国际化及其对传媒"走出去"的启示》,《对外传播》,2014年第1期。
② 参见周宇豪主编:《政治传播学》,武汉大学出版社,2013年,第263页。

容。①"微传播"有助于人们使用碎片时间进行快餐式阅读,它需要扬弃平面媒体中国形象传播过于严肃呆板的内容,采用富有亲和力的生动活泼的语言,注意故事性和生动性。它还需要克服惯有的以政治经济议题为主要内容的传播,而更多引入企业与个人议题。中国"微形象"需要树立个性化、立体化的形象,要可以体现形象的动态性、情节性、复合型、互动性和成长性。这要求我们善于讲述中国企业、公民与产品的"微形象"故事。

"微形象"需要文字、图片、音频、视频的综合运用,以增强生动性和感染力。2015 年 1 月 27 日复兴路上工作室制作的《十三五之歌》微视频,由四个在中国工作生活的欧美年轻人演唱,他们也参与歌曲的构思和制作过程。这是中国政府"微形象"传播的典型案例,并受到了国外受众的好评,《纽约时报》称其带着马洛·托马斯(Marlo Thomas)《你我无拘无束做自己》(Free to Be You and Me)的情怀,或者 ABC 电视台动画短片《校舍摇滚!》(Schoolhouse Rock!)的风格。②此外,近期制作的《领导人是怎样炼成的》《习大大的时间都去哪儿了》都是中国政府"微形象"传播创新的力作。但是中国"走出去"企业品牌海外推广大多从市场营销的角度进行,没有很好地整合政治传播的视角加以升华,这导致中国海外企业形象缺乏价值关怀与慈善精神。因此,需要从国家形象塑造的高度来进一步加强中国海外企业和公民"微形象"的传播。

中国形象包含物质要素、制度要素和精神要素,既有具象的政府、产品与公民,又有抽象的核心价值观。中国形象的内容"微化"可能会带来碎片化形象,这需要加强"微形象"背后的核心价值观和品格性的打造,作为碎片化形象的链接。在向外界展示政府、产品和公民形象的时候以本国的核心价值观为依据,才能形成一个完整、统一的国家形象。

伴随"一带一路"倡议中国全方位"走出去",中国形象传播将面临更大的

---

① 参见齐立森:《网络"微内容"的传播学分析》,《新闻爱好者》,2009 年第 6 期。

② 参见《〈十三五之歌〉MV 走红,被网友称为"神曲"》,http://news.qq.com/a/20151030/009067.htm。

挑战。具有很强交互性的人际传播和组织传播以及微传播技术的革新将带来中国形象传播从"宏形象"到"微形象"的转向。中国要应对这一变化,在对外传播的指导思想与具体实践中,充分挖掘"走出去"企业和个体的传播潜力。

中国形象传播的目标将从对宏大的完美形象目标的追求,转向对真实与成长中的形象塑造的细微进程的反思与感悟;传播主体将从政府领导下的大众媒介转向以能够有效进行人际传播和组织传播的一大批"走出去"的企业、商人、留学生和游客;传播的客体将从无法直接触及的大众走向具有一定互动关系的"小众"和"分众";传播的渠道将从以自上而下传播和单向传播为特征的大众传播走向以平等传播和双向传播为特征的微传播;传播的内容将从静态的、整体主义的"宏形象"转向动态的、个性化的"微形象"。

中国形象传播的"微化"不可避免会带来碎片化信息,"微形象"也可能成为一个碎片化形象。这需要注意传播"微形象"背后的核心价值观,打造中国形象的成长性和品格性,使之成为统筹这些碎片化信息的主心骨。

三、"一带一路"倡议中中国形象塑造面临的问题

"一带一路"倡议对塑造中国良好的经济形象起到了积极作用。中国外文局等机构联合发布的《中国企业海外形象调查报告,2015"一带一路"版》显示,海外民众对中国经济未来发展趋势有着积极的评价。87%的"一带一路"沿线国家受访者认为中国经济会继续增长。哈萨克斯坦、沙特阿拉伯和俄罗斯分别有68%、77%和91%的受访者认为中国经济发展对其母国经济"比较有利"或"非常有利"。他们对于中国的基础设施建设、中国企业在品牌本土化、中国企业在遵从政府监管等方面具有较高的评价,但是对中国环境

保护、雇用本地员工和采购本地原材料、维护知识产权等方面评价较低。①因此，"一带一路"中国形象塑造需要正视存在的中国产品质量、服务质量、国民素质等问题。中国人的"面子"意识过强，在与当地政府、企业与公众相处的过程中，缺乏感受层面的关切与互动，这影响了民心的修通。要解决这些问题，必须从最根本的核心价值观的构建入手。

（一）项目、产品质量问题

英国品牌专家西蒙·安浩称："一个强有力、独特的、基于大范围的和有吸引力的国有品牌是一个政府向其出口商提供的最有价值的礼物。目前，品牌出口商品是建立和保持国家形象最有效的方式。"在很长一段时间，"中国制造"因为存在的劣质商品而被污名化，中国形象也因"中国制造"而被污名化。《中国企业海外形象调查报告，2015"一带一路"版》调查显示，平均有三分之一的海外受访者不清楚中国企业在其母国的表现，新加坡、土耳其、荷兰、意大利等国受访者对中国企业形象的整体认可度偏低，特别是对中国企业在环境保护、危机事件处理、知识产权保护方面的表现仍有不少质疑声音。②

"一带一路"建设带来大量的基础设施项目投资以及中国制造产品的出口。一些国企承担的超大型项目，大多是由国有银行提供金融贷款，借助"一带一路"倡议并与之捆绑后企业主动造出来的项目。由于国有银行而非承建的国有企业承担经济风险，他们容易把"一带一路"项目视为"政绩工程""面子工程"。在"带路"沿线国家投资的项目或者存在质量监控不严问题，产生豆腐渣工程，或者因为成本、风险预估不足成为烂尾工程。例如，巴哈马大型海岛度假村项目总投资为 35 亿美元，中国进出口银行为该项目提供 24.5 亿

①　参见《"一带一路"上的中国企业　如何塑造海外形象？》，http://finance.huanqiu.com/zcjd/2015-09/7557038.html。

②　参见《〈中国企业海外形象调查报告，2015"一带一路"版〉在京发布》，http://finance.huanqiu.com/zcjd/2015-09/7556999.html。

美元融资。但目前已成烂尾楼，银行贷款已经无法收回。中国有不少工程项目是与其他国家政府或企业采取合资形式兴建，一旦成为烂尾工程，则可能存在责任相互推卸、相互指责等问题。例如，巴哈马大型海岛度假村项目发生了工期拖延、资金扯皮、开发商申请破产、承建商被控欺诈等纠纷，该项目开发商巴哈马度假村有限公司将项目施工的延迟归咎于承建商中国建筑工程总公司美国子公司，指"中建涉嫌欺诈、蓄意破坏"。

中国在当地投资的项目在实施的过程当中还涉及大量的废气废水废物放等环境问题，也涉及工程实施的噪音污染问题。如果与当地政府和居民在这些问题上未能达成一致，则会损害中国项目形象乃至国家形象。

（二）国民形象问题

国民形象是国家形象的重要具象代表，也是国家形象的塑造与传播主体。美国牧师明恩溥把中国人性格归纳为保全面子、勤俭持家、勤劳刻苦、讲究礼貌、漠视时间、拐弯抹角、顺耳不从、不紧不慢、缺乏公心、因循守旧、随遇而安、能忍且忍等特征。

伴随"一带一路"倡议"走出去"的大量商人、游客的文明礼仪与生活作风，对于良好国民形象的塑造具有至关重要的作用。一些商人、工人、游客的整体道德素质和文化修养水平不高，存在随地吐痰、不遵守交通规则、大声喧哗等文明礼仪问题，在与当地居民相处的过程当中，换位思考意识不足，跨文化沟通能力较低。有的中国人存在大国心态、土豪心理，对当地居民态度不够尊重。有的投资者存在急功近利的心态，在经商行为中缺乏法律与道德约束，存在坑蒙拐骗、贿赂、拉关系等行为，在当地社会引起相当负面的影响。个别商人还存在不良生活作风输出问题，把国内一些生活陋习带到当地，造成恶劣影响。中国公民普遍存在的道德危机、信仰空虚等问题，缺乏核心价值观引导，这在一定程度上也影响阻碍"民心相通"的工作。

(三)面子思维

在中国传统文化中,中国人具有较强的面子思维,这也反映在"一带一路"项目推进过程中。一些部门、企业在承接"一带一路"项目过程中存在"好大喜功"现象,有的部门或企业通过拔高"一带一路"倡议的政治意义与战略价值,而忽视对项目经济盈利水平的评估。在"一带一路"实施过程中,存在通过经济援助获得国际尊重的集体潜意识。特别是中国从"天朝上国"跌落成半殖民地国家的"百年耻辱"的创伤性体验,使得国人在"走出去"过程中的面子意识尤其强烈,其"大国心态"极其需要得到抚慰。

面子思维本质上是一个集体不自信的心理补偿机制,并不能真正有效地提升国家的吸引力,构建良好的形象。笔者对上海外国留学生的调查表明,获得中国奖学金的外国留学生并没有比未获得奖学金的留学生对中国的印象更好,这表明经济支持并不一定可以生成好感。"一带一路"建设中有的投资项目为"形象工程",主要为展现大国慷慨形象,因而缺乏经济利益的考量。但是,经济投入并没有能够很好地转化成为良好的国家形象,有的处理不当,还可能对中国形象产生副作用,例如一些缺乏盈利水平的项目工程"烂尾",而受到当地社会的诸多抱怨。中国"一带一路"建设的大量投资,如果缺乏成本收益考量,沿线国家可能展开一场争取中国资金的竞争。中国的声誉、形象如果用经济手段来换取,是难以为继的,这并不能生成真正的国际尊重。

这需要我们深入探究国家形象塑造的内在逻辑,要量力而行,展现真实与成长中的国家形象,而不能承担超过能力的任务,刻意拔高形象。过于慷慨大方的"无私"帮助并不一定有助于良好国家形象的塑造。在"一带一路"项目推进过程中,要认真考虑中国的真实需求,真正做到经济"共赢"。

（四）感受层面关切不足

"一带一路"良好中国形象的塑造，经济援助并非最重要的因素，关键因素在于价值观的展现与感受层面的沟通。中国对外经济援助，获得很多亚非拉国家民众的支持，但是同时也存在所谓的"中国新殖民主义论"的负面声音。这提示中国国家形象的构建不能仅仅停留在物质层面的思考上，要更多需要考虑感受层面的内容。

在笔者与外国人士的交流过程中，不少外国人反映与中国人只能交流工作、房子等浅层内容，难以真正地与中国人探讨价值观、心灵方面的问题。这与中国情感含蓄的传统文化有相当大的关系。在中国人的交流过程中，并不善于触及情感感受层面的内容，这影响中国人与外国人的情感沟通。在"一带一路"项目推进的过程中，中国企业过于关注效率，对于项目可能产生的环境、噪音污染问题关注不足，换位思考能力不足。在"一带一路"沿线国家中，有很多佛教、伊斯兰教、基督教信仰的国家，但是国人对宗教信仰缺乏深入认识与理解，很难与他们产生情感共鸣。

要构建良好的中国形象，需要在"一带一路"建设互动过程中更好地体现不卑不亢的自信心态、刚柔并济的语言风格、富有同理心、尊重对方价值观，包容不同的文化与行为方式，提升面对和处理冲突的能力、加强换位思考意识。

四、"一带一路"倡议中中国形象塑造的新思路

反思"一带一路"倡议中中国形象塑造存在的问题，是为了积极探索中国形象塑造的新思路。在"一带一路"人际传播、组织传播更加频繁的背景下，中国形象塑造要改变以大众传播为主，注重整体、静态、正面的"宏形象"塑造的固有思路，转而更加重视对中国项目、产品、品牌、国民的"微形象"的

塑造,更多体现真实与成长中的中国形象,更为重视以微信、微博、推特等为代表的微传播手段的运用。

(一)用核心价值观引领"一带一路"建设

国家形象最好的品牌是产品与公民,当前中国项目、产品的质量问题以及中国公民素质问题日渐显露, 其根本原因在于价值观的断裂以及精神信仰世界的空虚。我们要敢于直面国民性格中存在的问题,例如存在好面子而不重实效、缺乏诚信精神、原则性不强、追求实用主义取向等。这亟需对中国儒道传统文化去伪存真、扬长避短,吸收人类文化的有益养分,加强社会主义核心价值观建设,使民主、文明、自由、平等、公正、法治,敬业、诚信、友善等核心价值真正内化,成为国民精神世界的追求。

用核心价值观引导"一带一路"建设,需要对国人的心灵世界进行一场灵魂的革命,重构中国人真实诚信、与人为善的精神信仰,打造民主、清廉、高效的政府形象, 建设富有创新精神和社会责任感的企业形象以及构建充满和善与爱心的国民形象。精神世界的重构绝非一日之功,需要几代人有意识的长期努力。

(二)加强对投资项目的盈利及其形象功能的评估

当前相关部门对"一带一路"的宣传多集中在正面成功案例的宣传,对于失败案例则采取忽视态度,在数据统计上多呈现投资额的增长,而对于投资回报的统计则置之不理。"一带一路"建设投资项目需要更多考虑市场盈利的商业逻辑,真正实现合作共赢的价值目标。可以带来利润的高品质项目产品有助于塑造一个高效创新、充满活力的中国企业形象。这需要加强对中国投资项目经营状况的评估, 有针对性地改进投资项目中存在的问题。因此,有必要建立中国"一带一路"项目产品大数据评估系统以及"一带一路"

国际舆情评估系统,及时跟踪了解中国形象的动态变化,有针对性地提出改进中国形象的对策。

中国投资项目不一定可以产生正面形象功能,有的"烂尾"项目甚至成为中国形象的"负资产",这需要加强对投资项目与产品的形象价值评估,探究影响中国形象的正负面因素,以便不断加以改进。"一带一路"建设要积极推进中国企业形象建设,要熟悉并自觉遵守国际法律规范,要提升与媒体及公关机构交往能力,提高透明度和规范信息披露,同时要尊重驻在国文化,提升全球责任担当意识,切实打造利益、命运共同体。①

(三)塑造真实成长中的中国形象

组织传播与人际传播将成为"一带一路"中国形象塑造的主要方式。这使中国形象从报纸屏幕走向人际真实互动过程中。真实的互动有助于增信释疑,培育情感。但是深层次的互动也可能会使更多的价值观的分歧与文化冲突得以显现,也将会使中国形象中存在的一些问题例如产品质量、诚实守信等更多地暴露出来。这使中国形象从大众媒体营造出来的虚拟世界的构建走向优缺点共存的真实世界的塑造中。

真实的中国形象必然是正负面形象并存的复合体。我们要以一种沟通、开放、包容的心态来看待"一带一路"中国形象的塑造。中国形象塑造的目标,不应该追求一个绝对正面的形象,而是要接纳中国形象存在的一些不足、缺点,塑造一个动态的、真实的、成长中的中国形象。

成长中的中国形象必须注重对问题的反思与改进,用真正自信的心态去坦然面对问题,不回避问题,在问题发生时不推卸责任,勇于担负自身改进的责任,用建设性的姿态去解决问题。成长中的国家形象还需要注重对受

---

① 参见《"一带一路"上的中国企业 如何塑造海外形象?》,http://finance.huanqiu.com/zcjd/2015-09/7557038.html。

损形象的修复。传播是以目标为导向的人类活动,而保持良好的名誉则是传播活动的关键目标。西方著名学者伯奈特认为当自身受到攻击时,就有必要运用形象修复战略来恢复名誉。他认为形象修复理论包括否认、逃避责任、降低侵犯性、纠正行为、承担责任并请求原谅五大战略。中国要加强危机公关能力,善于运用形象修复策略,以营造更好的中国形象。

(四)增强跨文化理解与沟通能力

"国之交在于民相亲",民心相通是"一带一路"建设的社会根基。"一带一路"倡议的推广,有助于各国文化沟通、交流、碰撞和融合。"一带一路"沿线国家民族众多、宗教文化多元,拥有两河流域文明、基督教文明、希腊文明、印度文明和中华文明。①亨廷顿的文明冲突论甚至认为:"在这个新的世界里,最普遍、重要的和危险的冲突不是社会阶级之间、富人和穷人之间,或其他以经济来划分的集团之间的冲突,而是属于不同文化实体之间的人民之间的冲突。"②当前基督教文明与伊斯兰教文明关系紧张,而"一带一路"沿线有五十多个伊斯兰国家,穆斯林人口占沿线总人口的三分之二以上。这需要中国处理好与伊斯兰教文明的关系。许嘉璐曾指出:"中伊两大文明有很多相同之处,决定地球的命运,中伊文明对话势在必行。"③在促进跨文化交流过程中,可以让"清真饮食"走出国门,打造"清真"品牌,充分加强中国伊斯兰文化与"一带一路"沿线国家伊斯兰文化的交流沟通。

中国企业"走出去"过程中,如果不能有效处理文化差异,可能引发中国企业与当地社会的紧张关系。这迫切需要我们提升跨文化沟通能力,加强对

---

① 参见李孝敏:《"一带一路"背景下我国文化产业拓展探析》,《求实》,2016年第7期。

② [美]萨缪尔·亨廷顿:《文明的冲突与世界秩序的重建》,周琪等译,新华出版社,1999年,第7页。

③ 冯今源:《关于"一带一路"建设与中国国家形象传播的思考》,http://www.djzhj.com/Item/28092.aspx。

沿线国家的宗教、文化、风俗习惯的调查，对不同的宗教文化禁忌保持高度敏感。这需要我们培养大量不但懂当地语言，而且了解当地文化，尤其精通当地宗教文化的跨文化传播人才。政府与企业要加强对"走出去"人员的跨文化能力的培训，全面系统地讲授当地文化的价值观念、风俗习惯，提升员工的跨文化敏感性，减少跨文化震荡与冲突。为提升"走出去"人员的跨文化交流能力，急需相关部门建立"一带一路"跨文化案例库，整理相关的跨文化差异、冲突与融合的相关案例。

　　总之，"一带一路"中国形象塑造是一个由内而外、内外兼修的过程。良好国家形象的塑造，需要警惕政绩工程、面子工程、功利性思维。良好中国形象的塑造要拒绝自大、浮夸、急躁心理，警惕陷入"外求"国际尊重的集体潜意识中，从切实改进中国产品、项目质量，构建诚信、富有爱心的国民形象入手，尊重实事求是的客观逻辑。"一带一路"经济投资项目要量力而行，注重经济投资回报，真正实现双赢目标。

附 录

一、留学生的生活融入与中国认知情况调查表(2012.6)
Questionnaire on Foreign Students' Views of China

亲爱的同学：

Dear student，

　　您好！此项问卷调查旨在了解您在中国的生活融入与对中国的认知。此次调查将匿名进行，我们将对有关的调查资料严格保密。欢迎您自由表达自己的观点。

　　This survey is to know about your life in China and your views of China. It is anonymous. Please freely express your own opinion.

　　请您在表中按照要求选择适合您的或者您认为对的答案，并在您所选的答案的"□"或代码上划上"√"。

　　Please kindly tick"√"in the answer option that you think it is appropriate.

　　您的看法和意见将有助于我们的研究，我们衷心感谢您的大力支持。

Your opinion is very valuable for our research. Thank you very much for your kindly help.

华东师范大学政治学系

Department of Politics, East China Normal University

1. 基本情况 Background

1.1 您的性别( )Your gender

☐1. 男 Male ☐2. 女 Female

1.2 您来自以下哪个国家或地区( )

Which country or region are you from?

☐1. 美国 America ☐2. 欧洲 Europe

☐3. 非洲 Africa ☐4. 日本 Japan

☐5. 越南 Vietnam ☐6. 韩国 South Korea

☐7. 中亚 Central Asia ☐8. 中东 Middle East

☐9. 拉美 Latin America

☐10. 其他 others＿＿＿＿＿＿（请说明 Please specify）

1.3 您的专业是 What is your major?( )

☐1. 政治或国际关系 Politics or International Relations

☐2. 经济管理类 Economics or Management

☐3. 语言类 Language

☐4. 理工或医学 Natural Science, engineering or Medicine

☐5. 教育 Education

☐6. 其他人文社科 other social science＿＿＿＿＿＿（请说明 Please specify）

1.4 您在中国生活共有(　　　)How long do you live in China?

☐1. 半年以下<0.5 years ☐2. 半年到 1 年半 0.5~1.4years

☐3. 1.5~2.4years ☐4. 2.5~3.4years

☐5. 3.5~4.4years ☐6. >4.4years

1.5 您在中国读＿＿＿＿＿＿＿＿项目(　　　)

What program do you study in China?

☐1. 专科 Junior college ☐2. 本科 Undergraduate

☐3. 硕士生 Master ☐4. 博士生 PhD

☐5. 短期交流项目 Short term exchange program

1.6 来中国的费用来自(　　　)The fee you spend in China comes from

☐1. 中国奖学金 Scholarship from China

☐2. 您国家奖学金 Scholarship from your country

☐3. 自费 At your own expense

☐4. 其他 others＿＿＿＿＿＿＿

1.7 您在中国有没有亲戚(　　　)Do you have any relative in China?

☐1. 没有 None ☐2. 有 Have ＿＿ 个

请说明具体关系 The relationship＿＿＿＿＿＿

1.8 您为什么来中国？（可多选)(　　　)

Why do you come to China？（Multi-Choice）

☐1. 中国经济发展机会好 Having many economic opportunities

☐2. 家庭 Family reasons

☐3. 喜欢中国文化 Liking Chinese culture

☐4. 其他 Others＿＿＿＿＿＿＿＿＿（请说明 Please specify）

2. 您对中国的看法 Your Own Opinion on China

2.1 您认为中国的言论自由(   )

Do you think the freedom of speech in China is

−3 −2 −1 0 1 2 3

非常差 very poor   非常好 very good

2.2 您认为中国的政治民主(   )

Do you think political democracy in China is

−3 −2 −1 0 1 2 3

非常差 very poor   非常好 very good

2.3 您认为中国的社会稳定(   )

Do you think the social stability in China is

−3 −2 −1 0 1 2 3

非常差 very poor   非常好 very good

2.4 您认为中国贫富差距(   )

Do you think the gap between rich and poor in China is

−3 −2 −1 0 1 2 3

非常大 very big   非常小 very small

2.5 您认为在中国办事要成功一定要找关系(   )

If you want to succeed in doing something in China, you should have relationship

−3 −2 −1 0 1 2 3

非常不同意 extremely disagree   非常赞同 extremely agree

2.6 您认为中国人平等对待外国人(   )

Do you think Chinese treat the foreigners equally?

−3 −2 −1 0 1 2 3

非常不同意 extremely disagree   非常赞同 extremely agree

2.7 您认为中国人的文明素质(   )

Do you think China's civilization standard is

−3 −2 −1 0 1 2 3

非常差 very bad   非常好 very good

2.8 您在多大程度上认为中国是负责任大国(   )

To what extent do you agree that China is a responsible country?

−3 −2 −1 0 1 2 3

非常不认同 extremely disagree   认同 extremely agree

2.9 您在多大程度上认为中国是和平发展的国家?(   )

To what extent do you agree that China is a peaceful development country?

−3 −2 −1 0 1 2 3

非常不认同 extremely disagree   非常认同 extremely agree

2.10 您认为中国对亚非拉国家的援助(   )

The aid of China toward Asian, African and Latin American countries is

−3 −2 −1 0 1 2 3

经济"掠夺"economic "plunder"   无私帮助 unselfish

2.11 来中国之后,您对中国的印象(   )

Your impression on China is becoming_____ after you come to China

−3 −2 −1 0 1 2 3

变差 becoming worse   变好 becoming better

3. 社会融入 Socialization

3.1 您有多少个中国朋友?

How many Chinese friends do you have? _____个

你们通过什么方式交流?(　　　)

By what means do you communicate with Chinese friends?

☐1. 课堂前后 before or after class　　　☐2. 网络 internet

☐3. 电话 telephone　　　　　　　　☐4. 约会 date

☐5. 其他 others＿＿＿＿＿＿＿(请说明 Please specify)

3.2 您参加学校社团活动的程度(　　　)

Have you ever taken part in activities in Chinese university?

☐1. 从不参加 never　　　　　　　☐2. 偶尔参加 occasionally

☐3. 有时参加 sometimes　　　　　☐4. 经常参加 usually

(请具体说明参加过什么活动 Please specify)

3.3 您在多大程度上认为上海是您的第二故乡(　　　)

Do you think Shanghai is your second hometown?

0　1　2　3　4　5

从不认为 never　　　　　　　非常认同 extremely agree

3.4 您在多大程度上想留在中国工作?(　　　)

Do you want to stay in China to work after graduation?

0　1　2　3　4　5

从不认为 never　　　　　　　非常认同 extremely agree

3.5 您谈中国的时候,您的态度是(　　　)

When talk about China,your attitude is

-3　-2　-1　0　1　2　3

非常负面 extremely negative　　　　非常正面 extremely positive

3.6 您为在中国留学的经历感到自豪吗?(　　　)

Are you proud of study experience in China?

-3　-2　-1　0　1　2　3

从来不感到自豪 never proud　　　　非常自豪 very proud

3.7 您喜欢中国吗? (　　　)Do you like China?

　　-3　-2　-1　0　1　2　3

　　非常不喜欢 extremely dislike　　　　非常喜欢 extremely like

4. 对中国的认知 Knowledge of China

4.1 中国现任国家主席(　　　)The President of China is

　　☐1. 温家宝 Wen Jiabao　　　　☐2. 吴邦国 Wu Bangguo

　　☐3. 江泽民 Jiang Zemin　　　　☐4. 胡锦涛 Hu Jintao

　　☐5. 朱镕基 Zhu Rongji

4.2 中国是世界第几大经济体(　　　)

　　China is the _____ economy body in the world

　　☐1. 第一 First　　　☐2. 第二 Second　　　☐3. 第三 Third

　　☐4. 第四 Fourth　　　☐5. 第五 Fifth

4.3 台湾是(　　　)Taiwan is

　　☐1. 中国的一个省 a province of China

　　☐2. 中国的一个特别行政区 a special administrative region of China

　　☐3. 一个"国家"a "country"

4.4 南海是中国的领土(　　　)

　　Do you think the South China Sea is the territory of China?

　　☐1. 不知道 Not clear　　　☐2. 是 Yes　　　☐3. 不是 No

5. 对中国外交的看法 Views on China's diplomacy

5.1 是否听说过中国的这些外交概念(可多选)(　　　)

　　Have you heard the following China's diplomacy concepts(Multi-Choice)

　　☐1. 和平发展 peaceful development

　　☐2. 和谐世界 harmonious world

☐3. 韬光养晦 keep a low profile

☐4. 独立自主 independent

☐5. 不结盟 no-alignment

☐6. 一国两制 one country, two systems

☐7. 多极化 multi-polar

☐8. 和平共处五项基本原则 five principle of peaceful coexistence

☐9. 睦邻友好 good neighboring policy

☐10. 睦邻、安邻、富邻 build an amicable, secure and prosperous neighborhood

☐11. 公正合理新秩序 just and reasonable international new order

☐12. 国际关系民主化 democratization of international relations

☐13. 互利共赢 mutual benefit and win-win

☐14. 国家核心利益 core national interest

☐15. 和平解决国际争端 settle down international disputes by peaceful means

☐16. 新安全观 new security outlook

5.2 您什么时候听说中国和平发展? (   )

When did you hear China's peaceful development?

☐1. 来中国前 before come to China

☐2. 来中国后 After come to China

☐3. 都没听说 have not heard

5.3 您是否和别人谈论过中国的和平发展(   )

To what extent do you discuss China's peaceful development with others

0 1 2 3 4 5

几乎没有 almost not   非常多 very often

5.4 您在多大程度上欢迎中国走和平发展道路?(　　　)

To what extent do you welcome China's peaceful development?

–3　–2　–1　0　1　2　3

非常不欢迎 not welcome　　　　　　非常欢迎 welcome

5.5 您认为中国和平发展的目标对中国有利吗?(　　　)

Do you think China's peaceful development is beneficial to China?

–3　–2　–1　0　1　2　3

非常不利 not very beneficial　　　　非常有利 very beneficial

5.6 您认为中国和平发展对美国有利吗?(　　　)

Do you think China's peaceful development is beneficial to the US?

–3　–2　–1　0　1　2　3

非常不利 not very beneficial　　　　非常有利 very beneficial

5.7 您认为中国会走和平发展道路吗?(　　　)

Do you think China will pursue peaceful development road?

–3　–2　–1　0　1　2　3

非常不同意 very disagree　　　　　非常同意 very agree

5.8 您认为中国文化是"和"文化吗?(　　　)

Do you think China's culture is peaceful culture?

–3　–2　–1　0　1　2　3

非常不同意 very disagree　　　　　非常同意 very agree

5.9 您认为中国是否有武力崛起的想法?(　　　)

Do you think China has the intention of rise by war?

–3　–2　–1　0　1　2　3

完全没有 completely not　　　　　绝对有 completely have

5.10 您认为中国是否有武力崛起的能力？（　　）

Do you think China has the capability of rise by war?

−3　−2　−1　0　1　2　3

完全没有 completely not　　　　　　绝对有 completely have

5.11 您对中国外交的整体评价（　　）

Do you think China's diplomacy is hawkish or moderate?

−3　−2　−1　0　1　2　3

非常强硬 very hawkish　　　　　　非常温和 very moderate

5.12 您认为中国的民族主义情绪？（　　）

How do you think China's nationalism?

−3　−2　−1　0　1　2　3

非常弱 very weak　　　　　　非常强 very strong

6. 开放性问题 Open Questions

6.1 来中国后,您对中国哪些方面的印象变好了,哪些方面的印象变差了?

After coming to China, in what aspects your impression on China is becoming better, in what aspects is becoming worse?

_____

_____

6.2 您认为中国发展面临什么问题？需要如何改进这些问题？

What problems do you think China is facing? How can China solve these problems?

_____

_____

谢谢您的参与!

Thank you very much!

二、接受深度访谈的48位留学生基本情况表

编号	国别	性别	在华时间	编号	国别	性别	在华时间
1	日本	女	3年	25	印度尼西亚	男	2年
2	日本	女	6年	26	日本	男	9个月
3	越南	男	1年8个月	27	巴林	男	3年8个月
4	越南	男	1年6个月	28	越南	女	4年
5	日本	男	18年	29	阿尔及利亚	女	2年
6	哈萨克斯坦	女	5年	30	越南	女	5年
7	中非共和国	男	2年	31	巴林	男	3年7个月
8	布隆迪	男	5年	32	韩国	男	5个月
9	美国	男	12年	33	越南	女	2年
10	朝鲜	男	1年8个月	34	蒙古国	女	6年
11	阿尔及利亚	女	1年8个月	35	越南	男	2年
12	哈萨克斯坦	女	4年	36	蒙古国	女	2年
13	法国	女	4年9个月	37	斯里兰卡	男	2年
14	乌克兰	女	2年3个月	38	越南	女	6年
15	美国	男	4个月	39	日本	女	9年
16	美国	男	10个月	40	索马里	男	1年2个月
17	印度	男	4个月	41	毛里求斯	男	2年
18	多米尼亚	男	4年	42	老挝	男	3年
19	几内亚比绍	女	4年6个月	43	马达加斯加	女	1年
20	哈萨克斯坦	男	4年	44	斯里兰卡	男	1年10个月
21	日本	女	9年	45	老挝	女	2年8个月
22	土耳其	男	3年9个月	46	尼泊尔	男	1年
23	韩国	女	5个月	47	菲律宾	男	1年2个月
24	马来西亚	男	2年9个月	48	美国	女	1个月

参考文献

一、中文文献

（一）中文著作

1.［美］T.克里斯托弗·杰斯普森：《美国的中国形象》，姜智芹译，江苏人民出版社，2010年。

2.［美］阿尔蒙德、小鲍威尔：《当代比较政治学》，朱曾汶、林铮译，商务印书馆，1993年。

3.安延：《通往精英之路：法国大学校与中国留学生》，商务印书馆，2015年。

4.北京步一步教育科技有限公司：《留学实录：15位中国留学生亲身纪事》，机械工业出版社，2012年。

5.陈潮：《近代留学生》，中华书局，2010年。

6.陈晓萍：《跨文化管理》，清华大学出版社，2009年。

7.程家福：《来华留学生教育结构历史研究（1950—2010）》，同济大学出版社,2012年。

8.[日]道瑞良秀:《日中佛教友好二千年史》,徐明、何燕生译,商务印书馆,1992年。

9.丁笑炯:《基于市场营销理论的留学生教育服务——来自上海高校的实证研究》,北京大学出版社,2012年。

10.董向荣、王晓玲、李永春:《韩国人心目中的中国形象》,社会科学文献出版社,2012年。

11.董泽宇:《来华留学生教育研究》,国家行政学院出版社,2012年。

12.[美]费正清:《费正清中国回忆录》,熊文霞译,中信出版社,2013年。

13.复旦大学历史系编:《近代中国的国家形象与国家认同》,上海古籍出版社,2003年。

14.顾钧:《美国第一批留学生在北京》,大象出版社,2015年。

15.[美]汉斯·摩根索:《国家间政治:为了权力与和平的斗争》,李晖、孙芳译,海南出版社,2008年。

16.何辉、刘朋:《新传媒环境中国家形象的构建与传播》,外文出版社,2008年。

17.何英:《美国媒体与中国形象》,南方日报出版社,2005年。

18.胡锦山:《非洲的中国形象》,人民出版社,2010年。

19.胡彦峰:《留学生与中国心理学》,南开大学出版社,2009年。

20.江忆恩:《文化现实主义——中国历史上的战略文化与大战略》,人民出版社,2015年。

21.蒋楠楠:《王者无外:天下观视野下的唐代留学生管理法则》,中国政法大学出版社,2015年。

22.李克欣主编:《中国留学生在上海》,东方出版中心,2013年。

23.李坤珊主编:《来华预科留学生汉语学习策略研究》,北京大学出版社,

2013 年。

24.李舒岩:《燃情西班牙:一个留学生的视觉笔记》,中国社会出版社,2011 年。

25.李滔:《中华留学教育史录》,高等教育出版社,2000 年。

26.李喜所:《中国留学史论稿》,中华书局,2007 年。

27.李喜所主编:《中国留学通史·民国卷》,广东教育出版社,2010 年。

28.李喜所主编:《中国留学通史·晚清卷》,广东教育出版社,2010 年。

29.李娅非:《镜头定格的"真实幻像"——在跨文化语境下的"中国形象"构造》,新华出版社,2011 年。

30.李智:《中国国家形象——全球传播时代建构主义的解读》,新华出版社,2011 年。

31.廖赤阳:《跨越疆界:留学生与新华侨》,社会科学文献出版社,2015 年。

32.刘宏宇:《面向中亚留学生的汉语国际教育》,社会科学文献出版社,2016 年。

33.刘继南、何辉:《乔舒亚·库珀·雷默》,中国传媒大学出版社,2006 年。

34.刘林利:《日本大众媒体中的中国形象》,中国传媒大学出版社,2007 年。

35.罗慰年:《留学美国的个人见证:多元化美国教育聚焦》,黑龙江教育出版社,2014 年。

36.[美]迈克尔·罗斯金等:《政治科学》,林震等译,华夏出版社,2001 年。

37.门洪华编:《中国软实力方略》,浙江人民出版社,2007 年。

38.[日]内山完造:《一个日本人的中国观》,尤炳圻译,新星出版社,2015 年。

39.木子、吴颖方:《欧洲留学生手记(英国卷)》,东华大学出版社,2004 年。

40.裴艳:《留学生与中国法学》,南开大学出版社,2009 年。

41.彭芸:《政治传播:理论与实务》,巨流图书公司,1986 年。

42.[美]乔舒亚·库珀·雷默:《中国形象:外国学者眼里的中国》,沈晓雷译,社会科学文献出版社,2006年。

43.全颖华:《中国特色社会主义到底是什么:一名美国留学生与其中国同学的对话》,中国传媒大学出版社,2012年。

44.[美]萨缪尔·亨廷顿:《文明的冲突与世界秩序的重建》,周琪等译,新华出版社,1999年。

45.沈光明:《留学生与中国文学的现代化》,华中师范大学出版社,2011年。

46.舒新城:《近代中国留学史》,上海古籍出版社,2014年。

47.孙中有:《解码中国形象:〈纽约时报〉和〈泰晤士报〉中国报道比较(1993—2002)》,世界知识出版社,2009年。

48.陶文钊:《中美文化交流论集》,中国社会科学出版社,1999年。

49.陶美心、赵梅主编:《中美长期对话(1986—2001)》,中国社会科学出版社,2001年。

50.田庆历:《日本政界人士中国观的演进谱系》,社会科学文献出版社,2015年。

51.王辉耀、刘国福:《外国留学生来华留学现状及问题研究》,《国际人才蓝皮书·留学》,社会科学文献出版社,2012年。

52.王辉耀主编:《中国区域国际人才竞争力报告(2017)》,社会科学文献出版社,2017年。

53.王晓玲:《韩国人的中国观》,社会科学文献出版社,2014年。

54.谢长法:《中国留学教育史》,山西教育出版社,2006年。

55.忻剑飞:《世界的中国观——近二千年来世界对中国的认识史纲》,学林出版社,2013年。

56.忻剑飞:《醒客的中国观——近百多年世界思想大师的中国观感概述》,学林出版社,2013年。

57.徐立民:《来华留学生教育的理念与实践》,浙江大学出版社,2011年。

58.徐玲:《留学生与中国考古学》,南开大学出版社,2009年。

59.徐松、赵守俨:《登科记考》,中华书局,1984年。

60.许天启:《悟解美国:一个留学生眼中的美国规则》,外文出版社,2013年。

61.杨军红:《来华留学生跨文化适应问题研究》,上海社会科学院出版社,2009年。

62.杨玉圣:《中国人的美国观——一个历史的考察》,复旦大学出版社,1996年。

63.尹锡南:《印度中国观演变研究》,时事出版社,2014年。

64.于富强:《教育国际交流与合作史》,海南出版社,2002年。

65.于富增:《改革开放30年的来华留学生教育——1978—2008》,北京语言大学出版社,2009年。

66.元青:《留学生与中国文化的海外传播:以20世纪上半期为中心的考察》,南开大学出版社,2014年。

67.[美]约翰·米尔斯海默:《大国政治的悲剧》,唐小松、王义桅译,上海人民出版社,2008年。

68.[美]约瑟夫·奈:《美国注定领导世界?——美国权力性质的变迁》,刘华译,中国人民大学出版社,2012年。

69.[美]约瑟夫·奈:《软力量:世界政坛成功之道》,吴晓晖、钱程译,东方出版社,2005年。

70.[美]战略与国际研究中心、彼得森国际经济研究所:《美国智库眼中的中国崛起》,曹洪洋译,中国发展出版社,2011年。

71.张旭东:《东南亚的中国形象》,人民出版社,2010年。

72.张英魁:《中国传统政治文化及其现代价值:以白鲁恂的研究为考察中心》,中央编译出版社,2009年。

73.张玉:《日本报纸中的中国形象——以〈朝日新闻〉和〈读卖新闻〉为

例》,中国传媒大学出版社,2012 年。

74.郑笑怡:《海外中国留学生跨文化交际研究》,浙江工商大学出版社, 2012 年。

75.周棉:《中国留学生论》,南京大学出版社,2012 年。

76.周宁:《跨文化研究:以中国形象为方法》,商务印书馆,2011 年。

77.周宁:《世界之中国:域外中国形象研究》,南京大学出版社,2007 年。

78.朱美禄:《域外之镜中的留学生形象》,巴蜀书社,2011 年。

79.朱兴德:《发展教育经略世界》,广西人民出版社,2013 年。

(二)期刊论文

1.安然、陈文超:《移动社交媒介对留学生的社会支持研究》,《新疆师范 大学学报(哲学社会科学版)》2017 年第 1 期。

2.蔡明宏:《他者镜像与自我形象——东南亚留学生对闽文化的体认与 反哺》,《汉语学报》2016 年第 3 期。

3.蔡岷雯:《发达国家典型职业教育模式及其对我国的启示》,《中共杭州 市委党校学报》2008 年第 2 期。

4.蔡燕:《中国传统节日跨文化传播实证研究——以来华留学生认知情 况与获知途径调查为例》,《节日研究》2019 年第 1 期。

5.陈力丹、潘怡:《外国人眼中的中国形象微探——从微观层面切实改善 中国形象》,《人民论坛》2013 年第 18 期。

6.陈强:《改革开放 30 年来华留学研究生教育的回顾与思考》,《学位与 研究生教育》2008 年第 6 期。

7.陈强、郑惠强:《留学生教育发展的思考》,《教育发展研究》2008 年第 1 期。

8.陈全生:《来华留学生教育发展战略研究》,《上海管理科学》2007 年第

1 期。

9.陈宇翔、张武:《提升文化软实力的法治思考》,《求索》2010 年第 9 期。

10.程桂龙:《跨文化视域下留学生"教、学、研、管"一体化建设研究》,《南方论刊》2017 年第 7 期。

11.翟成蹊、李岩梅、李纾:《沟通与刻板印象的维持、变化和抑制》,《心理科学进展》2010 年第 3 期。

12.崔庆玲:《国际留学教育功能演变历程》,《纺织教育》2006 年第 5 期。

13.崔岩:《流动人口心理层面的社会融入和身份认同问题研究》,《社会学研究》2012 年第 5 期。

14.戴东红:《中美两国近年留学生教育发展的比较研究——基于 2008—2014 年的数据分析》,《教育学术月刊》2015 年第 12 期。

15.邓禹:《广西东盟留学生对中国形象的认知与启示》,《东南亚研究》2013 年第 3 期。

16.邓源:《浅析留学生教育对于美国的重要意义》,《成功(教育)》2011年第 9 期。

17.丁笑炯:《从经济收益到学生体验——英国高校留学生政策转向述评》,《高等教育研究》2011 年第 5 期。

18.董立钧:《论我国来华留学生教育的成就、挑战及对策兼论"纲要目标"实现的可能性》,《大学教育科学》2014 年第 4 期。

19.段茹嘉、刘心宁、吴潇华、黄洪梅、张恒军:《外国留学生眼中的中国媒体形象》,《现代妇女(下旬刊)》2013 年第 6 期。

20.段茹嘉、刘心宁、吴潇华、黄洪梅、张恒军:《中国媒体形象国际传播的效果与提升策略——以外国留学生视角为例》,《现代妇女(下旬刊)》2013 年第 5 期。

21.高峰:《当代西方政治社会化理论书评》,《教学与研究》1997 年第 4 期。

22.关秋红:《浅谈留学生教育对我国高校国际化的重要意义》,《吉林师范大学学报(人文社会科学版)》2007年第6期。

23.管斌:《日本的国家教育战略与"留学生30万人计划》,《高教探索》2010年第5期。

24.关世杰:《中国文化软实力:在美国的现状与思考》,《国外社会科学》2012年第5期。

25.哈嘉莹、尚晓燕:《"一带一路"沿线国家来华留学生中国形象认知研究——基于物质文化的调查分析》,《对外传播》2017年第7期。

26.哈嘉莹:《来华留学生与中国国家形象的自我构建》,《山东社会科学》2010年第11期。

27.韩方明:《应以战略眼光看待留学生公共外交》,《南方日报》2011年第11期。

28.郝平:《落实纲要继往开来,科学发展再谱新篇——在全国来华留学工作会议上的主题报告》,《世界教育信息》2010年第11期。

29.何淼:《来沪美国留学生跨文化人际交往问题》,《青年研究》2008年第10期。

30.何晓菲:《尼泊尔来华留学生跨文化适应问卷调查分析》,《才智》2011年第16期。

31.贺心颖:《2011年《中国国家形象片》传播效果研究——以在京留学生对中国国家形象认知调查为例》,《文化与传播》2013年第1期。

32.侯小平:《基于再社会化和民主视域下的农村流动人口半城市化困境分析》,《今日中国论坛》2013年第6期。

33.胡芳:《在华留学生心理健康状况调查》,《临床心身疾病杂志》2007年第1期。

34.胡键:《当前国际社会的中国观——基于西方民意调查的实证分析》,

《毛泽东邓小平理论研究》2011 年第 2 期。

35.胡键:《论当代中国的政治力》,《探索与争鸣》2009 年第 11 期。

36.胡键:《文化软实力研究:中国视角》,《社会科学》2011 年第 5 期。

37.黄鹏:《发展来华留学生教育对我国政治的积极影响》,《安徽工业大学学报(社会科学版)》2010 年第 4 期。

38.黄仁伟、胡键:《中国和平发展道路与软力量建设》,《社会科学》2007 年第 8 期。

39.黄忠:《留学生公共外交探析》,《公共外交季刊》2015 年第 3 期。

40.江凌:《中国文化软实力建设的困惑与提升对策——兼议中美文化软实力比较》,《中国文化产业评论》2011 年第 1 期。

41.姜良杰、汤明润:《来华留学生跨文化适应问题及对策》,《人民论坛》2012 年第 5 期。

42.匡文波、武晓立:《跨文化视角下在华留学生微信使用行为分析——基于文化适应理论的实证研究》,《武汉大学学报(哲学社会科学版)》2019 年第 3 期。

43.雷龙云、甘怡群:《来华留学生的跨文化适应状况调查》,《中国心理卫生杂志》2004 年第 10 期。

44.雷默:《中国布局"留学外交"》,《南风窗》2014 年第 10 期。

45.李冰:《"引进来""走出去"——中国政府奖学金与对外传播》,《对外传播》2017 年第 5 期。

46.李彩霞:《"一带一路"背景下人才跨文化意识的意涵与培养》,《广西社会科学》2017 年第 5 期。

47.李丛:《日本留学生教育的历史、现状及发展趋势》,《现代教育管理》2009 年第 110 期。

48.李桂丽、陈瑾:《理工院校非英语专业研究生英语教学与学生软实力培养策略》，《西南民族大学学报（人文社会科学版）》2012 年 S1 期。

49.李娟梅、胡珣、朱雪：《"一带一路"背景下高职院校留学生教育发展策略分析》，《常州信息职业技术学院学报》2017 年第 3 期。

50.李萍：《留学生跨文化适应现状与管理对策研究》，《浙江社会科学》2009 年第 5 期。

51.李涛：《文化软实力视阈下中外文化交流思考——以中国–东盟教育合作为例》，《江西社会科学》2013 年第 9 期。

52.李涛：《中国对东南亚国家来华留学生的公共外交刍议》，《云南社会科学》2013 年第 5 期。

53.李孝敏：《"一带一路"背景下我国文化产业拓展探析》，《求实》2016 年第 7 期。

54.李秀珍：《上海来华韩国留学生的学习适应影响因素研究》，《淮南师范学院学报》2009 年第 11 期。

55.李秀珍：《外国留学生来华留学动力分析——基于韩国留学生的实例分析》，《江苏师范大学学报（哲学社会科学版）》2017 年第 2 期。

56.李雨陶：《"一带一路"背景下来华留学教育发展的 SWOT 分析》，《科教文汇（上旬刊）》2017 年第 5 期。

57.李玉琪、崔巍：《语言社会化进程中来华留学生跨文化交际能力培养——以南亚留学生为例》，《语言与翻译》2017 年第 2 期。

58.李云鹏：《中美留学生教育比较》，《教育与职业》2010 年第 7 期。

59.林丹、洪晓楠：《中国文化软实力综合评价体系研究》，《大连理工大学学报（社会科学版）》2010 年第 12 期。

60.林佳佳：《文化"走出去"视野下在华留学生教育现状及对策研究》，《对外传播》2017 年第 6 期。

61.林木：《大国崛起与中国国家形象的重塑——从中国当代艺术趋向谈

起》,《美术》2009 年第 4 期。

62.刘建娥:《乡城移民(农民工)社会融入的实证研究——基于五大城市的调查》,《人口研究》2010 年第 4 期。

63.刘康:《国家形象塑造:讲外国人听得懂的话》,《人民论坛·学术前沿》2012 年第 7 期。

64.刘鲁吉:《"一带一路"战略背景下留学生课堂教学改革初探》,《教育现代化》2016 年第 38 期。

65.刘敏:《唐代留学生教育的兴盛及其影响》,《佳木斯大学社会科学学报》2002 年第 2 期。

66.刘鹏:《中美日印在越南的软实力评估——以在滇越南留学生为调查对象》,《东南亚研究》2013 年第 5 期。

67.刘巍:《高等教育国际化发展的动因思考》,《学理论》2010 年第 9 期。

68.刘伟:《应当怎样制定教育发展战略》,《战略与管理》2004 年第 4 期。

69.刘文辉、宗世海:《华文学习者华文水平及其与中华文化的认知、认同关系研究》,《东南亚研究》2015 年第 1 期。

70.刘秀平:《中国发展留学生教育存在的差距与对策》,《对外经贸实务》2009 年第 7 期。

71.刘原兵:《学术资本主义语境下的留学生教育——以澳大利亚留学生预科课程为核心的考察》,《高等教育研究》2013 年第 9 期。

72.刘运、红梁云:《中亚留学生情感教育实践研究》,《新疆师范大学学报(哲学社会科学版)》2015 年第 5 期。

73.刘运红:《新疆中亚留学生跨文化适应现状调查》,《民族教育研究》2015 年第 3 期。

74.卢丽:《"一带一路"战略背景下高职院校国际合作与交流发展趋势探析》,《无锡商业职业技术学院学报》2017 年第 3 期。

75.陆跃伟:《文化差异视角下中亚留学生管理策略探究》,《辽宁行政学院学报》2011 年第 9 期。

76.罗能生、郭更臣、谢里:《我国区域文化软实力评价研究》,《经济地理》2010 年第 9 期。

77.罗萍:《留学生的跨文化适应研究——以井冈山大学为例》,《牡丹江教育学院学报》2017 年第 3 期。

78.吕卓人等:《留学生本科教育的实践与改革新思路》,《中国高等医学教育》2001 年第 6 期。

79.马想斌:《每个留学生都是外交一份子》,《留学》2014 年第 17 期。

80.冒大卫:《浅析高校留学生管理工作的理念与机制创新》,《思想教育研究》2011 年第 1 期。

81.蒙格、方彤:《英国吸引外国留学生新举措述评》,《世界教育信息》2008 年第 4 期。

82.米艾尼:《外国人如何看中国人》,《决策探索(上半月)》2011 年第 4 期。

83.缪雅:《浅谈高校留学生跨文化管理》,《教育现代化》2017 年第 28 期。

84.缪毓烨:《公共外交视域下来华留学生教育研究——基于上海交大留学生抽样调查的分析》,《经济视角(下旬刊)》2011 年第 11 期。

85.彭文平:《日本的留学生公共外交》,《日本问题研究》2015 年第 2 期。

86.庞小佳等:《刻板印象干预策略研究述评》,《心理科学进展》2011 年第 2 期。

87.祁怀高:《国际制度变迁与东亚体系和平转型—— 一种制度主义视角分析》,《世界经济与政治》2010 年第 4 期。

88.钱皓:《加拿大学者的中国观》,《国际观察》2007 年第 6 期。

89.屈潇影:《中国"文化软实力"的来源、特征和意义研究》,《贵州师范学院学报》2015 年第 1 期。

90.任迪、姚君喜:《外籍留学生媒介使用与中国文化认同的实证研究》,《西南民族大学学报(人文社科版)》2019 年第 9 期。

91.任友群:《世纪之交的日本留学生政策》,《外国教育资料》2000 年第 3 期。

92.日本驻华使馆文化部:《简化留学制度,广招外国留学生——解析日本"新留学试验"》,《出国与就业》2003 年第 2 期。

93.史方:《上海高校部分在校留学生艾滋病知识、态度和行为调查》,《中国健康教育》2009 年第 7 期。

94.孙乐芩等:《在华外国留学生的文化适应现状调查及建议》,《语言教学与研究》2009 年第 1 期。

95.孙亮:《"文化软实力"指标体系的建构原则与构成要素》,《理论月刊》2009 年第 5 期。

96.孙霞:《西方"中国观"的变迁与中国软实力》,《当代世界与社会主义》2009 年第 6 期。

97.谭志松:《国外跨文化心理适应研究评述》,《湖北民族学院学报(哲学社会科学版)》2005 年第 6 期。

98.陶文钊:《费正清与美国的中国学》,《历史研究》1999 年第 1 期。

99.王爱云:《沈大伟:中国——不完全的大国》,《世界知识》2013 年第 14 期。

100.王磊:《日本"留学生 30 万人计划"的背景、问题与展望》,《淮北师范大学学报(哲学社会科学版)》2012 年第 2 期。

101.王立新:《试论美国人中国观的演变(18 世纪—1950)》,《世界历史》1998 年第 1 期。

102.王璐、王向旭:《当今英国研究生教育规模和结构的变化与走向》,《比较教育研究》2007 年第 12 期。

103.王屏:《论日本人"中国观"的历史变迁》,《日本学刊》2003 年第 2 期。

104.王毅:《百年来西方中国观的研究综述》,《贵州师范大学学报(社会科学版)》2010 年第 3 期。

105.王异虹、龙新蔚、汪晓川:《中国文化软实力在德国的认知及接受度分析》,《国外社会科学》2012 年第 5 期。

106.王玉清:《促进世界的发展,日本外国留学生接收战略评述》,《郑州师范教育》2016 年第 1 期。

107.王玉霞、刘巍:《西方发达国家高等教育国际化研究》,《当代世界》2010 年第 1 期。

108.魏礼庆:《来华留学事业的历史回顾与未来展望》,《世界教育信息》2015 年第 20 期。

109.韦广雄、覃举东:《留学生群体与近代中国地方自治》,《广西社会科学》2013 年第 11 期。

110.温珺、巩雪:《来华留学生教育对中国外资流入的影响》,《国际商务——对外经济贸易大学学报》2019 年第 4 期。

111.吴建民:《文化软实力与民族复兴》,《科学中国人》2010 年第 1 期。

112.吴旭:《外国人"五感"中的中国》,《对外传播》2011 年第 9 期。

113.肖耀科、陈路芳:《在中国的东南亚留学生的文化适应问题——对广西民族大学东南亚留学生的调查》,《东南亚纵横》2012 年第 5 期。

114.谢建华、周一:《认真践行科学发展观,又好又快地发展来华留学工作——访教育部国际交流与合作司副司长刘宝利》,《世界教育信息》2008 年第 6 期。

115.谢侃侃:《印尼青年一代的中国观》,《东南亚》2008 年第 3~4 期。

116.熊正德、郭荣凤:《国家文化软实力评价及提升路径研究》,《中国工业经济》2011 年第 9 期。

117.严晓鹏:《日本留学生政策的最新动向及其对中国的启示》,《教育学术月刊》2012 年第 5 期。

118.阎学通:《软实力的核心是政治实力》,《世纪行》2007 年第 6 期。

119.阎学通、徐进:《中美软实力比较》,《现代国际关系》2008 年第 1 期。

120.杨淳伟:《中国"文化软实力"研究现状综述》,《中国文化研究》2011 年第 2 期。

121.杨慧芸:《获取中国信息的媒介使用、媒介信任对中国国家实力认知的影响分析——基于东南亚四国在华留学生的调研》,《对外传播》2019 年第 10 期。

122.杨菊华,《从隔离、选择融入到融合:流动人口社会融入问题的理论思考》,《人口研究》2009 年第 1 期。

123.杨军:《海南高校留学生教育发展战略选择及对策》,《海南师范大学学报(社会科学版)》2012 年第 5 期。

124.杨军红:《来华留学生跨文化适应问题研究》,华东师范大学博士论文 2005 年。

125.姚君喜:《外籍留学生对中国人形象认知的实证研究》,《当代传播》2015 年第 4 期。

126.姚雪:《外国人心目中的"中国图书"——对海外四国网民的在线问卷调查及启示》,《编辑之友》2016 年第 5 期。

127.叶淑兰:《镜像中国:上海外国留学生的中国形象认知》,《社会科学》2013 年第 9 期。

128.余建军:《美国公众的中国观与美国对华政策(1990—2002)》,《美国研究》2004 年第 2 期。

129.于晓丽:《俄罗斯在华留学生境遇调查结果分析》,《俄罗斯学刊》2011 年第 4 期。

130.俞新天:《软力量断想》,《外交评论》2007 年第 8 期。

131.俞新天:《软实力建设与中国对外战略》,《国际问题研究》2008 年第 2 期。

132.元青:《民国时期中国留德学生与中德文化交流》,《近代史研究》1997 年第 3 期。

133.袁清:《刍议来华留学生教育对我国的影响效应——以"一带一路"沿线国家贸易关系为例》,《浙江社会科学》2019 年第 4 期。

134.[美]约瑟夫·奈、王缉思:《中国软实力的兴起及其对美国的影响》,《世界经济与政治》2009 年第 6 期。

135.云建辉、朱耀顺:《"一带一路"背景下云南高校面向南亚东南亚留学生教育发展研究》,《云南农业大学学报(社会科学)》2017 年第 1 期。

136.张琳:《性别文化差异给跨性别文化交际带来的矛盾与困惑》,《唐都学刊》2006 年第 4 期。

137.张梅:《中国软实力的现状、发展与新时期的中美关系——访哈佛大学肯尼迪政府学院约瑟夫·奈教授》,《社会科学文摘》2017 年第 3 期。

138.张娜、杨亚萌:《我国文化软实力研究述评》,《河北大学学报(哲学社会科学版)》2013 年第 38 卷第 2 期。

139.赵宏、张晶:《来华留学生中华文化认同培养》,《黑龙江高教研究》2017 年第 11 期。

140.赵士林:《构成在沪留学生上海形象的因子分析》,《新闻爱好者》2012 年第 4 期。

141.赵新利:《留学生公共外交与对外传播》,《对外传播》2012 年第 3 期。

142.赵英日、尹永芹、崔红花、王峰:《浅析我国高校留学生教育的内涵建设》,《中国民族民间医药》2013 年第 16 期。

143.郑翠、霍青玥:《基于问卷的在华留学生微信公众号的使用需求调查》,《新媒体研究》2019 年第 20 期。

144.郑向荣:《当前我国发展来华留学生教育的意义与优势分析》,《高教探索》2010 年第 5 期。

145.郑向荣:《论我国发展来华留学生教育的优势——兼论发展来华留学生教育的意义》,《现代教育论丛》2005 年第 2 期。

146.中士:《美国反华势力新动向——评李洁明近期言论》,《教学与研究》1992 年第 2 期。

147.钟慧、沈玲《泰国留学生在华学习适应调查——以华侨大学泰国留学生为研究对象》,《东南亚纵横》2016 年第 5 期。

148.周国富、吴丹丹:《各省区文化软实力的比较研究》,《统计研究》2010 年第 2 期。

149.周源:《在华留学生跨文化适应与沟通分析》,《知识经济》2009 年第 13 期。

150.朱华:《在华外国人:传播中国形象的新兴力量》,《新闻前哨》2015 年第 7 期。

151.《外国人眼中的数字中国》,《民主》2005 年第 12 期。

152.《正面报道中国形象的外国人》,《公关世界》2011 年第 1 期。

二、外文文献

(一)外文书籍、期刊文献

1.Altbach,P.G. "Impact and adjustment:foreign students in comparative perspective", *High Education*, 1991, Vol.21.

2.Benjamin Page,Tao Xie, *Dragon:How the American Public Views the*

Rise of China, NY: Columbia University Press, 2010.

3.Bohm.A, Davis, D. Meares, D. and Pearce, B. *Global student mobility 2025: Analysis of global competition and marketshare*, Sydney: IDP, 2002.

4.Carla J. McCowan and Reginald J. Alston, "Racial Identity, African Self-consciousness and Career in Decision Making in African American College Women", *Journal of Multicultural Counseling and Development*, Vol.26, No.1, 1998.

5.Christopher B. Whitney, David Shambaugh. *Soft Power in Asia: Results of a 2008 Multinational Survey of Public Opinion*. The Chicago Council on Global Affairs, 2008.

6.David Easton and Stephen Hess, "The Child's Political World", *Journal of Political Science*, August 1961.

7.Guo S., Yang Y. "Requirement Analysis on Chinese Language of Foreign Students." In: Zhong Z. (eds), Proceedings of the International Conference on Information Engineering and Applications (IEA) 2012. *Lecture Notes in Electrical Engineering*, Vol.220. Springer, London.

8.Joseph Nye: "The Rise of China's Soft Power", *Wall Street Journal Asia*, December 29, 2005.

9.Joseph Nye, *Soft Power: the Means to Success in World Politics*, Public Affairs, 2004.

10.Joseph Nye, *The Powers to Lead*, Oxford University Press, 2010.

11.Jukka Aukia, "Struggling for Recognition? Strategic Disrespect in China's Pursuit of Soft Power". *East Asia*, November 2019.

12.Li, C., "Jeffrey Gil: Soft Power and the Global Promotion of Chinese Language Learning: The Confucius Institute Project." *Lang Policy* 18, 159 –161

（2019）.

13.Li Xing,"China's Pursuit of the "One Belt One Road"Initiative:A New World Order with Chinese Characteristics?". Part of *the International Political Economy Series book series*(IPES),14 August 2018.

14.Lomer,S."Soft power as a policy rationale for international education in the UK:a critical analysis."*High Education* 74,581–598(2017).

15.Ma Jiani,Zhao Kai, "International student education in China:charac-teristics,challenges,and future trends", *Higher education*,Vol.76,No.4,2018.

16.Macrae C N,Stangor C,Hewstone M.(Eds.). *Stereotypes and tereotyping*. New York:Guilford,1996.42.

17.Oberg K, "cultural shock:Adjustment to new cultural environments", *Practical Anthropology*,1960,No.7.

18.Sheng Ding. To Build A"Harmonious World":China's Soft Power Wielding in the Global South. *Journal of Chinese Political Science*,13(2):193–213.

19.Ting Wai:Reflect on China's Soft Power,*Twenty–first Century*,2009,No.12.

20.Trilokekar,R.D. "International education as soft power? The contributions and challenges of Canadian foreign policy to the internationalization of higher education."*High Educ* 59,131–147(2010).

21.UNESCO,*Global education digest 2006:comparing education statistics across the world.* Paris:UNECO,2006.

22.Yang,R. "Internationalization,Regionalization,and Soft Power:China's Relations with ASEAN Member Countries in Higher Education."*Front Educ China* 7,486–507(2012).

23.Young Yun Kim,*Intercultural Adaptation in Handbook of International and Intercultural Communication*, Molefi Kete Asante & William B.Gudykunst, eds,. Beverly Hills, CA, USA: Sage, 1980.

24.Yu-Wen Ying and Lawrence H. Liese, "Initial Adaptation of Taiwan Foreign Students to the United States: The Impact of Prearrivai Variables", *American Journal of Community Psychology*, Vol.18, No.6, 1990.

(二)网络资源

1.Christopher B. Whitney and David Shambaugh, "Soft Power in Asia: Results of a 2008 Multinational Survey of Public Opinion", http://www.thechicago-council.org/UserFiles/File/POS_Topline%20Reports/Asia%20Soft% .

2.International education as soft power? The contributions and challenges of Canadian foreign policy to the internationalization of higher education BIS. Prime Minister's Initiative(PMI), http://www.dius.gov.uk/dius_international/education/prime_ministers_initiative.

3. Joseph Nye, "The Benefits of Soft Power", https://hbswk.hbs.edu/archive/the-benefits-of-soft-power.

4.Josph Nye, "Think Again: Soft Power", Foreign Policy, Feb 23, 2006, http://foreignpolicy.com/2006/02/23/think-again-soft-power/.

5.Li Mingjiang: Soft Power in Chinese Discourse, Popularity and Prospect, www.rsis.edu.sg/publications/WorkingPapers/WP165.pdf.

6.Shannon Tiezzi, "The New Silk Road: China's Marshall Plan?", The Diplomat, November 06, 2014. http://thediplomat.com/2014/11/the-new-silk-road-chinas-marshall-plan/.

7. "The 2015 National Security Strategy", https://www.whitehouse.gov/the-press-office/2015/02/06/fact-sheet-2015-national-security-strategy.

8.Wendell Minnick，"China's'One Belt，One Road'Strategy"，April 11，2015. http：//www.defensenews.com/story/defense/2015/04/11/taiwan –china –one –belt – one–road–strategy/25353561/.

后 记

　　我对留学生中国观进行研究的想法最早萌发于 2010 年夏的一次学术讨论。2010 年 9 月我开始在华东师范大学政治学系工作,讲授东亚政治、中国外交等课程,经常有留学生选读我的课程,因此有了很多与他们交流互动的机会。我开始思考从实证的层面对留学生中国观进行研究。2012 年,本研究计划有幸得到浦江人才项目(项目编号:12PJC040)的资助,使之有了付诸实践的可能。

　　在资料收集、问卷设计、访谈、论文撰写与修改的过程中,我得到了很多学术前辈、同行、留学生朋友以及我的学生们的支持和帮助。上海社会科学院胡键研究员对本项目的设计与写作提出了相当宝贵的意见,本项目在 2014 年已经完成了预定的 1000 名留学生的问卷调查。受胡键老师的邀请,我参与他国家社科基金项目"中国文化软实力评估及增进方略",在 2015 年至 2016 年期间,围绕留学生对中国文化软实力的认知展开问卷调查,我把本研究中关于留学生中国观方面的部分问题糅合进这份新设计的问卷中,因此增加了 513 个新数据。

　　通过建立回归模型来寻找留学生中国观的主要影响因素是本研究的一

个亮点,也是一大难点。所幸的是,这项具有挑战性的工作得到了美国爱荷华大学政治学系系主任唐文方教授的大力支持。2017年暑期唐文方教授在华东师范大学政治学系交流,花了三天时间与我一起进行数据分析,突破建模的瓶颈,让本研究的深度得到进一步提升。

本项目主要中期成果如下:①《镜像中国:上海外国留学生的中国形象认知》,《社会科学》(CSSCI),2013年第9期(为人大复印报刊资料《文化研究》2013年第12期全文转载,本文被古巴最大智库出版刊物Temas译成古巴文,于2014年发表在其第77号期刊上);②《外国留学生的中国观:基于对上海高校的调查》,《外交评论》(CSSCI),2013年第6期(主要观点为《中国社会科学文摘》2014年第5期摘录);③《中国外交话语社会化:基于上海外国留学生的研究》,《复旦国际关系评论》(CSSCI集刊)第12辑,2013年11月。

本研究从历史借鉴、实证调查、总结策略三大层面阐述文化软实力视角下的来华留学生教育。本书还收录本人关于《留学生对"中美新型大国关系"的话语认知》《留学生对中国文化软实力的评估》(发表于《社会科学》(CSSCI),2019年第1期),《涉外国际青年人才发展及其引导措施》《"一带一路"中国形象塑造:探索与反思》(发表于《"一带一路"民心相通报告》,人民出版社,2017年)的四篇论文,以此展现在青年人才国际竞争加剧的背景下,在"一带一路"建设过程中,来华留学生教育出现的新动向与新发展。

本研究得到我的领导、同事、同行们的大力支持,感谢华东师范大学政治学系历任领导齐卫平、赵正桥、刘擎、吴冠军等老师为本研究的顺利开展提供的科研支撑及有力帮助。感谢我的同事陆钢、卿文辉、张丽君、杨一帆等老师为本研究所提出的宝贵建议。

此项研究的调研工作量大,涉及范围广。对留学生的问卷调查的顺利完成需要感谢华东师范大学王子蕲、王向民、李彦垒、满春艳等各位老师的帮助,感谢复旦大学负责留学生工作的丁洁老师对我调研提供的帮助。华东师范大学政治学系研究生曾信凯也为本项目的问卷调查提供了重要的帮助。感谢众多来华留学生对本项目调研提供的帮助。

杨海兰、蔡凡虹、顾赟、姜玥如、冯家慧、马佳文等在我指导下从事关于留学生方面的相关研究,感谢他们为本研究带来的数据、观点与文字方面的贡献。感谢潘林微、毛建平、李志婷、王琤、刘晓凤、曹西旺、黄铁骊等同学在资料收集、深度访谈、数据输入等阶段所提供的帮助。感谢张文、袁方、胡康静、王蕾等在课题研究报告修改阶段对内容完善、数据更新、注释规范以及文字校对等方面所做出的辛勤工作,尤其感谢杨启飞参与《留学生中国观的影响因素》章节文字的撰写,潘林微对《近现代中国留学生"走出去"》章节资料与文字的贡献。感谢天津人民出版社王琤编辑的帮助,她给我的督促与辛勤的编辑工作,使本书的出版成为可能。

最后的感谢致以我亲爱的家人,他们是我在科研道路上执着探索的动力。他们给予我生活上的关心与精神上的鼓励,使我有力量从事既有趣又单调的科研工作。

感谢的人还有很多很多,虽然未能一一具名,但是完成本项研究过程中的点点滴滴,始终让我铭记于心。

叶淑兰

2020 年 7 月 6 日